생활 속의 기도

생활 속의 기도

초판 발행일 1995. 12. 23
재판 발행일 1998. 1. 20
삼판 발행일 2020. 1. 30

엮은이 성바오로 편집부
펴낸이 서영주
총편집 황인수
편집 손옥희, 김정희 **디자인** 김안순
제작 김안순 **마케팅** 이창항 **인쇄** 아트프린팅

펴낸곳 성바오로
출판등록 7-93호 1992. 10. 6
주소 서울특별시 강북구 오현로7길 20(미아동)
취급처 성바오로보급소 **전화** 944-8300, 986-1361
팩스 986-1365 **통신판매** 945-2972
E-mail bookclub@paolo.net
인터넷 서점 www.**paolo**.kr
www.facebook.com/**stpaulskr**

값 12,000원
ISBN 978-89-8015-921-5
교회인가 서울대교구 1995. 1. 9 **SSP** 1072

ISBN 978-89-8015-921-5
404185 / 12,000

ⓒ 성바오로, 1995

이 도서의 국립중앙도서관 출판예정도서목록(CIP)은 서지정보유통지원시스템 홈페이지(http://seoji.nl.go.kr)와 국가자료종합목록 구축시스템(http://kolis-net.nl.go.kr)에서 이용하실 수 있습니다. (CIP제어번호 : CIP2020001587)

이 책은 저작권법의 보호를 받으므로 무단전재와 무단복제를 금합니다.
이 책 내용의 전부 또는 일부를 재사용하려면 반드시 저작권자와 성바오로출판사의 동의를 얻어야 합니다.

생활 속의 기도

편집부 엮음

출간을 축하하며

　기도란 하느님께 흠숭과 감사를 드리고, 회개와 소망을 예수님의 이름으로 아뢰는 것으로, 곧 하느님과 인격적인 대화라고 정의할 수 있습니다. 믿는 이들에게 기도는 '영혼의 숨쉬기'와 같은 것으로, 기도가 빠진 신앙생활이란 거짓된 신앙생활입니다.

　기도는 믿음의 체험이며 살아 계신 하느님과의 만남이요 관계이기 때문에, 예수님께서도 제자들에게 "낙심하지 말고 끊임없이 기도해야 한다."(루카 18,1)고 하셨고, 사도 바오로도 "어떠한 경우에든 감사하는 마음으로 기도하고 간구하며 여러분의 소원을 하느님께 아뢰십시오."(필리 4,6)라고 강조했습니다.

　이렇게 기도가 중요한데도 믿는 이들 가운데 하느님께 기도를 바치는 방법에 대해서는 잘 모르는 이들이 있습니다. 기도서에 적힌 기도문대로 기도를 바치는 일에 익숙한 많은 분들이 하느님과 참된 만남이 아니라 입으로만 기도하는 경우도 많은 듯합니다.

　이제 성바오로출판사에서 믿는 이들의 내적 삶에 가장 기본이 되는 기도를 위하여, 갖가지 기도들을 모아 엮어 믿는 이들의 '자유 기도'를 돕는 「생활 속의 기도」를 출간하였습니다. 이 기도서는 "주님, 저희에게도 기도하는 것을 가르쳐 주십시오"(루카 11,1)라고 외치는 이들에게 기쁨을 안겨 주고 있습니다.

앞으로 이 기도 책이 믿는 이들에게 하느님과 자연스럽게 대화를 나누는 길을 가르쳐 주는 길잡이가 되기를 바랍니다. 나아가 땅 끝에 이르기까지 그리스도의 증인(사도 1,8)으로서, 믿는 이들은 기도를 통하여 하느님의 말씀을 전하는 데 이 책이 큰 도움이 되기를 바랍니다.

이 기도 책은 성경의 말씀을 풍부히 듣고 각각의 처지에서 하느님의 도우심을 간절히 바라는 이들을 위해 다양한 내용으로 꾸며져 있습니다. 쉬운 말로 자연스럽게 기도드릴 수 있도록 마련된 기도문들을 잘 응용하여 믿는 이들이 저마다의 처지에 맞는 기도를 하느님께 바칠 수 있게 되기를 바랍니다.

이 기도 책이 믿는 이들의 신앙생활에 큰 도움이 되기를 바라면서, 성바오로출판사 관계자 여러분께 진심으로 감사와 축하를 드립니다.

1995년 10월 22일 전교 주일에
한국 그리스도교 언어연구소 소장, 천주교 용어위원회 위원
허종진 바오로

머리말

 소리 기도에 익숙한 가톨릭 신자들은 어떤 환경과 처지에 알맞은 자유 기도를 바치는 데 매우 어색해하며 주저합니다.
 성령 쇄신 묵상회에 참석한 분들은 곧잘 자유 기도를 바치지만 대부분 신자들은 자유 기도에 익숙하지 못하기 때문에 사도직 활동을 하며 상황에 따라 어떤 가정을 방문하고 싶어 하면서도 기도에 부담을 느껴 망설이는 때가 많습니다.
 이러한 분들의 사노식 활동에 조금이나마 도움을 드리기 위해 저희 성바오로출판사 편집부에서는 특히 가정 방문의 목적과 방문 가정의 상황이나 처지에 따라 적합한 기도들을 모아 한 권의 책으로 엮었습니다. 이 책이 교회의 여러 사도직 단체들의 복음 선포 활동에 유익하게 이용되었으면 합니다.

 이 책을 사용하시는 분들은 다음 사항들을 유의하시기 바랍니다.

1. 방문을 하시기 전에 가능하다면 그 가정의 처지를 미리 파악하여 어떤 기도를 바칠 것인가를 선택해서 읽어 보십시오.
2. 방문하는 가정에 가시면 먼저 침묵 중에 방문 기도를 드리십시오.

3. 대화를 하시는 중에 그 가정에 맞는 기도가 어떤 것인지 파악하시고 미리 준비했던 기도를 바꾸어야 할 때에는 당황하지 말고 천천히 선택해서 바치십시오.
4. 기도하기에 편리하도록 아래와 같이 표기했습니다.
 ✚ 주송자
 ◎ 다 함께
5. 성가나 성경 말씀은 형편에 따라 생략해도 무방합니다.
6. 제시한 성가는 바꾸어 부를 수 있습니다.
7. 기도문 중 괄호 안의 것은 처지에 따라 바꾸어 하도록 준비한 것입니다.
8. 마침 기도의 강복은, 주례자가 수도자나 평신도인 경우 저녁 기도 때처럼 성호를 각자 그으시면 됩니다.
9. 방문 시에는 이 책과 함께 가톨릭 성가집을 지참하시기 바랍니다.

방문 기도

주 예수 그리스도님,
저희가 겸손한 마음으로 이 집에 들어왔으니,
영원한 행복과 거룩한 축복,
평화로운 기쁨과 풍성한 사랑
그리고 한결같은 건강을 이 집에 내려 주소서.
또한 이 집에서 마귀를 쫓아내시고,
평화의 천사를 머물게 하시고,
온갖 불목과 악을 없애 주소서.
주님, 저희를 통하여 주님의 영광을 드러내시고
저희의 일상생활을 축복하시며,
미약한 저희의 방문을 성스럽게 하소서.
주님께서는 영원히 살아 계시며 다스리시나이다.
아멘.

차례

출간을 축하하며

머리말

경축 기도

1. 임신을 바라는 가정 ... 21
2. 임신한 가정 ... 23
3. 아기를 낳기 전의 가정 ... 25
4. 아기를 낳은 가정 ... 26
5. 백일 또는 돌을 맞은 가정 ... 28
6. 어린이의 생일을 맞은 가정 ... 31
7. 어른의 생일을 맞은 가정 ... 33
8. 회갑, 고희를 맞은 가정 ... 35
9. 결혼기념일을 맞은 가정 ... 37
10. 약혼할(한) 가정 ... 39
11. 약혼식에 가서 ... 41
12. 곧 결혼할 아들딸을 둔 가정 ... 43
13. 신혼 가정 ... 45
14. 영명 축일을 맞은 가정 ... 47
15. 입학할(한) 아들딸을 둔 가정 ... 49

16. 졸업할(한) 아들딸을 둔 가정 ... 51
17. 승진한 가정 ... 54
18. 취직한 가정 ... 56
19. 당선(임관)된 가정 ... 58
20. 입대할(한) 아들딸을 둔 가정 ... 61
21. 제대할(한) 아들딸을 둔 가정 ... 63
22. 개업할(한) 가정 ... 65
23. 사업장에 가서 ... 67
24. 사업을 크게 넓힌 가정 ... 69
25. 사업체를 이전한 가정 ... 71
26. 이사할(한) 가정 ... 73
27. 새 집을 마련한 가정 ... 76
28. 상을 받은 가정 ... 78
29. 입시를 앞둔 가정 ... 80
30. 시험을 앞둔 가정 ... 83
31. 입시에 합격한 가정 ... 85
32. 시험에 합격한 가정 ... 87
33. 병의 치유를 감사하는 가정 ... 89
34. 퇴원할(한) 가정 ... 91

환난과 위로의 기도

35. 고부 사이에 갈등이 있는 가정 ... 97
36. 교통사고를 당한 가정 ... 99
37. 남편이 신앙생활을 반대하는 가정 ... 102

38. 도난당한 가정	104
39. 부부 사이가 좋지 않은 가정	106
40. 부부가 별거 중인 가정	109
41. 부부가 이혼한 가정	112
42. 불효하는 아들딸이 있는 가정	114
43. 가난으로 어려움을 겪는 가정	116
44. 사업에 실패한 가정	119
45. 손재를 입은 가정	122
46. 시련을 겪고 있는 가정	124
47. 미혹에 신앙이 흔들리는 가정	126
48. 시험에 실패한 학생	128
49. 시험에 실패한 어른	131
50. 직업을 잃은 가정	133
51. 갇힌 이가 있는 가정	136
52. 아들딸의 건강 때문에 근심하는 가정	139
53. 그릇된 자녀로 근심하는 가정	141
54. 아들딸의 신앙 문제로 근심하는 가정	143
55. 아들딸의 학업 문제로 근심하는 가정	145
56. 재난을 겪은 가정	147
57. 앓는 어린이가 있는 가정 1	150
58. 앓는 어린이가 있는 가정 2	152
59. 앓는 어른이 있는 가정 1	155
60. 앓는 어른이 있는 가정 2	158
61. 수술할 아들딸을 둔 가정	161

62. 수술할 어른이 있는 가정	163
63. 임종을 맞는 비신자를 위해	165
64. 임종을 맞는 신자를 위해	167
65. 배우자를 잃은 가정	169
66. 어버이가 돌아가신 가정	171
67. 아들딸을 잃은 가정	173
68. 유족을 위로할 때	176
69. 추도식에서	178

냉담하거나 열심하지 못한 교우를 위한 기도

70. 친교에 어려움을 겪는 교우	185
71. 기도 생활을 게을리하는 교우	187
72. 신앙생활을 쉬고 있는 교우	189
73. 말 많은 교우	192
74. 무사안일에 빠진 교우	194
75. 믿음이 약한 교우	197
76. 죄짓고 낙심하고 있는 교우	199
77. 성당에 불평불만이 있는 교우	202
78. 세상을 더 많이 사랑하는 교우	204
79. 믿음이 흔들리는 교우	207
80. 나쁜 버릇을 끊지 못하는 교우	209
81. 열심이 식은 교우	212
82. 우상과 미신을 완전히 끊지 못하는 교우	214
83. 원수를 용서하지 못하는 교우	217

84. 이단 종교에 빠진 교우 ... 219
85. 인색한 교우 ... 222
86. 재물에 집착하는 교우 ... 224
87. 주일을 잘 지키지 않는 교우 ... 227

새 세례자와 예비 신자 가정을 위한 기도

88. 새 세례자 가정 ... 233
89. 새 생명에 감사하는 새 세례자 ... 235
90. 믿음이 성장해야 할 새 세례자 ... 237
91. 기도 생활이 필요한 새 세례자 ... 239
92. 말씀의 깨우침이 필요한 새 세례자 ... 241
93. 예비 신자 가정 ... 244
94. 구원의 확신이 필요한 예비 신자 ... 246
95. 세례식을 앞둔 예비 신자 ... 248
96. 교리 공부가 한창인 예비 신자 ... 251

일반 교우 가정을 위한 기도

97. 교회 직원의 가정 1 ... 257
98. 교회 직원의 가정 2 ... 259
99. 구역장(반장)의 가정 ... 261
100. 신앙생활을 쉬다가 회개한 교우 ... 264
101. 레지오 단원(남) 가정 ... 266
102. 레지오 단원(여) 가정 ... 270
103. 맞벌이 부부 가정 ... 273

104. 먼 거리에서 다니는 교우 275
105. 비신자 어버이를 모신 가정 278
106. 성가대원의 가정 280
107. 신자 어버이를 모신 가정 283
108. 신체장애자 285
109. 이민 가는 가정 288
110. 일시 출국하는 교우 290
111. 주일 학교 교사 가정 293
112. 청년 회원의 가정 296
113. 평협(사목회) 위원 가정 298
114. 나라 밖에서 일하는 가족이 있는 가정 301
115. 나라 밖에서 일하다가 돌아온 교우 303
116. 혼자서 믿는 어린이의 가정 305

직업에 따른 축복 기도

117. 간호사 311
118. 건축업자 313
119. 경찰관 316
120. 공무원 319
121. 실업인 321
122. 과수원 경작자 324
123. 광원 326
124. 교육자 329
125. 군인 331

126. 기술자	334
127. 노동자	337
128. 농부	339
129. 목축업자	342
130. 문인	345
131. 법관	347
132. 사무원	349
133. 상인	352
134. 선원	355
135. 세무 공무원	357
136. 약사	360
137. 어부	363
138. 언론인	365
139. 예술인	368
140. 외항선 선원	371
141. 운수업자	373
142. 운전사	375
143. 원예업자	378
144. 은행원	381
145. 의사	383
146. 정치인	386
147. 체육인	389
148. 출판인	391
149. 회사원	394

비신자를 위한 기도

150. 가족이 믿으니 나는 괜찮다고 하는 이	399
151. 내세나 사후 심판을 부인하는 이	400
152. 믿기가 이미 늦었다고 하는 이	401
153. 박해가 두려워 믿기를 주저하는 이	403
154. 성경을 부인하는 이	404
155. 성당에는 나가지 않지만 하느님을 믿는다고 하는 이	405
156. 믿는 이도 별수 없더라고 하는 이	407
157. 나쁜 습관에 젖어 믿기가 어렵다고 하는 이	408
158. 예수님의 천주성을 부인하는 이	410
159. 우상을 받드는 이	411
160. 앞으로 믿겠다고 하는 이	412
161. 종교는 다 같다고 생각하는 이	414
162. 죄가 너무 많아서 믿지 못하겠다고 하는 이	415
163. 죄가 없어서 믿지 않는다고 하는 이	416
164. 죽을 때나 가서 믿겠다고 하는 이	418
165. 하느님께서 계심을 부인하는 이	419
166. 하느님을 믿지 않는 가정(비신자)	420
167. 선조를 기억하는 차례 예식	421

경축 기도

믿음으로써, 사라는 아이를 가지지 못하는 여인인 데다 나이까지 지났는데도 임신할 능력을 얻었습니다. 약속해 주신 분을 성실하신 분으로 여겼기 때문입니다.

(히브 11,11)

1. 임신을 바라는 가정

시작 성가   480 믿음으로

시작 기도

☩ 은총과 평화를 내리시는 하느님 아버지와 주 예수 그리스도께서 우리와 함께
◎ 아멘.

성경 말씀

☩ 히브리서 11장 11절의 말씀을 들읍시다.
  믿음으로써, 사라는 아이를 가지지 못하는 여인인 데다 나이까지 지났는데도 임신할 능력을 얻었습니다. 약속해 주신 분을 성실하신 분으로 여겼기 때문입니다.
☩ 주님의 말씀입니다.
◎ 하느님 감사합니다.

응답 성가   62 주님의 뜻을 이루소서

축복 기도

☩ 사람의 생명과 삶을 다스리시는 하느님 아버지, 이 시간 저희와 함께 계시는 하느님께 감사와 찬미를 드리오니 저희의 기도를 들어주소서.
  주 하느님께서는 이 가정을 주님의 가정으로 뽑으시어 지켜

주시고 보살펴 주셨습니다. 그러나 이 가정은 뒤를 이을 아기가 없어 걱정하며 기도드리고 있으니 애타는 기도를 들어주시고 응답하셔서 사랑의 열매를 선물하소서.

주님께서는 아브라함의 아내 사라에게 아들 이사악을 주셨으며, 이사악의 아내 리브가가 아이를 배지 못하였다가 주님께 간절히 청하므로 그의 소원을 들어주신 것을 저희가 믿고 기도합니다.

자비로우신 주님, 처음부터 아기를 낳지 못하는 여인인 엘리사벳에게 늙은 나이에도 세례자 요한을 배게 해 주셨던 것처럼 이 가정에도 주님의 놀라운 은총과 축복을 주소서.

참으로 좋으신 사랑의 하느님, 주님께서는 창조주이며 주관자이시니 주님의 뜻대로 하시고, 주님의 뜻에 순종하며 때를 기다리던 사무엘의 어머니 한나처럼 이 가정의 부부가 굳은 믿음으로 주님의 도움을 기다리게 해 주소서.

영원토록 이 가정을 지켜 주시고 축복해 주실 우리 주 예수 그리스도를 통하여 비나이다.

◎ 아멘.

마침 기도

✚ 나자렛 가정에 머무르셨던 주 예수님께서 이 가정을 축복하시고, 부부가 한마음 한뜻이 되게 하시어, 주님의 자비를 굳건한 믿음으로 기다리게 하소서.

◎ 아멘.

마침 성가　252 성모여 우리 위해

2. 임신한 가정

시작 성가　16 온 세상아 주님을

시작 기도
✠ 사랑을 베푸시는 하느님 아버지와 은총을 내리시는 우리 주 예수 그리스도와 일치를 이루시는 성령께서 우리와 함께.
◎ 아멘.

성경 말씀
✠ 창세기 4장 1절부터 2절까지의 말씀을 들읍시다.
　사람이 자기 아내 하와와 잠자리를 같이하니, 그 여자가 임신하여 카인을 낳고 이렇게 말하였다. "내가 주님의 도우심으로 남자 아이를 얻었다." 그 여자는 다시 카인의 동생 아벨을 낳았는데, 아벨은 양치기가 되고 카인은 땅을 부치는 농부가 되었다.
✠ 주님의 말씀입니다.
◎ 하느님 감사합니다.

응답 성가　211 주여 나의 몸과 맘

축복 기도

✚ 주님의 섭리로 생명을 잉태하게 하시고, 그 어머니를 통하여 찬미받으시는 하느님 아버지께 감사합니다.

주님께서 사랑의 열매로 주신 새 생명을 잉태한 이 어버이가 경건해지는 데 더욱 힘쓰고, 깊은 은총의 자리에 들어가게 하소서. 또한 근심 없게 하시고 평안한 마음으로 출산할 그날을 기다리게 하시며, 건강을 더하시어 순산의 기쁨을 누리게 하소서. 생명을 주신 주 하느님, 날마다 착한 생각으로 주님과 함께하여 주님께서 주신 어린 생명이 착하고 건강하게 자라게 하소서. 사랑의 주님, 아들을 주시면 사무엘처럼 성전에서 자라 주님께 봉헌되는 종이 되게 하시고, 딸을 주시면 에스델처럼 나라와 겨레를 위해 몸 바치는 귀한 여종이 되게 하소서.

이 가정의 모든 사정과 형편을 주님께서 잘 아시오니 잘 보살펴 주시고 넘치는 복을 내려 주소서.

동정 마리아의 태중에서 사람이 되신 우리 주 그리스도를 통하여 비나이다.

◎ 아멘.

마침 기도

✚ 동정 마리아의 출산으로 인류에게 영원한 구원을 알려 주시고 그 구원을 이루신 하느님께서는 저희들을 강복하시고 지켜 주소서.

◎ 아멘.

마침 성가　　24 내 맘의 천주여

3. 아기를 낳기 전의 가정

시작 성가　　34 길이요 진리요 생명이신 주

시작 기도

✚ 동정 마리아의 태중에서 사람이 되신 성자께서 우리와 함께.
◎ 아멘.

성경 말씀

✚ 이사야 예언서 44장 3절의 말씀을 들읍시다.
　내가 목마른 땅에 물을, 메마른 곳에 시냇물을 부어 주리라. 너의 후손들에게 나의 영을, 너의 새싹들에게 나의 복을 부어 주리라.
✚ 주님의 말씀입니다.
◎ 하느님 감사합니다.

응답 성가　　154 주여 어서 오소서

축복 기도

✚ 인류의 창조주 하느님 아버지, 성자께서는 옛 죄의 빚을 갚으시고 인류를 구원하시려고 성령의 능력으로 동정 마리아의 몸

에서 태어나셨으니, 새로 태어날 아기의 건강을 위하여 겸손하게 기도하는 주님 여종 (아무)의 소원을 들어주시어, 무사히 아기를 낳을 수 있도록 하시고, 그 아기가 믿는 이들의 무리에 들고, 모든 일에 주님을 섬기어 영원한 생명을 얻게 하소서.
어머니의 태중에 계시기를 마다하지 않으시고, 주님을 품은 모태와 주님을 먹인 젖을 복되다 일컫게 하신 우리 주 그리스도를 통하여 비나이다.
◎ 아멘.

마침 기도
✠ 동정 마리아의 출산으로 세상을 즐겁게 하신 하느님께서는 이 가정 (아무)의 마음을 기쁨으로 가득 채워 주시고 산모와 아기를 모두 건강하게 지켜 주시며, 저희도 축복하소서.
◎ 아멘.

마침 성가   249 지극히 거룩한 동정녀

4. 아기를 낳은 가정

시작 성가   21 지극히 전능하신 주여

시작 기도
✠ 우리의 구원을 위하여 동정 마리아의 몸에서 태어나신 성자

예수 그리스도를 찬미합시다.
◎ 하느님, 길이 찬미받으소서.

성경 말씀

✥ 요한 복음 16장 21절의 말씀을 들읍시다.
해산할 때에 여자는 근심에 싸인다. 진통의 시간이 왔기 때문이다. 그러나 아이를 낳으면, 사람 하나가 이 세상에 태어났다는 기쁨으로 그 고통을 잊어버린다.
✥ 주님의 말씀입니다.
◎ 그리스도님 찬미합니다.

응답 성가   437 찬양하라 주님의 이름을

축복 기도

✥ 사람의 삶과 죽음을 다스리며 섭리하시는 하느님 아버지, 일찍부터 주님께서 뽑으신 이 가정을 지켜 주시고 보살펴 주시는 은총을 생각할 때 저절로 감사하는 마음이 우러나옵니다. 더욱 고마운 것은 이 가정에 귀한 생명을 주셨을 뿐 아니라 산모가 무사히 아기를 낳을 수 있게 보살펴 주신 것입니다.
참으로 좋으신 주 하느님, 이 어린 생명에게 축복하시어 주님의 품에서 사랑으로 지켜 주시고 건강하게 자라게 해 주소서. 아기 예수와 같이 슬기와 키가 자라나며 하느님과 사람들에게 더욱 사랑받을 수 있도록 보살펴 주시고, 주님 꽃밭의 한 송이 꽃처럼 아름답고 밝게 자라나도록 축복하소서.

이 어린 생명이 이 가정의 희망이 되게 하시고 기쁨이 되게 하시며 행복의 샘이 되게 하소서.

아기를 기르는 어버이와 함께하셔서 받은 은총에 감사하며 더욱 충실히 신앙생활을 하게 하소서. 이 어린 생명을 믿음으로 기르며 가르치는 어버이가 되게 하소서. 이 가정에 필요한 모든 것을 넘치게 채워 주시고 간절히 청하는 기도에 응답해 주소서.

동정 마리아에게서 태어나시고 아기를 거룩하게 해 주신 우리 주 그리스도를 통하여 비나이다.

◎ 아멘.

마침 기도

✢ 이 산모에게 어머니가 되는 기쁨을 주신 전능하신 주 하느님께서는 아기를 얻고 감사드리는 산모에게 복을 내리시어, 아기와 함께 영원한 행복을 누리게 하소서.

◎ 아멘.

마침 성가   77 주 천주의 권능과

5. 백일 또는 돌을 맞은 가정

시작 성가   55 착하신 목자

시작 기도

✛ 우리 아버지이신 하느님과 어린이들에게 주님의 사랑을 보여 주신 성자 예수 그리스도께서 내리시는 은총과 평화가 우리와 함께.

◎ 아멘.

성경 말씀

✛ 루카 복음 2장 39절부터 40절까지의 말씀을 들읍시다.
주님의 법에 따라 모든 일을 마치고 나서, 그들은 갈릴래아에 있는 고향 나자렛으로 돌아갔다. 아기는 자라면서 튼튼해지고 지혜가 충만해졌으며, 하느님의 총애를 받았다.

✛ 주님의 말씀입니다.

◎ 그리스도님 찬미합니다.

응답 성가   54 주님은 나의 목자

축복 기도

✛ 모든 생명을 창조하신 하느님 아버지, 사랑하는 이 아기 (아무)의 백일(돌)을 맞이하여 주 하느님 앞에 감사의 기도를 드립니다. 백일(1년) 전에 이 아기를 이 가정에 태어나게 하시고 어버이의 따뜻한 사랑을 받으며 건강하게 자라게 하시고 품성과 슬기가 바르게 성장하도록 해 주셨으니 진심으로 감사와 찬미를 드립니다.

자애로우신 주 하느님, 이 아기에게 한층 더 축복해 주셔서 날이 가고 달이 가고 해가 갈수록 몸과 슬기와 아름다운 품성이 자라 주님을 정성을 다해 받들며 이 세상에서 좋은 일을 하는 귀한 일꾼이 되게 하소서.

이 아기가 자라서 좋은 일을 할 수 있을 때까지 자람과 발전에 걸림돌이 되는 것들을 모두 물리쳐 주시고, 참된 애정과 올바른 교육이 주어지도록 축복하소서.

이 아기를 기르는 어버이에게 은총을 베푸시어 이 아기를 기를 때 하느님께 생명을 위임받았다는 엄숙한 책임감을 가지고 어버이로서 할 수 있는 모든 노력을 다하게 하시며, 이 아기를 길러 하느님의 영광과 인류의 복지를 위해 바치는 기쁨과 영광을 얻게 하소서.

사사로운 욕심과 감정으로 이 어린 생명을 그르치는 일이 없게 하시고, 이사악의 아버지 아브라함처럼, 디모테오의 어머니 유니게처럼 이 아기를 길러서 주님을 위하여 그리고 모든 사람을 위하여 바치게 하소서.

어버이와 교회를 통하여 어린들에게 주님의 사랑을 보여 주시는 우리 주 그리스도를 통하여 비나이다.

◎ 아멘.

마침 기도

✚ 전능하신 하느님, 성부와 성자와 성령께서는 오늘 백일(돌)을 맞은 아기와 이 가정의 어버이에게 건강한 몸과 슬기로운 정신을 보장해 주시며, 여기 있는 모든 이에게도 강복하소서.

◎ 아멘.

마침 성가　　234 우리 자모

6. 어린이의 생일을 맞은 가정

시작 성가　　202 구세주의 성심이여

시작 기도

✚ 하늘나라에 들어갈 수 있는 조건으로 어린이들의 순수함과 겸손을 요구하신 주 예수 그리스도를 찬미합시다.

◎ 하느님, 길이 찬미받으소서.

성경 말씀

✚ 루카 복음 2장 51절부터 52절까지의 말씀을 들읍시다.
　예수님은 부모와 함께 나자렛으로 내려가, 그들에게 순종하며 지냈다. 그의 어머니는 이 모든 일을 마음속에 간직하였다. 예수님은 지혜와 키가 자랐고 하느님과 사람들의 총애도 더하여 갔다.

✚ 주님의 말씀입니다.

◎ 그리스도님 찬미합니다.

응답 성가　　50 야훼는 나의 목자

축복 기도

✚ 사랑으로 어린이들을 안아 주시고, 축복하시어 그들의 품위를 높여 주셨을 뿐 아니라, 하느님 나라를 찾는 모든 이들의 모범으로 삼으신 주 하느님, 이 가정의 (아무)를 세상에 보내 주신 날을 맞아 주 하느님께 감사와 찬미를 드리며 주님의 은총이 함께하시기를 기도드립니다.

세례자 요한의 태어남은 즈가리야와 엘리사벳만의 기쁨과 즐거움이 아니라 많은 사람이 그의 태어남을 기뻐하게 된 것처럼 (아무)의 생일은 이 가정만의 기쁨이 아니라 많은 사람도 함께 즐거워할 수 있도록 해 주소서.

자애로우신 주 하느님, 이 가정의 (아무)가 주님께 많은 영광과 찬미를 바칠 수 있는 경건한 사람이 되게 이끌어 주시고, 많은 사람을 위한 봉사자가 되게 하소서. 진리 안에서 살아가는 주님의 종으로서 몸과 마음이 늘 건강하도록 지켜 주시고, (아무)가 하는 일마다 주님의 뜻대로 이루어지게 하소서.

일생 동안 육신을 건강하게 하시고 마음과 정신이 주님의 은총과 평화 속에 머물게 하시며, 언제나 구원의 즐거움을 누리는 가운데 후회 없는 삶을 살게 하소서. 주님께서 저희에게 주신 것은 근심이나 걱정이 아니라 감사와 은총이오니 하느님의 권능을 의지하게 하소서.

저희를 하느님 아버지 앞에서 거듭난 자녀가 되게 해 주신 주님께서는 영원히 살아 계시며 다스리시나이다.

◎ 아멘.

마침 기도

✚ 어린이를 사랑하신 주 예수님께서는 저희를 축복하시고 주님 사랑으로 지켜 주소서.
◎ 아멘.

마침 성가   235 인자하신 성 마리아여

7. 어른의 생일을 맞은 가정

시작 성가   61 주 예수와 바꿀 수는 없네

시작 기도

✚ 우리 인생길에서 삶과 죽음과 화복을 다스리시는 하느님을 찬미합시다.
◎ 하느님, 길이 찬미받으소서.

성경 말씀

✚ 요한 복음 3장 16절의 말씀을 들읍시다.
  하느님께서는 세상을 너무나 사랑하신 나머지 외아들을 내주시어, 그를 믿는 사람은 누구나 멸망하지 않고 영원한 생명을 얻게 하셨다.
✚ 주님의 말씀입니다.
◎ 그리스도님 찬미합니다.

응답 성가　　55 착하신 목자

축복 기도

✠ 삶의 나그넷길을 돌아보게 하시는 하느님 아버지, 지나간 여러 해 동안 주님께서 이 가정의 (아무)에게 베풀어 주신 모든 은총과 한결같은 축복에 감사드립니다.
특별히 사랑하시는 (아무)의 생일을 맞이하여 주님 앞에서 이처럼 기도하오니, 그가 육신의 생일을 맞을 때마다 육적인 건강과 성장뿐 아니라 영적인 건강과 성장도 생각하게 하시고 건강한 육체를 가질 수 있도록 보살펴 주소서.
그리하여 (아무)가 복잡하고 험난한 세상에서 믿음으로 이기는 삶을 누리게 하시고, 허락하신 육신이 주님을 영화롭게 하는 데 온전히 쓰이게 하소서. (아무)가 가정과 교회와 사회에서 맡은 일이 참으로 중요하오니 잘할 수 있는 능력을 주셔서 주님께 뽑힌 백성으로서 조금도 모자람이 없게 하소서.
영원토록 (아무)를 지켜 주실 것을 믿으며 우리 주 그리스도를 통하여 비나이다.

◎ 아멘.

마침 기도

✠ 주님, 저희에게 축복하시고 모든 악에서 저희를 지켜 주시며 영원한 생명으로 이끌어 주소서.

◎ 아멘.

마침 성가   528 축하합니다

8. 회갑, 고희를 맞은 가정

시작 성가   451 주께 나아가리다

시작 기도
✚ 의롭고 경건한 노인이었던 시므온의 두 팔에 안기시어 주님의 구원을 보여 주셨던 우리 주 예수님께서는 찬미받으소서.
◎ 하느님, 길이 찬미받으소서.

성경 말씀
✚ 지혜서 4장 8절부터 9절의 말씀을 들읍시다.
영예로운 나이는 장수로 결정되지 않고 살아온 햇수로 셈해지지 않는다. 사람에게는 예지가 곧 백발이고 티 없는 삶이 곧 원숙한 노년이다.
✚ 주님의 말씀입니다.
◎ 하느님 감사합니다.

응답 성가   409 아침 저녁

축복 기도
✚ 오늘 저희가 존경하는 이의 회갑(고희)을 맞이하여 주 하느

님께 찬미와 영광을 돌립니다.

주님의 뜻이 계셔서 60년(70년) 전에 이 세상에 (아무)를 보내셨고, 주님께서 축복하시어 건강하게 살게 하셨으며, 온갖 어려움을 겪으면서도 믿음을 지켜 오늘에 이르게 하심에 감사드립니다.

(우여곡절이 많은 인생길이었지만 좋은 반려자가 있어서 서로 위로하고 도우면서 산 것에 감사드리며, 슬하에 포도송이 같은 자녀와 물질의 복도 아울러 주셨음을 생각할 때 주님의 은총임을 알고 감사드립니다.)

(아무)의 일생은 정치적 경제적으로 매우 혼란스러운 때였으나 믿음의 힘으로 어려움을 이겨 내게 하셨고, 하늘나라에 희망을 두고 살게 하신 것에 더욱 감사합니다.

(아무)는 60년(70년)의 어려운 세월을 살면서도 그리스도께서 내리신 사랑의 줄에 매달려 넘어질 때마다 다시 일어서는 승리의 삶을 살아왔습니다. 사랑의 주 하느님, (아무)가 오늘에 이르기까지 받은 은총도 크고 많았지만 행여 이웃에게 너그럽지 못했거나 하느님보다 세상의 부귀영화에 더 의지한 적이 있었다면 용서해 주소서.

앞으로도 그리스도와 이웃을 위해 더욱더 봉사하는 삶이 되게 해 주소서. 그리고 이 세상에 사는 동안 몸과 마음을 지켜 주시어 지난날의 삶보다 더 빛나는 삶이 되게 하소서. 주님께서 부르시는 그날까지 보람되게 살게 하소서.

◎ 아멘.

마침 기도

✝ 전능하신 하느님, 성부와 성자와 성령께서는 저희에게 복을 내리시어 길이 머물게 하소서.

◎ 아멘.

마침 성가   528 축하합니다

9. 결혼기념일을 맞은 가정

시작 성가   5 강물처럼 흐르는 사랑

시작 기도

✝ 저희에게 자비를 베푸시는 온갖 위로의 하느님 아버지께서는 찬미받으소서.

◎ 하느님, 길이 찬미받으소서.

성경 말씀

✝ 마르코 복음 10장 6절부터 8절까지의 말씀을 들읍시다.
"창조 때부터 '하느님께서는 사람들을 남자와 여자로 만드셨다.' '그러므로 남자는 아버지와 어머니를 떠나 아내와 결합하여, 둘이 한 몸이 될 것이다.' 따라서 그들은 이제 둘이 아니라 한 몸이다."

✝ 주님의 말씀입니다.

◎ 그리스도님 찬미합니다.

응답 성가   436 주 날개 밑

축복 기도
✚ 만물을 창조하신 하느님 아버지, 태초에 남자와 여자를 내시어 사랑의 공동체를 이루게 하셨으니, 찬미와 찬송을 드립니다. 또한 주님께서는 주님의 종 (아무)와 (아무)의 가정 공동체에 복을 내려 주시어 그리스도와 교회가 하나 되는 신비를 보여 주게 하셨으니 주님께 감사드립니다.
그러므로 주 하느님께 비오니, 결혼 (몇)주년 기념일을 맞은 이 부부를 인자로이 굽어보시어 이들의 가정을 좌절과 고통에서 보살펴 주시며, 성공할 때나 실패할 때나 한결같이 서로 돕고 평화로이 정신적 일치를 이룸으로써 수고로울 때에는 주님의 격려로 기뻐하고, 어려울 때는 주님의 위로를 느끼며 언제나 주님께서 기쁨의 샘이심을 깨닫도록 해 주소서.
카나의 혼인 잔치에 오셔서 기꺼이 축복하시던 성자 우리 주 그리스도를 통하여 비나이다.
◎ 아멘.

마침 기도
✚ 하느님께서 믿음의 기쁨과 희망을 이 부부와 저희에게 가득히 베푸시고, 그리스도의 평화가 저희들 마음속에 넘치게 하시며, 성령의 특은이 저희 위에 가득히 내리시기를 비나이다.

◎ 아멘.

마침 성가   77 주 천주의 권능과

10. 약혼할(한) 가정

시작 성가   437 찬양하라 주님의 이름을

시작 기도
✠ 저희에게 자비를 베푸시는, 온갖 위로의 하느님 아버지께서는 찬미받으소서.
◎ 이제부터 영원히 받으소서.

성경 말씀
✠ 코린토 1서 13장 4절부터 7절까지의 말씀을 들읍시다.
　사랑은 참고 기다립니다. 사랑은 친절합니다. 사랑은 시기하지 않고 뽐내지 않으며 교만하지 않습니다. 사랑은 무례하지 않고 자기 이익을 추구하지 않으며 성을 내지 않고 앙심을 품지 않습니다. 사랑은 불의에 기뻐하지 않고 진실을 두고 함께 기뻐합니다. 사랑은 모든 것을 덮어 주고 모든 것을 믿으며 모든 것을 바라고 모든 것을 견디어 냅니다.
✠ 주님의 말씀입니다.
◎ 하느님 감사합니다.

응답 성가　　471 강물처럼 흐르는 사랑

축복 기도

✙ 사람의 삶과 죽음과 화복을 다스리시는 모든 복의 샘이신 하느님 아버지, 이 가정에 귀한 자녀 (아무)를 주시고 믿음직하게 자라게 하셨으니 감사를 드립니다. 이제 약혼을 하고 결혼을 하기까지 복을 내려 주시는 주님께 끝없는 감사와 찬미를 드립니다.

바라오니 약혼할(한) 두 가정을 주님께서 지켜 주시고 영원한 사랑의 서약이 되게 하소서. 사람들끼리 사랑의 약속도 중요하지만 하느님 앞에 두 남녀가 봉사와 헌신과 일치를 다짐하며 주님만을 위하여 살기를 다짐하는 소중한 믿음도 허락하소서. 앞날의 계획과 준비하는 모든 것들도 주님께서 함께하셔서 순조롭게 진행되게 하시고 (아무)의 앞길에 은총을 가득 내려 주시기를 바랍니다.

온갖 사정을 주님께서 아시오니 이 가정과 어버이와 모든 형제들을 지켜 주시고 건강하고 슬기로울 수 있도록 보살펴 주시며 넘치는 복을 내려 주소서.

사랑 많으신 우리 주 그리스도를 통하여 비나이다.

◎ 아멘.

마침 기도

✙ 성삼위 안에서 사랑과 일치를 이루시는 하느님, 성부와 성자와 성령께서는 약혼할(한) 두 사람이 사랑의 계약을 늘 되새

기며 일생 동안 서로 더욱더 깊이 사랑하도록 이끌어 주시고 저희에게도 복을 내려 주소서.
◎ 아멘.

마침 성가 399 주님 안에 하나

11. 약혼식에 가서

시작 성가 434 찬양하라 주님의 이름을

시작 기도
✚ 저희에게 자비를 베푸시는 온갖 위로의 하느님 아버지께서는 찬미받으소서.
◎ 하느님, 길이 찬미받으소서.

성경 말씀
✚ 민수기 30장 2절부터 3절까지의 말씀을 들읍시다.
 "이것은 주님께서 명령하신 것이다. 남자가 주님께 서원을 하거나 맹세를 하여 스스로 서약을 할 경우, 자기 말을 어겨서는 안 된다. 제 입에서 나온 것을 다 그대로 실행해야 한다."
✚ 주님의 말씀입니다.
◎ 하느님 감사합니다.

응답 성가　　471 강물처럼 흐르는 사랑

축복 기도

✚ 희망으로 새 생활을 맞게 하시는 하느님 아버지, 주님께 축복받으며 오늘 두 사람의 약혼식을 하게 됨에 감사드립니다.
주 하느님, 두 사람의 약혼 기간이 결혼과 복된 가정을 이루기 위한 충실한 준비 기간이 될 수 있도록 이끌어 주소서.
영원무궁토록 변함이 없으신 주 하느님, 주님 앞에서 오늘 약혼식을 갖는 이 두 사람의 손을 잡아 주소서. 순결과 온전함으로 서로 지켜 가게 하시고 모든 사람의 축복 가운데 결혼식을 올릴 그날까지 건강하게 하소서
사랑의 주님, 주님께서 인자로이 두 사람을 주님의 길로 이끌어 주시며 주님의 빛으로 저들을 감싸시어 지켜 주소서. 처음 만날 때에 가졌던 조심스러움과 사랑하는 마음이 삶을 마치는 그날까지 이어지게 하시어, 두 사람이 뜻한 모든 것이 서로에게 소중하게 받아들여지게 하소서.
지금부터 계획하는 하루하루가 은총의 샘을 이루게 하시고, 아름다운 노래가 되어 주님을 찬미하게 하시며 기쁜 삶이 되게 하소서. 감사함으로 두 영혼이 서로 손을 맞잡게 하소서.
약속하신 대로 사람이 되시어 저희에게 오신 우리 주 그리스도를 통하여 비나이다.
◎ 아멘.

마침 기도

☩ 성삼위 안에서 사랑과 일치를 이루시는 하느님, 성부와 성자와 성령께서는 오늘 약혼하는 두 사람이 사랑의 계약을 늘 기억하며, 일생 동안 서로 더욱더 깊이 사랑하도록 이끌어 주시고 저희에게도 복을 내려 주소서.
◎ 아멘.

마침 성가   528 축하합니다

12. 곧 결혼할 아들딸을 둔 가정

시작 성가   59 주께선 나의 피난처

시작 기도

☩ 저희에게 자비를 베푸시는 온갖 위로의 아버지 하느님께서는 찬미받으소서.
◎ 이제부터 영원히 받으소서.

성경 말씀

☩ 창세기 2장 21절부터 24절까지의 말씀을 들읍시다.
  주 하느님께서는 사람 위로 깊은 잠이 쏟아지게 하시어 그를 잠들게 하신 다음, 그의 갈빗대 하나를 빼내시고 그 자리를 살로 메우셨다. 주 하느님께서 사람에게서 빼내신 갈빗대로 여자를 지으시고, 그를 사람에게 데려오시자, 사람이 이렇게 부르짖었다. "이야말로 내 뼈에서 나온 뼈요 내 살에서 나온 살이로구나! 남자에게서 나왔으니 여자라 불리리라." 그러므로 남자는 아버지와 어머니를 떠나 아내와 결합하여, 둘이 한 몸이 된다.

✠ 주님의 말씀입니다.
◎ 하느님 감사합니다.

응답 성가   50 야훼는 나의 목자

축복 기도

✠ 저희를 이 세상에서 살게 하시고, 서로 사랑하게 하시는 하느님, 감사와 찬미와 영광을 온전히 주님께 바칩니다. 이 가정에 허락하신 (아무)를 이처럼 자라게 하셔서 이제 주님께서 고르신 배필을 맞게 하시니 감사드립니다.

참으로 좋으신 주 하느님, 바라오니 곧 결혼할 남녀 두 사람이 먼저, 한 몸을 이루어 한마음으로 살게 하시는 주님의 크신 뜻을 알고 깨닫게 하시어 사람의 욕심만으로 결정하며 구하지 않게 이끌어 주소서.

서로 사랑하여 주님께 더욱 영광을 돌리며 충실하게 하소서. 믿음과 바람과 사랑 가운데 가장 중요한 것이 사랑이라고 말씀하셨으니, 서로에게 귀한 배우자를 참으로 사랑하게 하셔서 사랑의 불길이 꺼지지 않게 하시고, 서로의 마음에 희생과 이해의 불길이 타오르게 하시며, 눈길이 온정과 이해로 빛나게 하소서.

그리하여 행복과 사랑이 넘치는 가정을 이루게 해 주소서. 카나의 혼인 잔치에 오셔서 기꺼이 축복하신 우리 주 그리스도를 통하여 비나이다.

◎ 아멘.

마침 기도

✚ 성삼위 안에서 사랑과 일치를 이루시는 하느님, 성부와 성자와 성령께서는 이 가정의 (아무)와 그 배우자가 일생 동안 서로 더욱더 깊이 사랑하도록 이끌어 주시고 저희에게도 복을 내려 주소서.

◎ 아멘.

마침 성가   432 주여 날 인도하소서

13. 신혼 가정

시작 성가   2 주 하느님 크시도다

시작 기도

✚ 부부의 사랑과 신의와 출산으로 구원의 역사를 보여 주시는 아버지 하느님께서 내리시는 은총과 평화가 우리와 함께.

◎ 아멘.

성경 말씀

✚ 베드로 2서 3장 6절부터 7절까지의 말씀을 들읍시다.

사라도 아브라함을 주인이라고 부르며 그에게 순종하였습니다. 여러분도 선을 행하고 아무리 무서운 일이라도 두려워하지 않으면, 사라의 딸이 되는 것입니다. 마찬가지로 남편들도 자기보다 연약한 여성인 아내를 존중하면서, 이해심을 가지고 함께 살아가야 합니다. 아내도 생명의 은총을 함께 상속받을 사람이기 때문입니다. 그렇게 해야 여러분의 기도가 가로막히지 않습니다.

✚ 주님의 말씀입니다.

◎ 하느님 감사합니다.

응답 성가   415 사랑이 없으면

축복 기도

✚ 성자와 성령과 함께 사랑과 일치를 이루시는 하느님 아버지, 주 하느님께서는 사람을 창조하시어 서로 사랑하면서 살게 하셨으니 감사와 찬미와 영광을 드립니다.

하느님께 축복받으며 새 보금자리를 꾸민 이 가정을 위하여 기도하오니, 언제나 주님의 사랑과 평화가 넘치는 복된 가정이 되게 하소서.

이 가정에 필요한 모든 것을 주님께서 알고 계시오니, 첫째는 건강을 지켜 주시어 사는 동안 아무런 어려움이 없게 하시고, 둘째는 물질의 복을 내리시어 일용할 먹을거리가 언제나 풍족하여 베풀 수 있게 하시며, 셋째로 영적인 복을 베푸시어 날로 믿음의 깊이를 더하게 하시며 지성으로 주님만을 섬기며 늘 기도하고 찬미하게 하소서.

그리고 이 가정에 뜨거운 사랑을 주시어 평생 동안 진실과 사랑으로 하나가 되고, 기쁨과 슬픔, 즐거움과 괴로움을 함께하게 하소서. 새로운 시작을 주님께 맡기오니 빛으로 이끌어 주소서.

사랑이신 우리 주 그리스도를 통하여 비나이다.

◎ 아멘.

마침 기도

✚ 하느님께서는 믿음의 기쁨과 희망을 저희에게 가득히 베푸시고, 그리스도의 평화가 저희 마음속에 넘치게 하시며, 성령의 특은을 저희에게 가득히 내려 주소서.

◎ 아멘.

마침 성가   432 주여 날 인도하소서

14. 영명 축일을 맞은 가정

시작 성가   4 찬양하라

시작 기도

✚ 우리 주 예수 그리스도의 은총이 우리와 함께
◎ 아멘.

성경 말씀

✚ 마르코 복음 16장 15절부터 16절까지의 말씀을 들읍시다.
 예수님께서는 이어서 그들에게 이르셨다. "너희는 온 세상에 가서 모든 피조물에게 복음을 선포하여라. 믿고 세례를 받는 이는 구원을 받고 믿지 않는 자는 단죄를 받을 것이다."
✚ 주님의 말씀입니다.
◎ 그리스도님 찬미합니다.

응답 성가   1 나는 믿나이다

축복 기도

✚ 주님을 믿고 바라는 사람들에게 복을 내리시는 영원하신 하느님, 오늘 이 가정의 사랑하는 (아무)가 영명 축일을 맞이하여 저희가 참 좋으신 하느님께 기도드릴 수 있게 하심에 감사를 드립니다. (아무)는 주 하느님께서 일찍이 (세례명의 성인이나 성녀)의 생활로 참삶의 길과 구원의 신비를 보여 주셨기에, (세례명의 성인이나 성녀)를 수호성인으로 모시고 그를 본받아 주님께 찬미와 영광을 드리려 합니다.
 그러므로 주님께서는 이 가정의 (아무)를 수호성인(성녀)와 결합시켜 주시며, 그의 중개로 주님의 도움을 받게 하시고,

수호성인(성녀)을 본받아 현세에서 겪는 영신 싸움에 승리를 거두고, 마침내 성인·성녀들과 함께 시들지 않는 영광의 월계관을 받아 쓰게 하소서.

저희 구원을 위하여 십자가에서 돌아가셨다가 사흘 만에 부활하신 우리 주 그리스도를 통하여 비나이다.

◎ 아멘.

마침 기도

✚ 전능하신 하느님, 성부와 성자와 성령께서는 저희에게 복을 내리시어 길이 머물게 하소서.

◎ 아멘.

마침 성가   528 축하합니다 또는 298 은혜로운 오늘

15. 입학할(한) 아들딸을 둔 가정

시작 성가   432 주여 날 인도하소서

시작 기도

✚ 저희를 어둠 속에서 놀라운 빛의 길로 불러 주신 하느님께서는 길이 찬미받으소서.

◎ 하느님, 길이 찬미받으소서.

성경 말씀

✣ 집회서 6장 18절부터 9절까지의 말씀을 들읍시다.

애야, 젊을 때부터 교육을 받아라. 그래야 백발이 되어서도 지혜를 찾으리라. 밭 가는 사람처럼, 씨 뿌리는 사람처럼 지혜에 다가서서 지혜의 온갖 좋은 열매를 기대하여라. 정녕 지혜를 가꾸는 데는 적은 수고를 들이나 곧 지혜의 소출을 맛보리라.

✣ 주님의 말씀입니다.

◎ 하느님 감사합니다.

응답 성가 34 길이요 진리요 생명이신 주

축복 기도

✣ 슬기의 샘이신 하느님 아버지, 저희에게 베풀어 주시는 끝없이 자비하신 은총에 감사드립니다. 특별히 이 가정의 귀한 자녀 (아무)가 (어느) 학교에 들어가게 됨을(하셨음을) 진심으로 감사드립니다.

◎ 사랑의 주 하느님, 이제부터 졸업하는 날까지 (아무)와 함께 하시며, 선의의 경쟁에서 이기게 하소서. 슬기와 지혜로 저희를 깨우쳐 주신 주님, (아무)가 배움의 길에 있는 동안 총명과 슬기를 부어 주시고 굳은 의지를 주소서. (아무)는 어버이의 기쁨이 되고, 스승의 자랑이 되게 하소서.

입학의 첫걸음부터 지켜 주시어, 주님께서 바라시는 목표까지 걸어갈 수 있도록 도와주소서. 육적인 지식과 세상을 아는 슬기에만 힘쓰지 않게 하시고 하느님의 슬기를 알며 말씀을 깨닫는 슬기에도 부지런한 믿음의 자녀가 되게 하소서. 그리하여 그가 머무르는 모든 곳에서 하느님의 영광을 드러내며 주님의 향기로 많은 사람이 감동하게 해 주소서.

바른 생각을 갖게 하시는 참 좋으신 하느님, (아무)가 학업을 하는 동안 경험하게 될 사상이나 벗을 사귐에서 남이 알아주지 않는 고통을 겪는다 해도 그 가운데서 주님을 찾으며 더욱 성숙해지게 하소서. 어려움이 있을 때는 성경 말씀 안에서 위로와 평화를 얻게 하소서.

위로와 평화의 하느님이신 우리 주 그리스도를 통하여 비나이다.

◎ 아멘.

마침 기도

✚ 영원한 슬기이시며 유일한 스승이신 하느님, 성부와 성자와 성령께서는 (아무)와 저희에게 강복하소서.

◎ 아멘.

마침 성가　　24 내 맘의 천주여

16. 졸업할(한) 아들딸을 둔 가정

시작 성가　　200 열절하신 주의 사랑

시작 기도

✚ 영원한 슬기이시며 유일한 스승이신 우리 주 예수 그리스도의 은총이 우리와 함께.
◎ 아멘.

성경 말씀

✚ 집회서 4장 11절부터 13절까지의 말씀을 들읍시다.
지혜는 자신의 아들들을 키워 주고 자신을 찾는 이들을 보살펴 준다. 지혜를 사랑하는 사람은 생명을 사랑하고 이른 새벽부터 지혜를 찾는 이들은 기쁨에 넘치리라. 지혜를 붙드는 이는 영광을 상속받으리니 가는 곳마다 주님께서 복을 주시리라.
✚ 주님의 말씀입니다.
◎ 하느님 감사합니다.

응답 성가　　210 나의 생명 드리니

축복 기도

✚ 슬기와 지식이 끝이 없으신 하느님 아버지, 주님께서 이끌어 주심에 감사드립니다. 마치 어버이가 자식을 돌보듯 오늘까지 이 가정의 (아무)를 돌보시어 (어느) 학교 과정을 마치게 하시니 참으로 감사드립니다.

이제 새로 펼쳐질 새 학업(새 땅)을 허락하셨으니, 여호수아가 가나안 땅에 들어가듯 힘차게 들어가게 하소서. 주님께서 몸소 (아무)의 삶에 승리의 깃발이 되어 주시고, 그가 오직 하느님의 손을 붙들고 나아가게 하소서.

(아무)가 배움의 길을 다 달려온 것이 아니라 이제부터 인생의 또 다른 광장에서 배움(선한 일)을 계속하기 위하여 노력해야 한다는 것을 깨닫게 하시고 무엇보다도 믿음을 튼튼히 지키게 하소서.

주님께서 제자들을 보내시면서 "나는 이제 양들을 이리 떼 가운데로 보내는 것처럼 너희를 보낸다. 그러므로 뱀처럼 슬기롭고 비둘기처럼 순박하게 되어라." 하고 말씀하셨습니다. 이 말씀을 (아무)가 잊지 않게 하소서. 그리하여 사람들을 조심하되 두려워하지는 않게 하시고, 오직 하느님 앞에서 생각하고 행동하여 좋은 열매를 맺어 삶의 좋은 열매를 거두어 주님께 바치게 하소서.

다함없는 은총으로 저희를 도우시는 하느님 아버지, 더 높은 학문을 배우거나 사회인으로 발을 옮길 때에 (아무)가 두려워하지 않게 하시고, 주님의 능력과 슬기로 새로운 일이 시작되는 졸업이 되게 하소서.

모든 일은 시작이 있으면 끝이 있고, 끝이 있는가 싶으면 새로운 일이 시작되기 마련입니다. 이 새로운 학업(일)도 주님께서 함께하셔야만 성공할 수 있습니다. (아무)의 울타리가 되어 주시고 슬기와 총명을 착하게 쓸 수 있게 하소서.

삶의 인도자이신 우리 주 그리스도를 통하여 비나이다.

◎ 아멘.

마침 기도

✢ 영원한 슬기이시며 유일한 스승이신 하느님, 성부와 성자와 성령께서는 (아무)와 저희에게 복을 내리시어 길이 머물게 하소서.
◎ 아멘.

마침 성가　　55 착하신 목자

17. 승진한 가정

시작 성가　　61 주 예수와 바꿀 수는 없네

시작 기도

✢ 주님의 이름은 찬미받으소서.
◎ 이제로부터 영원히 받으소서.

성경 말씀

✢ 창세기 39장 3절부터 5절까지의 말씀을 들읍시다.
　그 주인은 주님께서 요셉과 함께 계시며, 그가 하는 일마다 주님께서 그의 손을 통해서 잘 이루어 주신다는 것을 알았다. 그래서 요셉은 주인의 눈에 들어 그의 시중을 들게 되었다. 주인은 요셉을 자기 집 관리인으로 세워, 자기의 모든 재산을 그의 손에 맡겼다. 주인이 요셉을 자기 집과 모든 재산의 관리인으로 세운 뒤부터, 주님께서는 요셉 때문에 그 이집트 사람의 집에 복을 내리셨다. 주님의 복이 집 안에 있는 것이든, 들에 있는 것이든 그의 모든 재산 위에 미쳤다.
✠ 주님의 말씀입니다.
◎ 하느님 감사합니다.

응답 성가   210 나의 생명 드리니

축복 기도
✠ 세상 모든 권능의 샘이시며 사랑과 자비가 그지없으신 하느님 아버지, 이 가정의 (아무)가 승진하게 된 것을 사람의 능력으로 돌리지 않고 우리 주 하느님의 은총으로 알고 감사드립니다.
참 좋으신 하느님 아버지, 일마다 주님께 감사드리며 주님께 영광을 돌리는 이 가정의 믿음을 기쁘게 받으시고 넘치는 복으로 채워 주소서. 승진하기까지 모든 일에 충실함과 성실함으로 생활한 (아무)와 함께하시어 앞으로도 맡은 일에 최선을 다하며 모든 일을 모자람 없이 하게 하소서.
하느님께 영광을 돌리는 그의 믿음을 지켜 주셔서 직장에서의 승진뿐만 아니라 하느님 나라에서도 믿음과 행동으로 승진하여 주님께 인정받는 백성이 되게 축복해 주소서. 자칫 교만하거나 게으르지 않게 하시고 더 높고 귀한 자리까지 올라가는 은총을 주소서.
이 가정과 온 가족들에게 주님의 보살핌과 사랑이 늘 함께하시기를 간절히 우리 주 그리스도를 통하여 비나이다.
◎ 아멘.

마침 기도
✢ 전능하신 하느님, 성부와 성자와 성령께서는 저희 삶에 강복하소서.
◎ 아멘.

마침 성가   525 거룩한 동정녀

18. 취직한 가정

시작 성가   400 주님과 나는

시작 기도
✢ 저희의 노동을 인자로이 굽어보시고 강복해 주시는 성삼께서는 찬미받으소서.
◎ 하느님, 길이 찬미받으소서.

성경 말씀
✢ 집회서 38장 28절부터 30절까지의 말씀을 들읍시다.
모루 앞에 앉아서 쇠 다루는 일에 열중하는 대장장이도 마찬가지다. 불기가 그의 몸을 녹초로 만들고 그는 화덕에서 나오는 열기와 씨름한다. 쇠망치 소리가 그의 귓전에 울리는데도 그의 눈은 그릇의 골에 붙박여 있다. 그는 일 마무리에 전념하고 마무리 장식에 잠을 잊는다. 일터에 앉아서 자기 발로 물레를 돌리는 옹기장이도 마찬가지다. 그는 언제나 자기 일에 몰두하니 그의 일은 낱낱이 계산된다. 그는 손으로 진흙을 개고 발로 반죽을 한다. 마지막 유약을 바르는 일에 전념하고 가마를 정돈하는 일에 잠을 잊는다.

✛ 주님의 말씀입니다.
◎ 하느님 감사합니다.

응답 성가　　54 주님은 나의 목자

축복 기도

✛ "먼저 하느님의 나라와 그분의 의로움을 찾아라. 그러면 이 모든 것도 곁들여 받게 될 것이다."라고 말씀하신 주 하느님, 주님께서 귀하게 쓰시는 이 가정의 (아무)가 직장 생활을 시작하게 해 주셨으니 주님께 감사와 영광을 드립니다.

직장에서 일할 때 사람들 앞에서 눈가림만 하는 이가 되지 않고, 그리스도의 일꾼답게 하느님의 뜻을 알고 그대로 행하여 소금과 누룩과 등불이 되게 하소서. 윗사람을 존경하는 마음으로 섬기고 아랫사람을 벗처럼 사랑할 수 있게 해 주시며, 맡은 일에 정성을 다하여 그리스도인의 모범을 보이게 하소서. 어떤 일을 하든지 하느님의 영광을 위해 일하는 정신과 공동체를 위해 일하는 높은 이상으로 직장 생활을 하게 하소서. 작은 일에 충실하여 성실한 직장인이 되게 하시며 많은 사람에게 칭찬을 받을수록 겸손하게 하소서.

주어진 직책을 자신의 이익만을 위한 도구로 삼지 않게 하시며 자신의 야망을 채우는 기회로 여기지 않게 하소서. 직장에서 꼭 있어야 할 사람이 되어 하느님께는 영광이요 직장 동료에게는 즐거움을 주는 (아무)가 되게 하소서. 부지런한 사람, 진실한 사람, 믿을 수 있는 사람, 마치 그리스도와 같은 사람이라는 말을 듣는 (아무)가 되게 하소서.

성가정에서 스스로 목수 일을 하시어 노동을 축복해 주신 우리 주 그리스도를 통하여 비나이다.

◎ 아멘.

마침 기도

✚ 전능하신 하느님, 성부와 성자와 성령께서는 저희에게 강복하소서.

◎ 아멘.

마침 성가   214 주께 드리네

19. 당선(임관)된 가정

시작 성가   497 우리를 위하여

시작 기도

✠ 길이요 진리요 생명이신 주님께서 우리와 함께.

◎ 아멘.

성경 말씀

✠ 지혜서 6장 2절부터 3절까지의 말씀을 들읍시다.

많은 백성을 다스리고 수많은 민족을 자랑하는 자들아, 귀를 기울여라. 너희의 권력은 주님께서 주셨고 통치권은 지극히 높으신 분께서 주셨다. 그분께서 너희가 하는 일들을 점검하시고 너희의 계획들을 검열하신다.

✠ 주님의 말씀입니다.

◎ 하느님 감사합니다.

응답 성가   493 살아 계신 주 성령

축복 기도

✠ 주님을 섬기는 사람들에게는 멀리 계시지 않으시고 주님께 바라는 사람들을 언제나 아버지같이 보살펴 주시는 하느님, 베풀어 주신 놀라운 은총에 감사하며, 보여 주신 사랑으로 주님을 찬미합니다. 이 기쁨은 주님께서 주신 기쁨이오니 모든 영광을 주님께 돌립니다.

사랑이신 주 하느님, 이처럼 크나큰 은총을 주셨으니 이제 주님의 뜻에 맞는 삶을 살 슬기도 주시며, 일을 잘할 능력도 주소서. 지금부터 더욱 겸손히 봉사하게 하시고 잘될 때 교만하지 않게 하시며 어려울 때 실망하지 않게 하소서. 의로운 일은 확신을 갖고 추진하게 하시고, 불의한 일은 하느님의 큰일로 여기고 단호히 처신하게 하소서.

사랑이 지극하신 주님, 저희에게 은총을 베푸신 것은 다만 주님을 믿어 복을 받을 뿐 아니라 주님을 위하여 고난도 받게 하심인 줄 압니다. 당선(임관)된 (아무) 형제(자매)에게는 불의와 사탄의 권세와 하느님을 대적하는 악마의 무리와 싸워야 하는 사명이 있으므로 이 형제(자매)가 믿음의 방패를 갖고 모든 악한 무리들을 물리칠 수 있도록 능력을 가득히 부어 주소서.

형제(자매) 자신만을 위하여 오늘의 명예를 쓰지 않게 하시고 이 나라와 사회와 주님을 위하여 바치게 하소서.

늘 넘치는 은총을 베풀어 주시는 우리 주 그리스도를 통하여 비나이다.

◎ 아멘.

마침 기도

✠ 하늘과 땅의 주인이시며 통치자이신 하느님, 성부와 성자와 성령께서는 이 형제(자매)와 저희에게 복을 내리시어 길이 머물게 하소서.

◎ 아멘.

마침 성가   214 주께 드리네

20. 입대할(한) 아들딸을 둔 가정

시작 성가   47 형제여 손을 들어

시작 기도
✚ 견진성사로 우리를 그리스도의 군사가 되게 하신 아버지 하느님께서 내리시는 평화가 우리와 함께.
◎ 아멘.

성경 말씀
✚ 에페소서 6장 14절부터 17절까지의 말씀을 들읍시다.
진리로 허리에 띠를 두르고 의로움의 갑옷 을 입고 굳건히 서 십시오. 발에는 평화의 복음을 위한 준비의 신을 신으십시 오. 무엇보다도 믿음의 방패를 잡으십시오. 여러분은 악한 자 가 쏘는 불화살을 그 방패로 막아서 끌 수 있을 것입니다. 그 리고 구원의 투구를 받아 쓰고 성령의 칼을 받아 쥐십시오. 성령의 칼은 하느님의 말씀입니다.
✚ 주님의 말씀입니다.
◎ 하느님 감사합니다.

응답 성가   54 주님은 나의 목자

축복 기도
✚ 어제나 오늘이나 영원토록 변함이 없으신 주 하느님, 이 가

정에 귀한 아들을 주시고 주님의 말씀으로 가르치시며 온갖 것을 허락하시고 장성하게 하신 은총에 감사합니다.

이제 그 아들이 나라의 부름을 받고 군에 들어가오니(들어갔으니) 그 아들과 함께하시어 건강한 몸과 순결한 정신을 주소서.

육체와 정신을 고되게 훈련시켜도 견디어 나갈 힘을 주시고, 단체 생활에 적응할 인내력과 조화성도 주시어 씩씩한 군인이 되게 하소서.

무엇보다도 그 아들의 믿음을 붙잡아 주시어 군 생활로 더 강하고 깊은 믿음을 갖게 하시며, 믿음이 흔들려 하느님을 잊어버리고 지내는 일이 없게 하소서. 군대의 명령에 순종할 때 하느님의 말씀에 순종하는 법을 배우게 하시고, 여러 가지 훈련이 있을 때는 죄와 싸우는 힘을 얻게 하소서.

그리하여 제대하고 돌아올 때는 예수님의 좋은 군인이 되어 돌아오게 하소서. 아들이 없는 동안 이 가정을 지켜 주시고, 걱정하는 어버이(형제)를 위로하소서.

사랑하시는 아들을 지켜 주실 것을 믿으며 우리 주 그리스도를 통하여 비나이다.

◎ 아멘.

마침 기도

✠ 저희를 사랑하신 주 예수님께서는 저희에게 강복하시고 저희를 주님의 사랑 안에 지켜 주소서.

◎ 아멘.

마침 성가　　250 굽어보소서 성모여

21. 제대할(한) 아들딸을 둔 가정

시작 성가　　445 예수님 따르기로

시작 기도
✠ 끝없이 인자하시고 한없이 위대하신 하느님, 성부와 성자와 성령께서는 찬미받으소서.
◎ 하느님, 길이 찬미받으소서.

성경 말씀
✠ 루카 복음 12장 31절부터 32절까지의 말씀을 들읍시다.
"오히려 너희는 그분의 나라를 찾아라. 그러면 이것들도 곁들여 받게 될 것이다. 너희들 작은 양 떼야, 두려워하지 마라. 너희 아버지께서는 그 나라를 너희에게 기꺼이 주기로 하셨다."
✠ 주님의 말씀입니다.
◎ 그리스도님 찬미합니다.

응답 성가　　62 주님의 뜻을 이루소서

축복 기도
✠ 헤아릴 수 없는 자비로 주님의 아드님을 세상에 보내시어, 피

를 흘리시어 사람들을 죄의 사슬에서 풀어 주시고 성령의 특은을 가득히 채워 주신 주 하느님을 찬미합니다.

주님께서 사랑하시는 아들이 나라의 부름을 받아 군에 들어간 뒤 지금까지 하느님께서 보살펴 주시는 은총으로 함께해 주시어 복무를 무사히 마치고 제대하게 됨에(제대하였음을) 감사드립니다. 곧(이제부터) 그가 다시 시작할(한) 생활에도 더욱 큰 믿음으로 이겨 나가도록 주님께서 복을 내려 주소서.

주님께서 성경 말씀을 통해 이르신 충성과 인내와 순종의 정신을 군 생활을 통해 몸소 익힌 줄 압니다. 이 정신을 제대한 뒤에도 신앙생활과 사회생활에 잘 적용해 어려운 문제 앞에서도 흔들리지 않게 하소서.

주님께 사랑받는 (아무)가 세상에서 뜻을 펼칠 수 있게 하시고, 교회에서는 작은 일부터 충실하여, 마침내 주님의 몸인 교회를 받들어 섬기는 기둥이 되게 하소서.

군에서 사귄 벗들도 잊지 않게 하시고, 비록 군대를 떠나도 (떠났으나) 나라를 위한 충성된 마음은 변하지 않게 하소서. 군에서 건강해진 몸과 마음을 지키며 일터를 지키고 나라를 지키는 일에 마음을 쓰는 애국심을 지니게 하소서.

제대와 함께 펼쳐질 생활도 주님께서 이끌어 주시기를 저희의 어머니이신 마리아와 함께 우리 주 그리스도를 통하여 비나이다.

◎ 아멘.

마침 기도

✥ 십자가를 모든 복과 온갖 은총의 샘이 되게 하신 하느님, 성부와 성자와 성령께서는 저희에게 강복하소서.
◎ 아멘.

마침 성가   70 평화를 구하는 기도

22. 개업할(한) 가정

시작 성가   402 세상은 아름다워라

시작 기도
✥ 우리의 도움은 주님의 이름에 있으니.
◎ 하늘과 땅을 만드신 분이시로다.

성경 말씀
✥ 시편 127편 1절부터 2절까지의 말씀을 들읍시다.
주님께서 집을 지어 주지 않으시면 그 짓는 이들의 수고가 헛되리라. 주님께서 성읍을 지켜 주지 않으시면 그 지키는 이의 파수가 헛되리라. 일찍 일어남도 늦게 자리에 듦도 고난의 빵을 먹음도 너희에게 헛되리라. 당신께서 사랑하시는 이에게는 잘 때에 그만큼을 주신다.
✥ 주님의 말씀입니다.
◎ 하느님 감사합니다.

응답 성가　　401 주를 찬미하여라

축복 기도

✠ 모든 복의 샘이시며 모든 사람의 희망이신 하느님 아버지, 그 지없이 넓고 크신 은총과 사랑에 감사드립니다. 이 가정이 새로운 사업을 시작하면서(개업하고) 하느님께 영광을 돌리게 하신 은총에 더욱 감사드립니다.

하느님께서 집을 세우지 않으시면 집 짓는 이들의 수고가 헛되고, 하느님께서 성을 지키지 않으시면 파수꾼이 깨어 있음이 헛일이오니, 새로 시작할(한) 이 사업을 축복하셔서 날로 번창하게 하시며 이 사회에 유익을 주는 사업이 되게 하소서. 이 사업으로 하느님께 영광을 드리게 하소서. 자신의 이익이나 사업의 번영만을 생각하다가 실패하지 않게 하시며, 금도 내 것 은도 내 것이라 하신 주님의 말씀을 잊지 않고 청지기의 사명을 다하게 하소서.

이 사업으로 이웃에게 봉사하게 하소서. 자신만을 위해 일하기보다 이웃의 행복을 위해 일할 수 있게 하소서. 사업을 발전시키려고 부지런히 일하되 진실한 마음으로 일하게 하시고, 하는 사업이 잘되어 하느님의 창고를 가득 채우게 하소서.

공중의 새들을 먹이시고 들에 꽃들을 피게 하시면서 저희에게도 무엇을 먹고 무엇을 입을까 걱정하지 않고 먼저 주님의 나라와 주님께서 의롭게 여기시는 것을 찾도록 가르쳐 주신 우리 주 그리스도를 통하여 비나이다.

◎ 아멘.

마침 기도

✚ 모든 선의 샘이신 하느님께서 저희에게 강복하시고 저희의 일에 복을 내리시어, 받은 은총에 감사드리며 주님을 길이 찬미하게 하소서.

◎ 아멘.

마침 성가   214 주께 드리네

23. 사업장에 가서

시작 성가   432 주여 날 인도하소서

시작 기도

✚ 하늘과 땅을 창조하신 하느님께서 우리와 함께.

◎ 아멘.

성경 말씀

✚ 신명기 12장 7절의 말씀을 들읍시다.
너희는 거기, 주 너희 하느님 앞에서 먹어라. 너희와 너희 집안은 주 너희 하느님께서 너희에게 복을 내리시어 너희 손으로 얻은 모든 것을 두고 기뻐하여라.

✚ 주님의 말씀입니다.

◎ 하느님 감사합니다.

응답 성가　451 주께 나아가리다

축복 기도

✠ 만물을 창조하시고 보살피시며 주님의 섭리대로 다스리시는 전능하고 영원하신 하느님 아버지, 저희를 굽어보시고 도와주소서. 저희 형제(자매)가 사업하는 이곳을 방문하여 잠시 주 하느님 앞에 기도드리오니 응답해 주소서.

간절히 바라오니 먼저 저희 형제(자매)의 마음을 성령으로 채워 주시며 사랑과 기쁨이 흘러넘쳐 평안하게 하시고 감사와 찬미가 끊이지 않게 도와주소서. 형제(자매)의 몸을 건강하게 하시고 마음을 기쁘게 하시며 생각을 슬기롭게 하시어, 어려운 일을 겪지 않게 하시며, 시련과 어려움에 부딪히더라도 용감히 이겨 내게 하소서.

그리고 이 형제(자매)의 믿음을 굳건히 하시어 사업 중에서도 주님을 떠나는 일이 없도록 하소서. 사업이 잘될 때는 더욱 많이 벌기 위해 사업에 정신을 온통 빼앗겨 주님을 잊어버리는 일이 없게 하시고, 사업이 잘되지 않을 때는 의기소침하고 근심 걱정에 눌려 주님을 멀리하는 일이 없도록 하소서.

이사악의 소출을 축복해 주신 하느님 아버지, 저희 형제(자매)의 사업을 위하여 비오니, 이 사업을 번창하게 하시며 그리스도 신자로서 복음을 증언하는 사업장이 되게 하소서. 성실과 근면으로 이룩한 사업이오니 주님께서 축복하시어, 사회와 교회에 모범이 되는 경영인이 되게 하소서.

이 사업장에 종사하는 모든 이도 지켜 주소서. 그들이 서로 돕고 이해하고 사랑으로 결속하는 사랑의 공동체를 이루게 하시어, 이 공동체를 통하여 하느님께서 영광을 받으시며, 이들이 하는 일들이 바로 이웃에게 기쁨과 도움을 주는 봉사임을 깨닫게 하소서.

저희의 어머니이신 마리아와 함께 우리 주 그리스도를 통하여 비나이다.

◎ 아멘.

마침 기도

✚ 모든 사람에게 이웃을 형제와 같이 사랑하며, 서로 도와주라고 하신 사랑의 아버지이신 하느님께서는 이곳에서 일하는 모든 이와 이곳을 드나드는 모든 사람을 자비로이 굽어보시고 저희에게도 강복하소서.

◎ 아멘.

마침 성가   236 사랑하올 어머니

24. 사업을 크게 넓힌 가정

시작 성가   462 이 세상 지나가고

시작 기도

✜ 사람들이 일을 하도록 섭리하신 하느님을 소리 맞추어 찬미합시다.

◎ 하느님, 길이 찬미받으소서.

성경 말씀

✜ 잠언 10장 3절부터 4절까지의 말씀을 들읍시다.

주님께서는 의인의 갈망은 채워 주시고 악인의 욕망은 물리치신다. 게으른 손바닥은 가난을 지어 내고 부지런한 이의 손은 부를 가져온다.

✜ 주님의 말씀입니다.

◎ 하느님 감사합니다.

응답 성가　　210 나의 생명 드리니

축복 기도

✜ 사랑이 많으시고 은총이 가득하신 하느님 아버지, 주님의 사랑과 은총에 감사드립니다. 이 가정을 주님의 백성으로 뽑아 주시고 이끌어 주시며 모든 일을 보살펴 주시니 더욱 감사합니다. 주님의 은총 속에서 이 가정의 사업을 시작하게 하시고, 주님의 축복으로 사업을 더욱 넓히게 하셨으니 주님 홀로 영광과 찬미를 받으소서.

자비로우신 주님, 이 가정이 사업을 크게 넓힐 뿐만 아니라 신앙생활과 신앙의 영역이 더욱 넓어지게 하시고, 주님의 몸인 교회를 섬기는 일에도 더욱 열심하게 하소서.

새롭게 넓히는 이 사업에 여러모로 힘들고 어려운 일이 많을 줄 아오니, 늘 함께하셔서 주님의 막대기와 지팡이로 이끌어 주소서. 모든 계획과 바라는 것들도 주님의 뜻 안에서 이뤄지게 하시고, 사업을 위하여 수고하는 모든 분에게 영육의 건강과 평화를 주소서.

거룩하신 우리 주 예수 그리스도를 통하여 비나이다.
◎ 아멘.

마침 기도
✢ 저희에게 크신 사랑을 베푸시는 하느님, 이 가정과 저희에게 영원한 복을 내려 주소서.
◎ 아멘.

마침 성가   214 주께 드리네

25. 사업체를 이전한 가정

시작 성가   401 주를 찬미하여라

시작 기도
✢ 손으로 일을 하도록 사람을 창조하신 하느님께서 우리와 함께.
◎ 아멘.

성경 말씀

✠ 욥기 42장 12절부터 17절까지의 말씀을 들읍시다.

주님께서는 욥의 여생에 지난날보다 더 큰 복을 내리시어, 그는 양 만 사천 마리와 낙타 육천 마리, 겨릿소 천 쌍과 암나귀 천 마리를 소유하게 되었다. 또한 그는 아들 일곱과 딸 셋을 얻었다. 그는 첫째 딸을 여미마, 둘째 딸을 크치아, 셋째 딸을 케렌 하푹이라 불렀다. 세상 어디에서도 욥의 딸들만큼 아리따운 여자는 찾아볼 수 없었다. 그들의 아버지는 그들에게도 남자 형제들과 같이 유산을 물려주었다. 그 뒤 욥은 백사십 년을 살면서, 사 대에 걸쳐 자식과 손자들을 보았다. 이렇게 욥은 늘그막까지 수를 다하고 죽었다.

✠ 주님의 말씀입니다.

◎ 하느님 감사합니다.

응답 성가   54 주님은 나의 목자

축복 기도

✠ 사랑과 자비가 풍성하시며 의로우신 하느님 아버지, 주님의 넘치는 사랑과 은총에 감사드립니다.

이 가정을 주님의 사랑 안에 품어 주시고 사업에 복을 내려 주시는 주님, 이제 주님의 뜻에 따라 사업체를 옮기고 주님께 의지하여 기도하오니, 주님, 이 사업체를 옮기게 하신 주님의 섭리를 먼저 깨달아 알게 하소서. 사람의 뜻과 이익만을 위한 것이 아니라 하느님 아버지의 거룩하신 뜻과 섭리에 따른 것이라 믿으니, 이 사업으로 더욱 주님의 영광을 드러내게 하시며, 날로 번창하는 복을 내려 주소서.

새로운 곳에서 새로운 결심으로 시작하는 이 가정이 더욱 새롭게 믿음의 생활을 할 수 있게 하소서. 또한 사람의 슬기나 힘에 기대기보다 주님의 슬기를 따라 운영하는 사업으로 놀라운 복을 받는 가정이 되게 하소서. 모든 계획과 어려움도 주님께서 해결해 주시고 건강도 지켜 주소서.

사랑이 그지없으신 어머니 마리아와 함께 저희의 구원이신 우리 주 그리스도를 통하여 비나이다.

◎ 아멘.

마침 기도

✚ 저희를 끝없이 돌보아 주시는 하느님, 성부와 성자와 성령께서는 이 가정의 사업에 강복하시고 저희에게 복을 내리시어 길이 머물게 하소서.

◎ 아멘.

마침 성가   238 자모신 마리아

26. 이사할(한) 가정

시작 성가   399 주님 안에 하나

시작 기도

✠ 우리의 도움은 주님의 이름에 있으니.

◎ 하늘과 땅을 만드신 분이시로다.

성경 말씀

✠ 히브리서 11장 8절부터 10절까지의 말씀을 들읍시다.

믿음으로써, 아브라함은 장차 상속 재산으로 받을 곳을 향하여 떠나라는 부르심을 받고 그대로 순종하였습니다. 그는 어디로 가는지도 모르고 떠난 것입니다. 믿음으로써, 그는 같은 약속의 공동 상속자인 이사악과 야곱과 함께 천막을 치고 머무르면서, 약속받은 땅인데도 남의 땅인 것처럼 이방인으로 살았습니다. 하느님께서 설계자이시며 건축가로서 튼튼한 기초를 갖추어 주신 도성을 기다리고 있었기 때문입니다.

✠ 주님의 말씀입니다.

◎ 하느님 감사합니다.

응답 성가   238 자모신 마리아

축복 기도

✠ 대대로 저희의 거처와 피난처가 되시는 하느님, 주님께서 사랑하시는 이 가정이 주님의 이끄심에 따라 이사를 합니다(했습니다). 사랑과 자비가 그지없으신 주 하느님, 주님의 자비와 진리로 이 가정을 보살펴 주시고 지켜 주소서.

자녀들이 전학하여 환경이 바뀌어도 공부를 열심히 하게 하시고, 벗을 잘 사귀며 스승에게 귀여움을 받는 학생이 되게 하소서. 그리고 교회의 봉사 활동도 여전히 잘하게 하시고 기쁨과 감사가 넘치는 삶이 되게 하소서.

믿음의 조상 아브라함이 가는 곳마다 제단을 쌓았던 것처럼 이 가정에서도 하느님께 찬미와 기도가 그치지 않게 하소서. 주님께서 붙들어 주시면 이 가정을 해롭게 할 이가 없음을 믿고 모든 걱정을 주님께 맡기고 사는 가정이 되게 하소서. 새로운 집(이 집)에서 사는 동안 먼저보다 더 하느님을 가까이하는 생활을 하게 하시며, 하는 일도 전보다 더 번영하게 하소서.

인간적인 생각으로 이사한 롯의 가정보다 하느님의 뜻에 따라 이사한 아브라함의 가정이 더 복을 받은 것처럼, 하느님을 따르려는 이 가정에 아브라함의 가정에 주셨던 은총을 주소서. 이 가정의 모든 가족이 이사할(한) 새 집에 드나들 때마다 감사한 마음이 우러나게 하시고, 찾아오는 손님이나 이웃에게 그리스도의 사랑을 전하는 가정이 되게 하소서. 그리하여 영원한 하늘나라의 집을 소망으로 바라보는 가정이 되게 하소서.

하늘과 땅의 주인으로서 사람이 되시어 저희 가운데 계신 성자 우리 주 그리스도를 통하여 비나이다.

◎ 아멘.

마침 기도

✠ 그리스도의 평화가 저희 마음에 가득하게 하시고, 그리스도의 말씀이 저희를 다스리게 하시어, 저희가 하는 말과 행동

이 모두 다 주님의 이름으로 이루어지게 하소서.
◎ 아멘.

마침 성가   147 임하소서 성령이여

27. 새 집을 마련한 가정

시작 성가   154 주여 어서 오소서

시작 기도
✚ 모든 사람의 아버지이신 하느님께서 내리시는 은총과 평화가 우리와 함께.
◎ 아멘.

성경 말씀
✚ 마태오 복음 7장 24절부터 27절까지의 말씀을 들읍시다.
"그러므로 나의 이 말을 듣고 실행하는 이는 모두 자기 집을 반석 위에 지은 슬기로운 사람과 같을 것이다. 비가 내려 강물이 밀려오고 바람이 불어 그 집에 들이쳤지만 무너지지 않았다. 반석 위에 세워졌기 때문이다. 그러나 나의 이 말을 듣고 실행하지 않는 자는 모두 자기 집을 모래 위에 지은 어리석은 사람과 같다. 비가 내려 강물이 밀려오고 바람이 불어 그 집에 휘몰아치자 무너져 버렸다. 완전히 무너지고 말았다."
✚ 주님의 말씀입니다.
◎ 그리스도님 찬미합니다.

응답 성가　　16 온 세상아 주님을

축복 기도
✚ 저희가 영원히 거처할 집의 주인이 되시며 삶과 죽음을 다스리시는 하느님 아버지, 이 가정을 사랑하셔서 이제껏 지켜 주시고 필요한 것들을 아낌없이 주시니 감사합니다. 이 가정에 삶의 보금자리인 새 집을 마련하도록 은총을 베풀어 주셨으니 더욱 감사와 찬미를 드립니다.
주 하느님, 이 집이 굳건한 믿음의 바위 위에 서는 집이 되게 하시고 모래 위에 세워져서 바람이 불고 비가 올 때 힘없이 쓰러지는 집이 되지 않도록 하소서. 주님께서 이 집의 주인이 되셔서, 늘 주님께로 향하는 찬미와 기도 소리가 그치지 않으며, 사랑과 평화가 가득한 주님의 가정으로 축복해 주소서.
언제나 저희를 믿음의 바위 위에 서게 하시는 우리 주 그리스도를 통하여 비나이다.
◎ 아멘.

마침 기도
✚ 모든 선의 샘이신 하느님께서는 이 집과 저희에게 강복하시

어, 받은 은총을 감사드리며 주님을 길이 찬미하게 하소서.
◎ 아멘.

마침 성가   234 우리 자모

28. 상을 받은 가정

시작 성가   24 내 맘의 천주여

시작 기도
✚ 우리에게 풍부한 은총을 베푸시는 하느님 성자께서는 찬미받으소서.
◎ 이제부터 영원히 찬미받으소서.

성경 말씀
✚ 콜로새서 3장 23절부터 25절까지의 말씀을 들읍시다.
  무슨 일을 하든지, 사람이 아니라 주님을 위하여 하듯이 진심으로 하십시오. 주님에게서 상속 재산을 상으로 받는다는 것을 알아 두십시오. 여러분은 주 그리스도의 종이 되십시오. 불의를 저지르는 자는 자기가 저지른 불의의 대가를 받을 것입니다. 여기에는 사람을 차별하는 일이 없습니다.
✚ 주님의 말씀입니다.
◎ 하느님 감사합니다.

응답 성가　　34 길이요 진리요 생명이신 주

축복 기도

✞ 모든 덕행의 깊은 바다이신 주 하느님, 주님의 은총에 힘입어 이 가정의 (아무)가 상을 받게 된 것에 감사드립니다.

이 수상의 영광이 (아무)의 한 몸에 머무르지 않고 믿음의 달리기에서도 이기게 하여 하느님의 영원한 상급을 받을 수 있는 자리에까지 달려가게 도와주소서.

사랑의 주 하느님, (아무)가 이 세상에 살면서 그에게 기쁨을 안겨 주신 주님의 은총에 감사드리고 그 은총을 찬미드리며 늘 감격하며 살도록 도우소서. 좋은 일로 교만하지 않게 하시고, 행여나 이것이 시험에 드는 시초가 되지 않도록 강하신 손으로 (아무)를 붙들어 주시며, 더욱 큰 면류관으로 그의 앞길을 보살펴 주소서.

죽도록 충성하면 생명의 면류관을 주시겠다고 하신 하느님, 수상의 영예를 안은 (아무)가 오직 주님만을 위하여 죽도록 충성하는 주님의 자녀가 되게 하소서.

선과 사랑이 넘치는 주 하느님, (아무)가 이번 수상에 대하여 진실한 마음으로 주님께 감사드리게 하시고, 육신의 부귀영달을 위하고 썩어 없어질 것만을 거두는 이가 되지 않도록 이끄시며, 성령을 위해 심고 거두도록 도와주소서.

거룩함과 생명의 샘이신 주 하느님, 육신의 일은 다 없어질 것이지만 성령의 일은 영원하오니, 영원한 주님의 일을 위하여 더욱더 힘써 영원한 상급을 받게 하소서. 또한 함께 노력했지만 상을 받지 못한 동료들에게는 겸손한 마음을 갖게 하시고, 어려운 환경으로 앞길을 방해받는 이웃들에게도 늘 마음을 쓰며, 그들과 사랑 안에서 하나가 되어 주님 앞에 서게 하소서.
(아무)의 앞날을 강복해 주시기를 바라오며, 우리 주 그리스도를 통하여 비나이다.
◎ 아멘.

마침 기도
✚ 성부와 성자와 성령께 감사드리며 영원히 찬미와 찬송을 드립니다.
◎ 아멘.

마침 성가　　528 축하합니다 (당신의 영광스러운 수상을)

29. 입시를 앞둔 가정

시작 성가　　451 주께 나아가리다

시작 기도
✚ 온갖 슬기와 지식을 간직하신 성자 예수 그리스도께서는 찬미받으소서.
◎ 하느님, 길이 찬미와 영광을 받으소서.

성경 말씀

✚ 야고보서 1장 5절의 말씀을 들읍시다.

여러분 가운데에 누구든지 지혜가 모자라면 하느님께 청하십시오. 하느님은 모든 사람에게 너그럽게 베푸시고 나무라지 않으시는 분이십니다. 그러면 받을 것입니다.

✚ 주님의 말씀입니다.

◎ 하느님 감사합니다.

응답 성가   25 사랑의 하느님

축복 기도

✚ 사람의 삶을 살피시며 보살펴 주시는 사랑 지극하신 하느님, 주님의 그 넓고 크신 사랑에 깊이 감사드립니다. 이 가정 (아무)의 입시를 앞두고 주님께 기도드립니다.

(아무)가 시험을 치르는 날에 당황하여 실수하는 일이 없도록 은총을 내려 주소서. 이번 시험을 통하여 하느님의 은총을 깊이 깨닫는 믿는 이가 되게 하소서. 사람들 가운데는 열심히 공부는 하지 않고 하느님께서 도와주신다고 맹목적으로 믿는 이도 있고, 어떤 이는 자기 노력과 재능만을 믿고 하느님의 능력과 인도를 믿지 않는 이도 있는데, 이 가정의 (아무)가 자기가 할 수 있는 데까지 힘쓰고 주님의 은총을 기다리는 신앙인이 되게 하소서.

바라는 모든 이에게 풍성한 은총으로 응답하시는 하느님 아버지, 열심히 공부하고 시험을 치르지만 하느님께서 슬기를 주

서야만 아는 지식도 바르게 표현할 수 있사오니 도와주소서. 그른 방법으로 합격하는 이가 되지 않게 하시고, 이 시험에서 믿음과 생활이 시험에 드는 일이 없도록 은총을 베풀어 주소서. 고사장에 들어가 하느님께서 함께하신다는 굳은 믿음으로 시험을 치르게 하소서. 답을 쓸 때 기도하는 부모(형제)가 함께함을 떠올리며 편한 마음으로 실수하지 않게 하소서.

슬기로우신 하느님, (아무)의 마음을 슬기롭게 해 주시고, 그의 생각을 재빠르게 하시며, 옳고 바른 판단을 가지게 해 주소서. 그리하여 합격의 영광을 주님께 드리며, 어버이에게는 효도하는 기회가 되게 하시고, 가족과 친지들에게는 기쁨을 나누는 기회가 되게 도와주소서.

저희에게 풍부한 은총을 베푸시는 우리 주 그리스도를 통하여 비나이다.

◎ 아멘.

마침 기도

✠ 학문의 주인이신 하느님께서는 저희에게 주님의 길을 보여 주시고, 영원한 예지이신 그리스도께서는 저희에게 진리의 말씀을 가르쳐 주시고, 행복의 빛이신 성령께서는 늘 저희 마음을 밝혀 주시어, 저희가 옳고 좋은 것을 배우고 배운 것을 행동으로 실천하게 하소서.

◎ 아멘.

마침 성가   221 받아 주소서

30. 시험을 앞둔 가정

시작 성가　　451 주께 나아가리다

시작 기도
✥ 온갖 슬기와 지식을 간직하신 성자 예수 그리스도께서는 찬미와 영광을 받으소서.
◎ 하느님, 길이 찬미와 영광을 받으소서.

성경 말씀
✥ 필리피서 3장 13절부터 14절까지의 말씀을 들읍시다.
그러나 이 한 가지는 분명합니다. 나는 내 뒤에 있는 것을 잊어버리고 앞에 있는 것을 향하여 내달리고 있습니다. 하느님께서 그리스도 예수님 안에서 우리를 하늘로 부르시어 주시는 상을 얻으려고, 그 목표를 향하여 달려가고 있는 것입니다.
✥ 주님의 말씀입니다.
◎ 하느님 감사합니다.

응답 성가　　25 사랑의 하느님

축복 기도
✥ 온갖 슬기와 지식을 지니신 하느님 아버지, 뽑힘을 받아 주님의 자녀가 된 이 가정의 (아무)가 이번 시험을 치를 수 있기까지 지켜 주신 은총에 진심으로 감사드립니다.

이제 시험을 치르게 되었으니 처음부터 끝까지 주님께서 함께해 주시고 보살펴 주소서.

저희에게 풍부한 은총을 베푸시는 주 하느님, 시험을 위해서 최선의 노력을 다하며 애쓴 정성이 좋은 열매를 맺게 하셔서 축복받은 주님의 자녀로서 모자람이 없게 하소서.

간절히 바라오니, 시험에서 행여 마음에 상처를 입지 않게 하시고 믿음이 흔들리지 않게 지켜 주소서. 노력이 없는 결과를 추구하지 않게 하시고, 땀이 없는 결실을 바라는 어리석음이 없게 하셔서 뿌린 대로 거두는 정직한 마음을 주소서. 시작부터 끝까지 주님께서 함께하셔서 당황하거나 실수하지 않게 하소서.

주님의 뜻대로 사는 백성을 축복하시는 우리 주 그리스도를 통하여 비나이다.

◎ 아멘.

마침 기도

✠ 학문의 주인이신 하느님께서는 저희에게 주님의 길을 보여 주시고, 영원한 예지이신 그리스도께서는 저희에게 진리의 말씀을 가르쳐 주시고, 행복의 빛이신 성령께서는 늘 저희의 마음을 밝혀 주시어, 저희가 옳고 좋은 것을 배우고 배운 것을 행동으로 실천하게 하소서.

◎ 아멘.

마침 성가   221 받아주소서

31. 입시에 합격한 가정

시작 성가   2 주 하느님 크시도다

시작 기도
✜ 모든 사람이 구원되기를 바라시는 자비로우신 성부께서는 찬미와 영광을 받으소서.
◎ 하느님, 길이 찬미와 영광을 받으소서.

성경 말씀
✜ 마태오 복음 11장 28절부터 30절까지의 말씀을 들읍시다.
"고생하며 무거운 짐을 진 너희는 모두 나에게 오너라. 내가 너희에게 안식을 주겠다. 나는 마음이 온유하고 겸손하니 내 멍에를 메고 나에게 배워라. 그러면 너희가 안식을 얻을 것이다. 정녕 내 멍에는 편하고 내 짐은 가볍다."
✜ 주님의 말씀입니다.
◎ 그리스도님 찬미합니다.

응답 성가   241 주께 드리네

축복 기도
✜ 기도하는 모든 이에게 풍성한 은총으로 응답하시는 하느님 아버지, 어려운 입시를 앞두고 합격을 바라던 이 가정의 기도를 들으시고 (아무)에게 합격의 기쁨을 안겨 주시니 참으로

감사합니다.

교육을 받을 권리는 인생의 기본적인 권리지만 바라는 학교에 입학하기란 쉬운 일이 아님에도 합격시켜 주셨으니, 학교생활도 즐겁고 보람 있는 삶이 되도록 이끌어 주소서. 학교생활은 인격과 지식을 갈고 닦는 기간이므로 인생을 성공과 축복으로 이끄는 데 가장 중요한 시기이오니 주님께서 늘 가르쳐 주소서.

모든 덕행의 깊은 바다이신 주 하느님, 이 가정의 (아무)가 학교를 사랑하는 마음을 갖게 해 주소서. 학교의 스승과 학우만이 아니라 학교 시설 하나하나까지도 사랑하는 마음을 주소서. 자신을 진리의 새 세계로 이끌어 주는 따뜻한 손길과 많은 기회가 학교를 통해 열려 있음을 깨닫게 하소서.

여러 가지 염려가 마음을 몹시 괴롭힐지라도 앞날은 하느님께 맡기고 일과에 충실하게 하소서. 학교에서 좋은 벗을 사귀며 인생의 아름다운 설계도를 꾸미게 하소서. 또한 신앙생활에 있어서도 주님 앞에 모자람이 없도록 은총을 주소서. 사랑의 원천이신 우리 주 그리스도를 통하여 비나이다.

◎ 아멘.

마침 기도

✠ 학문의 주인이신 성부와 유일한 스승이신 성자와 위로자이신 성령께서는 저희에게 복을 내리시어 길이 머물게 하소서.

◎ 아멘.

마침 성가　　406 세상에 외치고 싶어

32. 시험에 합격한 가정

시작 성가　　16 온 세상아 주님을

시작 기도
✚ 우리에게 풍부한 은총을 베푸시는 주님께서 우리와 함께.
◎ 아멘.

성경 말씀
✚ 로마서 8장 28절의 말씀을 들읍시다.
　하느님을 사랑하는 이들, 그분의 계획에 따라 부르심을 받은 이들에게는 모든 것이 함께 작용하여 선을 이룬다는 것을 우리는 압니다.
✚ 주님의 말씀입니다.
◎ 하느님 감사합니다.

응답 성가　　437 찬양하라 주님의 이름을

축복 기도
✚ 생명의 주인이시며 인간의 구세주이신 전능하신 주 하느님, 이 가정의 (아무)가 오래전부터 계획하고 준비해 왔던 시험

에 영광스러운 합격을 하게 해 주셨으니 참으로 감사합니다.
이 땅 위에 이 가정의 (아무)를 보내신 분도 주님이시고, 지금까지 지켜 주시고 이끌어 주신 분도 오직 주님이시고, 앞으로 영원히 함께하실 분도 오직 주님이시오니, 주님 홀로 모든 영광과 존귀와 찬미를 받으소서.

선과 사랑이 넘치시는 주 하느님, 주님께서는 이번 합격으로 이루고자 하시는 뜻이 분명히 있을 것이오니, 이 가정의 (아무)와 이번 합격을 그 도구로 써 주소서.

이기적이고 교만한 마음으로 살지 않고 주님의 말씀대로 사는 주님의 자녀가 되게 하소서. 행여 마음을 놓아 버리거나 자만하거나 자랑하지 않게 하시고, 새로운 시작이라고 생각하고 생활하며, 교회와 착한 일에 앞장서서 주님께서 내시는 시험에서도 거뜬히 합격하는 영광을 맛보게 하소서.

영광과 찬미를 받으시기에 마땅하신 우리 주 그리스도를 통하여 비나이다.

◎ 아멘.

마침 기도

✠ 전능하신 하느님, 성부와 성자와 성령께서는 저희에게 복을 내리시어 길이 머물게 하소서.

◎ 아멘.

마침 성가   157 예수 우리 맘에 오소서

33. 병의 치유를 감사하는 가정

시작 성가　54 주님은 나의 목자

시작 기도
✠ 모든 사람에게 복을 내려 주시고 그들을 치유하시는 주님을 찬미합시다.
◎ 하느님, 길이 찬미와 영광을 받으소서.

성경 말씀
✠ 마르코 복음 6장 53절부터 56절까지의 말씀을 들읍시다.
  그들은 호수를 건너 겐네사렛 땅에 이르러 배를 대었다. 그들이 배에서 내리자 사람들은 곧 예수님을 알아보고, 그 지방을 두루 뛰어다니며 병든 이들을 들것에 눕혀, 그분께서 계시다는 곳마다 데려오기 시작하였다. 그리하여 마을이든 고을이든 촌락이든 예수님께서 들어가기만 하시면, 장터에 병자들을 데려다 놓고 그 옷자락 술에 그들이 손이라도 대게 해 주십사고 청하였다. 과연 그것에 손을 댄 사람마다 구원을 받았다.
✠ 주님의 말씀입니다.
◎ 그리스도님 찬미합니다.

응답 성가　59 주께선 나의 피난처

축복 기도

✠ 모든 위로의 샘이신 하느님 아버지, 저희가 나약해지고 넘어질 때 물결을 밟고 달려오시는 구원의 주님이시오니 감사합니다. 그리고 저희가 게을러지고 죄짓는 길에 들어설 때 여러 가지로 깨우침을 주시오니 감사합니다.

바라는 모든 이에게 가득한 은총으로 응답하시는 주 하느님, 이 가정의 (아무)를 치유하셔서 병상에서 일으켜 주셨으니 더욱더 감사합니다. 저희 형제(자매)가 아픔에서도 절망하지 않게 힘을 주셨으며, 그 병마에서 주님의 크신 사랑을 몸소 겪게 하셨으니 감사합니다.

주님께서는 저희 형제(자매)에게 사람이 얼마나 나약하고 무능한 존재인지를 알게 하셨고, 세상의 부귀영화나 권력이나 그밖에 사람이 추구하는 모든 것이 얼마나 헛된 것인지 깨닫게 하셨습니다. 만물을 되살리기도 하시고 없애기도 하시는 주님, 병을 물리쳐 주셨으니 새로이 건강해진 몸이 오직 주님을 영화롭게 하는 데 쓰이게 하시고, 거룩한 몸인 교회를 위해서도 그전보다 열심히 봉사하는 데 쓰이게 하소서. 몸을 건강하게 해 주셨으니 마음도 건강하게 지켜 주셔서 늘 착한 것을 추구하며 더욱 깊고 뜨거운 믿음으로 살아가도록 붙잡아 주소서.

저희에게 풍성한 은총을 베푸시는 하느님, 그동안 수고의 손길로 돌보아 준 분들(의사, 간호사 등 여러 의료진들)에게도 주님의 복을 내려 주소서. 그리고 우리 형제(자매)의 건강을 위하여 기도해 준 가족과 친척, 본당 교우들, 이웃들에게도 주님의 복을 내려 주소서.

사람의 참된 의사이신 우리 주 그리스도를 통하여 비나이다.

◎ 아멘.

마침 기도

✠ 홀로 주님이시고 구원자이신 하느님께서는 저희 형제(자매)에게 복을 내리시어 육신을 지켜 주시고 영혼을 구해 주시며 영원한 생명으로 이끌어 주시고, 여기 있는 모든 이에게도 강복하소서.

◎ 아멘.

마침 성가   61 주 예수와 바꿀 수는 없네

34. 퇴원할(한) 가정

시작 성가   54 주님은 나의 목자

시작 기도

✠ 온갖 위로의 샘이신 하느님께서는 찬미와 영광을 받으소서.

◎ 이제부터 영원히 받으소서.

성경 말씀

✠ 마태오 복음 8장 14절부터 15절까지의 말씀을 들읍시다.

예수님께서 베드로의 집으로 가셨을 때, 그의 장모가 열병으로 드러누워 있는 것을 보셨다. 예수님께서 당신 손을 그 부인의 손에 대시니 열이 가셨다. 그래서 부인은 일어나 그분의 시중을 들었다.

✚ 주님의 말씀입니다.

◎ 그리스도님 찬미합니다.

응답 성가   59 주께선 나의 피난처

축복 기도

✚ 사람의 참된 의사이신 주 하느님 아버지, 몸도 병들고 마음도 허약한 이를 불쌍히 여기시어 병상에서 일으켜 주시니 감사합니다.

생명을 창조하신 분도 하느님이시며 몸을 지으신 분도 하느님이시며, 오늘날까지 살게 하신 분도 하느님이시오, 앞날을 섭리하실 분도 하느님이시니, 저희 형제(자매)가 모든 것을 주님께 의탁하게 하시고, 주님 뜻대로 따르게 하소서.

거룩함과 생명의 샘이신 주님, 심한 병으로 병원에 입원할 때 낙심도 했고 원망도 했지만, 주님께서 주신 병으로 저희 형제(자매)가 믿음에 큰 도움을 얻었을 것입니다. 병상에 누워 있는 동안 특히 주님과 사귐의 시간을 많이 가졌고, 건강할 때 자기 건강을 의지하여 주님을 생각하지 않고 찾지 않았던 것이 얼마나 후회스러운 일인지를 깨달았을 것입니다.

그동안의 병원 생활이 불행한 시기가 아니라 오히려 인생을 새롭게 시작하는 기회가 되게 하소서. 그리고 병석에서 주님과 약속한 일이 있었다면 다 지키게 하시며, 병들었을 때 주님을 의지했던 것처럼 병상에서 일어난 지금부터 주님만을 의지하여 살게 하소서.

눈물 젖은 빵을 씹으며 잠 못 이룬 괴로운 경험이 없는 이와는 인생을 이야기할 수 없으니, 이번(지난번) 입원에서 맛본 고통이 저희 형제(자매)에게 큰 교훈이 되게 하소서. 다시는 병의 고통을 겪지 않기를 바라오니, 언제나 주님께서 함께 하셔서 어려운 고통의 관문을 믿음으로 지나가게 하소서. 주님께 희망을 두는 사람들을 구원하시는 우리 주 그리스도를 통하여 비나이다.

◎ 아멘.

마침 기도

✠ 전능하신 하느님, 성부와 성자와 성령께서는 저희에게 복을 내리시어 길이 머물게 하소서.

◎ 아멘.

마침 성가　　236 사랑하올 어머니

겸덕을 위하여

하느님, 하느님께서는 저희가 스스로의 행실을 결코 인간적인 행실에만 의탁하지 않음을 아시오니, 주님 자비로써 이방인의 사도인 성 바오로가 모든 역경으로부터 저희를 보호하게 하소서. 아멘.

저희들 혼자서는 아무것도 할 수 없으나 하느님과 함께라면 무엇이든지 할 수 있나이다. 주님을 위하여 모든 것을 하고자 하오니, 주님께는 영광이 되고 저희에게는 천국을 허락하소서.

(「바오로가족 기도서」에서)

환난과 위로의 기도

자녀 여러분, 무슨 일에서나 부모에게 순종하십시오. 이것이 주님 마음에 드는 일입니다. 아버지 여러분, 자녀들을 들볶지 마십시오. 그러다가 그들의 기를 꺾고 맙니다.

(콜로 3,20-21)

35. 고부 사이에 갈등이 있는 가정

시작 성가   46 사랑의 송가

시작 기도
✛ 사랑을 베푸시는 성부와 은총을 내리시는 성자와 일치를 이루시는 성령께서 우리와 함께.
◎ 아멘.

성경 말씀
✛ 콜로새서 3장 20절부터 21절까지의 말씀을 들읍시다.
자녀 여러분, 무슨 일에서나 부모에게 순종하십시오. 이것이 주님 마음에 드는 일입니다. 아버지 여러분, 자녀들을 들볶지 마십시오. 그러다가 그들의 기를 꺾고 맙니다.
✛ 주님의 말씀입니다.
◎ 하느님 감사합니다.

응답 성가   236 사랑하올 어머니

위로 기도
✛ 그리스도 안에서 저희가 하나 되기를 바라시는 하느님 아버지, 주님께서는 외아들 예수 그리스도를 사람들에게 보내셔서 화해와 평화와 영원한 생명을 주셨습니다. 그리하여 저희가 어둠을 벗어 버리고 빛의 새 옷을 입도록 하시니 감사와

찬미를 드립니다.

하느님 아버지, 이 가정의 시어머니와 며느리 사이의 갈등을 놓고 기도합니다. 나이와 시대와 환경의 차이도 서로 이해하며 사랑으로 이겨 내게 하소서. 세대 차이 때문이라면 경험 많은 시어머니가 젊은 며느리를 이해하게 하시고, 며느리를 친딸처럼 사랑하며, 포용할 수 있는 너그러운 마음을 갖게 하소서. 견해 차이라면 며느리가 시어머니의 의견을 존중하고, 그 뜻을 따르며, 먼저 받들며 섬기는 아름다운 마음을 갖도록 해 주소서.

사랑이 깊으시고 참으로 좋으신 하느님 아버지, 이 가정의 시어머니는 이 가정을 위해 평생토록 눈물과 근심과 걱정으로 살아왔음을 며느리가 알고 존경하게 하소서. 그리고 며느리는 이 가정을 사랑으로 돌보는 앞날의 시어머니가 될 사람이오니 시어머니는 며느리를 자애로이 받아들이게 하소서.

이제부터 이 가정의 시어머니와 며느리는 하느님을 중심으로 살면서, 시어머니 나오미와 며느리 룻의 아름다운 사랑을 묵상하며 서로 귀중한 존재임을 스스로 깨닫게 하소서.

그리고 각자가 어려움을 겪을 때마다 예수 그리스도의 말씀과 사랑을 좇게 하시고, 기도하게 하소서. 그리하여 이웃에게 사랑의 좋은 모범을 보여 줌으로써 믿는 이의 삶을 알게 하며 하느님을 영화롭게 하는 시어머니와 며느리가 되어 칭찬을 받게 하소서.

사랑 많으신 우리 주 그리스도를 통하여 비나이다.

◎ 아멘.

마침 기도

✚ 저희를 그지없이 사랑하신 나머지 십자가에서 돌아가시고 사흘 만에 부활하신 성자 예수 그리스도께서는 이 가정의 시어머니와 며느리와 저희에게 복을 내리시어 사랑의 생활을 하게 하소서.

◎ 아멘.

마침 성가　　415 사랑이 없으면

36. 교통사고를 당한 가정

시작 성가　　422 당신을 애틋이 찾나이다

시작 기도

✚ 저희의 나약함을 몸소 지니시고, 저희의 고통을 몸소 겪으신 성자께서는 찬미와 영광을 받으소서.

◎ 이제부터 영원히 받으소서.

성경 말씀

✚ 호세아 예언서 6장 1절부터 2절까지의 말씀을 들읍시다.
　자, 주님께 돌아가자. 그분께서 우리를 잡아 찢으셨지만 아픈 데를 고쳐 주시고 우리를 치셨지만 싸매 주시리라. 이틀 뒤에 우리를 살려 주시고 사흘째 되는 날에 우리를 일으키시어 우리가 그분 앞에서 살게 되리라.
✚ 주님의 말씀입니다.
◎ 하느님 감사합니다.

응답 성가   54 주님은 나의 목자

위로 기도

✚ 사랑이신 하느님 아버지의 은총에 감사드립니다. 이제까지 저희들의 생명을 지켜 주시고 베풀어 주신 끝없는 은총에 다시 한번 감사드리며, 사람의 목숨이 질그릇보다 더 약하다는 것과 저희의 생명이 저희의 것이 아님을 깨닫게 하시니 더욱 감사드립니다.

누구의 실수든지 저희로서는 바라지 않은 사고로 (병실에) 누워 있는 (아무)를 주님께서 붙들어 주시고 일으켜 세워 주시기를 바랍니다. 이 형제의 완전한 치유는 주님의 능력에 달려 있으니 평안히 숨 쉬게 하시고, (부러진 마디마디를) 주님의 손으로 만져 고쳐 주시기를 바랍니다.

이 형제(자매)의 병상을 지키시는 주님, 무엇보다도 (아무)에게 주님으로 말미암은 영혼의 가득한 평화를 누리게 하시고, 이번 일이 주님을 향한 믿음을 굳게 할 수 있는 훈련이 되게 하소서.

환난 가운데서도 주님의 평화를 찬미하는 복을 내리시어 이 형제(자매)에게는 기쁨이 넘치고, 이를 바라보는 가족이나 벗들에게 하느님의 사람됨이 어떠한지를 알게 하시고, 믿는 이들에게는 은총이 넘치게 하시며, 믿지 않는 이들에게는 전도가 되게 하소서.

치유의 하느님, 진료하는 의료인에게도 은총을 베푸시어 바른 결과가 나오게 하소서. 또한 완전한 치유의 은총을 주시어, '아름다운 문'이라는 성전 문 곁에서 베드로 사도로부터 치유를 받고 일어나 주님을 찬미한 앉은뱅이처럼 주님의 이름으로 기뻐 찬미하여 아버지의 영광을 노래할 수 있게 해 주소서.

사랑이 그지없으신 하느님, 저희에게 베푸신 문화적 혜택을 쓸모 있게 쓸 수 있는 슬기도 주시고, 사람의 생명을 귀하게 여겨 조심하여 차를 다루게 하소서.

저희를 주님의 강복으로 굳세게 해 주시는 하느님, (사고를 낸 사람에게도 은총을 주시고, 미신자이면 하느님을 찾는 계기가 되게 하시고, (아무) 형제(자매)도 그를 불쌍히 여기는 마음을 갖게 하셔서 하느님의 사랑의 능력을 보이게 하소서.) 저희 형제(자매)를 자비로이 굽어살피시어, 옛 건강을 도로 찾아 고마운 마음으로 주님의 이름을 찬미하면서 일터로 돌아가게 하소서.

사람의 참된 의사이신 우리 주 그리스도를 통하여 비나이다.
◎ 아멘.

마침 기도

✚ 저희의 몸으로 주님의 몸인 교회를 위하여 주님의 남은 고난을 채우게 하신 주 예수 그리스도께서는 이 형제(자매)와 저

희에게 강복하소서.
◎ 아멘.

마침 성가   236 사랑하올 어머니

37. 남편이 신앙생활을 반대하는 가정

시작 성가   1 나는 믿나이다

시작 기도
✟ 저희를 어둠에서 놀라운 빛의 길로 불러 주신 주님께서는 찬미받으소서.
◎ 하느님, 길이 찬미받으소서.

성경 말씀
✟ 티모테오 2서 3장 11절부터 12절까지의 말씀을 들읍시다.
내가 안티오키아와 이코니온과 리스트라에서 겪은 박해와 고난을 함께 겪었습니다. 내가 어떠한 박해를 견디어 냈던가! 주님께서는 그 모든 것에서 나를 구해 주셨습니다. 사실 그리스도 예수님 안에서 경건하게 살려는 이들은 모두 박해를 받을 것입니다.
✟ 주님의 말씀입니다.
◎ 하느님 감사합니다.

응답 성가　　16 온 세상아 주님을

위로 기도

✢ 죽도록 충성하는 아들딸에게 줄 생명의 면류관을 준비하고 기다리시는 하느님 아버지, 주님께서 사랑하시는 딸 (아무)의 집을 방문하여 함께 기도하게 하신 은총에 감사드립니다.

참 좋으신 사랑의 하느님, 주님께서 사랑하시는 딸이 신앙생활에서 배우자로부터 어려움을 겪고 있으니 하늘의 문을 여시어 힘을 더하여 주시며 위로해 주소서. 주님의 손으로 이 딸의 눈물을 씻어 주시어 주님의 사랑을 가슴 가득히 채워 주소서.

주님께서 그리스도의 이름으로 박해를 받으면 복된 이라고 말씀하신 것을 기억하오니, 그 박해로 말미암아 복된 열매를 맺게 하시고 믿음이 약해지지 않도록 힘을 더하여 주소서.

저희 자매의 배우자에게 주님께서 함께하셔서 닫힌 마음이 열리며 주님을 맞이하고 새롭게 변화되어 주님의 사랑받는 아들이 되도록 이끌어 주소서. 성령으로 함께하시며 사랑하는 딸의 간절한 기도에 응답해 주소서.

주님께 희망을 두는 사람들을 구원하시는 우리 주 그리스도를 통하여 비나이다.

◎ 아멘.

마침 기도

✢ 그리스도 안에서 진리와 사랑을 나타내 보이신 하느님께서

는 이 가정에서 신앙생활 때문에 어려움을 겪고 있는 자매와 저희에게 강복하시어 저희가 죽기까지 그리스도를 증언하게 하소서.
◎ 아멘.

마침 성가   239 거룩한 어머니

38. 도난당한 가정

시작 성가   61 주 예수와 바꿀 수는 없네

시작 기도
✚ 하늘과 땅을 창조하신 하느님을 영원히 찬미 찬양합니다.
◎ 하느님, 길이 찬미받으소서.

성경 말씀
✚ 집회서 21장 8절과 31장 5절부터 7절까지의 말씀을 들읍시다.
남의 돈으로 제집을 짓는 자는 제 무덤에 쌓을 돌을 모으는 자와 같다. 황금을 좋아하는 자는 의롭게 되지 못하고 돈을 밝히는 자는 돈 때문에 그릇된 길로 들어서리라. 많은 이들이 황금 때문에 파멸하였고 멸망이 그들 앞에 닥쳤다. 황금은 그것에 빠져 있는 자들에게 장애가 되고 어리석은 자는 모두 황금에 사로잡히리라.

✠ 주님의 말씀입니다.
◎ 하느님 감사합니다.

응답 성가   4 찬양하라

위로 기도

✠ 만물을 창조하시고 섭리하시는 하느님 아버지, 이 가정에 성령께서 함께하시어, 뜻하지 않은 도난을 당했지만, 주님의 권고하시는 말씀을 듣고 은총을 받아 오히려 감사하게 하소서. 이러한 일을 겪으면서 지금 저희가 갖고 있는 물질이 내 것이 아님을 깨닫게 하소서. 제 뜻대로만 쓸 줄 알았던 잘못을 뉘우치게 하시고, 하느님의 뜻대로 산다면 지금은 물질의 손해를 입었으나 곧 주님께서 풍성한 것으로 채워 주심을 경험하게 하소서. 이 가정에 들어왔던 그 사람의 마음에 성령으로 감동을 주시어, 뉘우치고 새사람이 되게 해 주시기를 바랍니다.

우리나라의 경제가 발전하게 된 것은 감사한 일이지만, 산업화에 따르는 경쟁에서 뒤떨어지는 사람들이 많고, 풍부한데도 가난에 울고 있는 이들도 적지 않습니다.

사랑이 그지없으신 하느님 아버지, 생활의 어려움에 시달리며 가난하게 사는 이웃을 사랑으로 돌볼 수 있게 은총 주소서. 제가 나누어 주지 못한 탓에 이런 도난 사고가 생긴 것은 아닌지를 되돌아보게 하시고, 예수님의 말씀대로 하늘에 재물을 쌓아 두는 슬기를 구하게 하소서.

정의와 사랑의 샘이신 하느님, 이 나라 사람들이 부지런하고 아낄 줄 알고 성실하게 살도록 강복해 주소서. 그리하여 일확천금의 횡재를 노리는 사람이 없게 하시며, 남의 것도 제 것처럼 아깝고 소중하다는 생각을 하게 해 주소서. 그리하여 모든 사람이 골고루 잘살게 하시고, 남의 것을 탐하거나 도둑질을 하게 되는 경우가 없도록 하소서.
선과 사랑이 넘치는 우리 주 그리스도를 통하여 비나이다.
◎ 아멘.

마침 기도
✚ 노동의 봉헌을 인자로이 받아들이시어, 저희에게 속죄할 기회를 주시고 형제들에게는 기쁨을 주며 가난한 사람들을 도와주게 하시는 하느님, 성부와 성자와 성령께서는 이 가정에 넘치는 복을 내려 주시고, 여기 있는 모두에게도 강복하소서.
◎ 아멘.

마침 성가 55 착하신 목자

39. 부부 사이가 좋지 않은 가정

시작 성가 46 사랑의 송가

시작 기도
✚ 저희에게 자비를 베푸시는 위로의 아버지이신 하느님께서는

찬미받으소서.
◎ 이제부터 영원히 받으소서.

성경 말씀

☩ 에페소서 5장 22절부터 25절 그리고 28절부터 29절까지의 말씀을 들읍시다.

아내는 주님께 순종하듯이 남편에게 순종해야 합니다. 남편은 아내의 머리입니다. 이는 그리스도께서 교회의 머리이시고 그 몸의 구원자이신 것과 같습니다. 교회가 그리스도께 순종하듯이, 아내도 모든 일에서 남편에게 순종해야 합니다. 남편 여러분, 그리스도께서 교회를 사랑하시고 교회를 위하여 당신 자신을 바치신 것처럼, 아내를 사랑하십시오. 남편도 이렇게 아내를 제 몸같이 사랑해야 합니다. 자기 아내를 사랑하는 사람은 자기 자신을 사랑하는 것입니다. 아무도 자기 몸을 미워하지 않습니다. 그리스도께서 교회를 위하여 하시는 것처럼 오히려 자기 몸을 가꾸고 보살핍니다.

☩ 주님의 말씀입니다.
◎ 하느님 감사합니다.

응답 성가   70 평화를 구하는 기도

위로 기도

☩ 태초에 남자와 여자를 내시어 생명과 사랑의 공동체를 이루게 하신 만물의 창조주 하느님, 가정을 통해서 주님의 은총

을 베푸심에 진실로 감사드립니다. 그러나 저희의 모자람 때문에 그 복을 누리지 못하오니 주님께서 용서해 주시기를 바랍니다.

뼈 가운데 뼈요 살 가운데 살이라는 짝을 찾은 기쁨은 잠시뿐이고 서로 책임을 미루면서 고독하게 된 아담과 하와를 기억합니다. 이 가정의 부부도 혼인의 즐거움은 잠시뿐, 순간의 실수로 서로 원망하며 영원한 사랑을 잃어버린 이들이 되었습니다. 사랑으로 이겨 낼 수 있었던 일로 의견이 부딪쳤으니 인내심과 애정을 되찾게 해 주소서.

서로 주어진 조건에서 바르게 이해하고자 애쓴다면 감추어진 애정이 싹트며, 잃어버린 화목을 되찾을 수 있으니 자기중심에서 벗어날 수 있게 하소서. 결혼 전에 가졌던 꿈과 현실의 차이 때문에 걷잡을 수 없는 불만을 실감하게 되오니, 일방적인 희생만을 기대하는 어리석은 태도를 서로 버리게 하소서. 내가 배우자에게서 무엇을 기대하듯 배우자도 나에게 무엇을 기대하고 있다는 사실을 알고 늘 그 기대를 찾아서 도와주려고 노력하게 하소서. 다른 성격을 서로 이해하며, 배우자의 나쁜 점을 들추어내기보다 좋은 점을 보고 서로 도우면서 사랑을 되찾아 화목한 부부가 되게 하소서.

저희를 사랑하시고 저희를 위하여 목숨을 바치신 우리 주 그리스도를 통하여 비나이다.

◎ 아멘.

마침 기도

✚ 사랑과 평화의 하느님께서는 이 가정의 부부와 함께 계시어 이들의 삶을 이끌어 주시고 이들의 마음을 주님 사랑으로 굳세게 해 주시며 여기에 있는 저희에게도 강복하시어 부부의 참사랑을 깨닫게 해 주소서.

◎ 아멘.

마침 성가　　415 사랑이 없으면

40. 부부가 별거 중인 가정

시작 성가　　205 사랑의 성심

시작 기도

✚ 우리에게 자비를 베푸시는 위로의 아버지이신 하느님께서 내리시는 은총과 평화가 우리와 함께.

◎ 아멘.

성경 말씀

✚ 마르코 복음 10장 6절부터 8절까지의 말씀을 들읍시다.
　창조 때부터 '하느님께서는 사람들을 남자와 여자로 만드셨다.' '그러므로 남자는 아버지와 어머니를 떠나 아내와 결합하여, 둘이 한 몸이 될 것이다.' 따라서 그들은 이제 둘이 아니라 한 몸이다.
✠ 주님의 말씀입니다.
◎ 그리스도님 찬미합니다.

응답 성가   46 사랑의 송가

위로 기도
✠ 그리스도와 교회 안에서 부부의 결합을 신비롭게 만드신 주 하느님, 사람을 주님 모습대로 만드시되 남자와 여자로 만드시고 어버이 곁을 떠나 아내(남편)와 합하여 한 몸을 이루게 하시고 가정을 통하여 행복을 주심에 감사드립니다.

그런데 저희가 부족하여 그 복을 제대로 누리지 못하고 있으니 용서하소서. 지금 부부가 별거하고 있는 이 가정은 이미 사탄의 시험에 빠져 있음을 알게 하시고, 믿음과 사랑으로 다시 합하게 하시어 복된 가정을 이루도록 은총을 주소서.

사랑과 화목과 일치의 하느님 아버지, 서로 헤어진 까닭이 어디에 있든지 먼저 자신에게서 그 책임을 찾을 수 있도록 도와주시며 배우자에게서 모자람을 발견할 때마다 이해하려고 노력하는 마음을 갖게 하소서.

그리하여 그 허물을 사랑으로 용서하게 하소서. 서로를 위하여 기도하는 동안에 하느님의 말씀이 마음에 채워져 새로운 결심을 할 수 있도록 도와주소서.

주님의 말씀에 따르면, 남편이 가정의 머리 됨이 그리스도께서 교회의 머리 됨과 같습니다. 그러므로 남편은 아내 사랑하기를 그리스도께서 교회를 사랑하시고 교회를 위하여 자신을 바치심같이 해야 하며, 또한 아내는 남편에게 교회가 그리스도께 순종하는 것같이 해야 합니다.

이와 같이 부부는 서로 사랑과 순종으로 하나가 되었기에, 이 뜻을 깨닫게 하시고 주님의 말씀에 순종할 수 있는 힘도 더해 주시기를 간절히 기도합니다.

그리하여 부부뿐 아니라, 자녀들이 슬픔을 겪지 않게 하시고 다시 하느님의 사랑과 은총과 평화가 넘치는 가정이 되게 강복해 주소서. 그리스도 안에서 일치의 기쁨을 다시 한번 베풀어 주시고 주님과 함께하는 가정이 되게 하소서.

저희를 사랑하시고 저희를 위하여 목숨을 바치신 우리 주 그리스도를 통하여 비나이다.

◎ 아멘.

마침 기도

✚ 사랑과 평화의 하느님께서는 이 부부와 함께 계시어 이들의 앞길을 이끌어 주시고 이들의 마음을 하느님의 사랑으로 하나 되게 하소서.

◎ 아멘.

마침 성가   235 인자하신 성 마리아여

41. 부부가 이혼한 가정

시작 성가　　480 믿음으로

시작 기도

✠ 부부의 동거를 신자 생활의 증거로 삼으신 하느님께서는 찬미받으소서.
◎ 이제부터 영원히 받으소서.

성경 말씀

✠ 마태오 복음 19장 5절부터 6절까지의 말씀을 들읍시다.
"'그러므로 남자는 아버지와 어머니를 떠나 아내와 결합하여, 둘이 한 몸이 될 것이다.' 하고 이르셨다. 따라서 그들은 이제 둘이 아니라 한 몸이다. 그러므로 하느님께서 맺어 주신 것을 사람이 갈라놓아서는 안 된다."
✠ 주님의 말씀입니다.
◎ 그리스도님 찬미합니다.

응답 성가　　46 사랑의 송가

위로 기도

✠ 저희와 함께 사시면서 저희를 보살피시는 하느님 아버지, 불행해진 가정을 돌보시고, 성령의 위로와 은총을 더하여 주소서. 답답한 마음인 이 형제(자매)가 몸소 찾아오시는 주님의 품

에 안기게 하시고, 자신을 스스로 돌보며 더욱 하느님 앞에 바로 서서 새로운 삶으로 이어 가게 하소서.

이렇게 홀로 선 이 형제(자매)에게 하느님께서 함께해 주시고, 말씀으로 형제(자매)의 앞길을 이끌어 주시며 어렵고 험한 일들을 이겨 낼 수 있는 은총을 주소서.

예수님께서는 태어나면서부터 눈이 먼 사람에게 빛을 찾아 주셨을 뿐만 아니라, 그가 동네에서 쫓겨났다는 소문을 듣고 다시 그를 찾아 주셨습니다. 세상 사람들은 대부분 일이 잘되고 성공할 때는 찾아오지만, 어렵고 실패할 때는 곁을 떠납니다. 그러므로 오직 주님만이 저희 바람이요 의지가 되심을 믿습니다.

많은 그리스도인이 세상 줄이 끊어질 때에 오히려 주님의 사랑의 줄이 더욱 강하게 이어진다고 증언하는 것을 듣게 되오니, 이 형제(자매)에게도 이런 체험을 할 수 있게 믿음을 더하여 주소서.

사랑이신 주 하느님, 이 형제(자매)의 마음속 깊이 자리 잡고 있는 상처를 성령의 위로로 싸매어 주소서. 또한 스스로 죄를 회개하는 은총을 주셔서 용서의 큰 기쁨을 맛보게 하시고 남의 허물을 덮어 주며 주님만을 바라보게 하소서.

혹시라도 마음에 미움이나 원망이 남아 있다면 이 시간 깨끗한 마음을 갖게 하시어 하느님을 뵈올 수 있는 은총을 내려 주소서. 모든 계획을 주님께 맡기게 하시고, 불안해하지도 실망하지도 않는, 평화로 가득한 새로운 삶을 살아가게 하소서.

저희 죄로 말미암아 부서지신 우리 주 그리스도의 이름을 통하여 비나이다.
◎ 아멘.

마침 기도
✚ 저희에게 자비를 베푸시는 온갖 위로의 아버지이신 하느님께서는 이 형제(자매)와 저희에게 복을 내리시어 길이 머물게 하소서.
◎ 아멘.

마침 성가   201 은총의 샘

42. 불효하는 아들딸이 있는 가정

시작 성가   432 주여 날 인도하소서

시작 기도
✚ 성자를 마리아와 요셉에게 맡겨 자라게 하신 성부와 마리아와 요셉에게 효성을 다하며 순종의 생활을 하신 주 예수 그리스도께서 우리와 함께.
◎ 아멘.

성경 말씀
✚ 집회서 7장 27절부터 28절까지의 말씀을 들읍시다.

마음을 다해 네 아버지를 영광스럽게 하고 어머니의 산고를 잊지 마라. 네가 그들에게서 태어났음을 기억하여라. 그들이 네게 베푼 것을 어떻게 그대로 되갚겠느냐?

✚ 주님의 말씀입니다.
◎ 하느님 감사합니다.

응답 성가   414 사랑하는 사람은 누구나

위로 기도

✚ 저희에게 계명을 주시고 그 계명을 지키는 이에게 복을 주시겠다고 약속하신 주 하느님, 어버이를 통하여 생명을 얻게 하셨고 보살펴 주심에 참으로 감사드립니다.

이 가정의 아들딸이 어버이를 주님 안에서 잘 섬기게 하시며 공경함으로써 계명을 따르게 하소서. 그리고 자식이 어버이에게 순종하고 받들어야 하는 것이 자식의 마땅한 도리임을 깨닫게 하소서.

생명의 샘이신 하느님 아버지, 어떤 어려움에 부딪혔을 때 어버이께 도움을 바라고 그 말씀을 잘 듣는 아들딸이 되게 하소서. 어버이를 귀하게 여기며 어버이 말씀을 잘 듣고 따르게 하시고 행여 어버이에게 불순종하여 죄를 짓지 않게 하소서. 거짓말을 하며 어버이를 업신여기는 일이 없게 하소서.

사랑이 그지없으신 하느님 아버지, 이 가정의 (아무)가 어렵고 힘든 가운데 어버이를 받듦이 바로 자신을 위한 일임을 알게 하소서. 주님 안에서 어버이에게 순종함으로써 복받는 주님의 백성이 되게 하소서.

어버이를 사랑하라고 말씀하시는 하느님 아버지, 이 가정의 (아무)가 있게 된 것이 어버이의 수고와 사랑이니 서로를 위하여 기도하게 하시어 진리를 알게 하시고, 이 가정의 선함이 하느님 앞에서 인정되어 구원받는 은총을 내리소서. 모든 불편한 관계가 풀어지고 이웃에게 사랑을 나누는 가족이 되게 하소서. 죄인을 사랑하시는 우리 주 그리스도를 통하여 비나이다.

◎ 아멘.

마침 기도

✚ 전능하신 하느님, 성부와 성자와 성령께서는 이 가정과 여기 있는 저희에게 복을 내리시어 길이 머물게 하소서.

◎ 아멘.

마침 성가   199 예수 마음

43. 가난으로 어려움을 겪는 가정

시작 성가   33 우리 주 예수 그리스도

시작 기도

✚ 주님께 희망을 두는 사람들을 구원하시는 예수 성심께서는 찬미받으소서.

◎ 하느님, 길이 찬미받으소서.

성경 말씀

☩ 루카 복음 12장 22절부터 24절까지의 말씀을 들읍시다.
예수님께서 제자들에게 이르셨다. "그러므로 내가 너희에게 말한다. 목숨을 부지하려고 무엇을 먹을까, 몸을 보호하려고 무엇을 입을까 걱정하지 마라. 목숨은 음식보다 소중하고 몸은 옷보다 소중하다. 까마귀들을 살펴보아라. 그것들은 씨를 뿌리지도 않고 거두지도 않을 뿐만 아니라 골방도 곳간도 없다. 그러나 하느님께서는 그것들을 먹여 주신다. 너희가 새들보다 얼마나 더 귀하냐?"
☩ 주님의 말씀입니다.
◎ 그리스도님 찬미합니다.

응답 성가　　40 구하시오 받으리라

위로 기도

☩ 사랑과 은총이 풍성하신 하느님 아버지, 오늘까지 이 가정을 보살펴 주시고 이끌어 주심에 진심으로 감사드립니다. 이 가정이 가난으로 어려움을 겪고 있어 기도하오니 응답해 주소서. 하느님께서는 착한 사람에게나 나쁜 사람에게나 다 햇빛과 비를 주시며, 공중에 나는 새도 먹이시고 들에 피는 나리꽃도 곱게 입히시지만, 사람들은 때로는 가난으로 허덕이게 되오니 굽어살펴 주소서.

사랑으로 다가오시는 하느님 아버지, 이 가정의 가난이 주님의 뜻이라면, 저희가 주님께서 세상에 머무르실 때 가난을 몸소 겪으셨음을 알게 하시고 위로를 얻게 해 주소서. 예수님께서는 "여우들도 굴이 있고 하늘의 새들도 보금자리가 있지만, 사람의 아들은 머리를 기댈 곳조차 없다."고 말씀하셨습니다. 예수님께서 모든 권능과 영광을 지니시고도 스스로 가난하게 되심은 사람을 부유하게 하신 것이라고 하신 말씀도 기억합니다.

간절히 청하는 모든 이에게 풍성한 은총으로 응답하시는 주 하느님, 저희 형제(자매)를 위하여 구하오니 주님을 섬기는 데 어려움이 없을 만큼 필요한 먹을거리를 주소서. 배불러서 하느님을 섬기는 일에 게을리할까 두렵고 가난해서 하느님을 원망하거나 욕되게 할까 두려우니 보살펴 주소서.

광야에서 만나와 메추리로 이스라엘 백성을 먹이시며 40년 동안 옷과 신발이 해지지 않게 보살펴 주신 하느님, 살려고 애쓰는 이 형제(자매)에게 은총을 내리시어 하는 일마다 잘 되게 하시고, 손이 수고한 대로 먹을 것과 입을 것을 주소서. 육신 생활은 가난하여도 신앙생활은 부유하게 하소서. 가산이 적어도 주님을 경외하는 것이 재산이 많아 번뇌하는 것보다 나음을 믿는 신앙인이 되게 하소서. 자족하기를 배워 가난하게 살 줄도 알고 부유하게 살 줄도 아는 슬기를 주소서. 저희에게 가득한 은총을 베푸시는 우리 주 그리스도를 통하여 비나이다.

◎ 아멘.

마침 기도

✠ 저희의 기도를 들으시고 은총을 가득히 내려 주시는 하느님, 성부와 성자와 성령께서는 이 가정을 윤택하게 하시고 여기 모인 저희에게도 강복하소서.

◎ 아멘.

마침 성가　　234 우리 자모

44. 사업에 실패한 가정

시작 성가　　32 언제나 주님과 함께

시작 기도

✠ 주님께 희망을 두는 사람들을 구원하시는 예수 성심께서는 찬미받으소서.

◎ 하느님, 길이 찬미받으소서.

성경 말씀

✠ 집회서 2장 2절부터 6절까지의 말씀을 들읍시다.

네 마음을 바로잡고 확고히 다지며 재난이 닥칠 때 허둥대지 마라. 주님께 매달려 떨어지지 마라. 네가 마지막에 번창하리라. 너에게 닥친 것은 무엇이나 받아들이고 처지가 바뀌어 비천해지더라도 참고 견뎌라. 금은 불로 단련되고 주님께 맞갖은 이들은 비천의 도가니에서 단련된다. 질병과 가난 속에서도 그분을 신뢰하여라. 그분을 믿어라, 그분께서 너를 도우시리라. 너의 길을 바로잡고 그분께 희망을 두어라.

✚ 주님의 말씀입니다.
◎ 하느님 감사합니다.

응답 성가   59 주께선 나의 피난처

위로 기도

✚ 모든 위로의 샘이신 하느님 아버지, 큰 뜻을 품고 사업을 하던 주님의 자녀가 어려움을 겪고 있기에 저희가 기도하오니 은총을 베풀어 주소서.

일을 일으키시는 분도 주님이시며 일을 끝나게 하시는 분도 주님이시오니 주님께만 의지하는 믿음을 주소서. 이번에 겪은 일로 말미암아 어리석게 주님을 원망하여 죄짓지 않게 하소서.

간절히 기도하는 모든 이에게 가득한 은총으로 응답하시는 하느님 아버지, 어려움으로 고통을 겪는 사람들에게는 빛을 주시며, 마음으로 번뇌하는 사람들에게는 위로를 주소서.

저희 형제(자매)가 수고하고 애쓴 일이 물거품이 되어 버렸고 이제 일어설 힘도 없습니다. 저희 형제(자매)가 무엇 때문에 사업에 실패를 했습니까? 그 까닭을 알게 하시며, 실패 속에서도 주님의 말씀을 들을 수 있는 귀를 열어 주소서.

그리하여 오늘의 실패가 내일의 성공을 위한 밑거름이 되게 하시며 지금의 역경과 낙심 속에서도 주님께 감사드리는 믿음을 주시고 지켜 주소서. 사람의 뜻과 생각대로 계획하는 것이 아니라 먼저 아버지이신 주님의 뜻을 생각하며 주님께 모든 일을 의논하는 슬기를 주소서.

저희에게 가득한 은총을 베푸시는 주 하느님, 욥이 실망할 수밖에 없는 어려움을 겪었으나 하느님의 능력을 바라보고 다시 일어선 것처럼, 이 형제(자매)도 주님의 자비하신 손에 의지하여 사업을 다시 일으켜 주님께 영광을 돌릴 수 있도록 도와주소서.

저희 형제(자매)에게 욥과 같은 믿음과 용기와 슬기를 주시어 다시는 실패하지 않는 사업을 시작하게 하시며 새로운 믿음의 자세를 가다듬게 하소서.

지극히 찬미하올 우리 주 그리스도를 통하여 비나이다.

◎ 아멘.

마침 기도

✚ 세상에서는 사랑의 도움을 베푸시고, 하늘나라에서는 행복의 갚음을 주시는 하느님, 성부와 성자와 성령께서는 이 가정과 저희에게 복을 내리시어 길이 머물게 하소서.

◎ 아멘.

마침 성가   236 사랑하올 어머니

45. 손재를 입은 가정

시작 성가　　33 우리 주 예수 그리스도

시작 기도
✠ 저희의 삶을 평온하게 하시고 온갖 좋은 것을 가득히 내려 주시는 성삼께서는 영광과 찬미를 받으소서.
◎ 이제부터 영원히 받으소서.

성경 말씀
✠ 마태오 복음 6장 19절부터 21절까지의 말씀을 들읍시다.
"너희는 자신을 위하여 보물을 땅에 쌓아 두지 마라. 땅에서는 좀과 녹이 망가뜨리고 도둑들이 뚫고 들어와 훔쳐 간다. 그러므로 하늘에 보물을 쌓아라. 거기에서는 좀도 녹도 망가뜨리지 못하고, 도둑들이 뚫고 들어오지도 못하며 훔쳐 가지도 못한다. 사실 너의 보물이 있는 곳에 너의 마음도 있다."
✠ 주님의 말씀입니다.
◎ 그리스도님 찬미합니다.

응답 성가　　32 언제나 주님과 함께

위로 기도
✠ 알파요 오메가이신 하느님 아버지, 사람에게는 잠깐 있다가 없어질 물질로 말미암아 근심과 걱정과 염려와 고통이 많습

니다. 재물은 있어서 근심이요 없어서 고통이 뒤따릅니다. 그러나 하느님께서 주셨던 재물에 손해를 입은 지금, 몹시 괴로운 저희 형제(자매)는 주님의 은총을 기다리고 있습니다.

자비로우시며 은총의 샘이신 주 하느님 아버지, 부유했던 욥이 하루아침에 가난하게 되고 몸에 병까지 얻어 고통을 겪으면서도 하느님을 원망하지 않던 믿음을 저희 형제(자매)에게도 주소서. "알몸으로 어머니 배에서 나온 이 몸 알몸으로 그리 돌아가리라. 주님께서 주셨다가 주님께서 가져가시니 주님의 이름은 찬미받으소서."라고 한 욥처럼 재물에 손해를 보았어도 하느님을 찬미하는 저희 형제(자매)가 되게 하소서.

"하늘에 보물을 쌓아라." 하신 예수님, 저희 형제(자매)가 재물을 올바로 쓰는 그리스도인이 되게 하소서. 가난한 이를 불쌍히 여기어 주님께 꾸어 드리는 이(잠언 19,17 참조)가 되게 하소서.

주님께서는 "나는 결코 너를 떠나지도 않고 버리지도 않겠다."(히브 13,5)고 하셨으니 돈에 손해를 보았지만 주님께서 늘 형제(자매)와 함께 하심을 잊지 않게 하소서.

주님께서는 영원히 살아 계시며 다스리시나이다.

◎ 아멘.

마침 기도

✚ 저희의 열심을 굽어보시고, 하늘나라의 사랑으로 필요한 도움을 베풀어 주시는 하느님, 성부와 성자와 성령께서는 이 가정과 저희에게 강복하소서.

◎ 아멘.

마침 성가   61 주 예수와 바꿀 수는 없네

46. 시련을 겪고 있는 가정

시작 성가   490 십자가에 가까이

시작 기도

✣ 주님을 섬기는 사람들과 함께 계시며, 주님께 바라는 사람들을 언제나 지켜 주시는 하느님께서는 찬미받으소서.
◎ 이제부터 영원히 받으소서.

성경 말씀

✣ 베드로 1서 4장 12절부터 13절까지의 말씀을 들읍시다.
사랑하는 여러분, 시련의 불길이 여러분 가운데에 일어나더라도 무슨 이상한 일이나 생긴 것처럼 놀라지 마십시오. 오히려 그리스도의 고난에 동참하는 것이니 기뻐하십시오. 그러면 그분의 영광이 나타날 때에도 여러분은 기뻐하며 즐거워하게 될 것입니다.
✣ 주님의 말씀입니다.
◎ 하느님 감사합니다.

응답 성가   480 믿음으로

위로 기도

✥ 모든 일을 착하게 이끄시는 하느님 아버지, 폭풍이 이는 바다 위에서 도움을 청하던 제자들에게 구원을 베풀어 주셨던 것처럼 세상의 거친 비바람, 어려움에서도 이 가정의 형제(자매)가 주님을 모시고 살아가는 슬기를 주시고, 지금 겪고 있는 시련을 모두 주님께 맡기어 승리의 삶을 살아가도록 은총을 풍성히 베풀어 주소서.

눈물을 흘리며 씨를 뿌리는 농부가 기쁨으로 곡식단을 거둘 때를 맞듯이 저희 형제(자매)가 시련을 이겨 내고 승리하게 하실 것을 믿으며 주님께 감사와 찬미를 드립니다.

절망하고 있는 사람들의 고통에 함께하시는 아버지 하느님, 저희 형제(자매)가 만물을 다스리시고 이끄시는 주님 앞에서 참마음으로 살아가게 하시며, 모든 어려움과 좌절, 낙담과 걱정을 잊어버리게 하소서. 아무것도 걱정하지 말고 주님만을 의지하라고 하신 말씀을 가슴 깊이 새기면서, 저희가 살아갈 때에 절망하게 하고 낙심하게 하는 것들에서 벗어나게 하소서.

주님을 믿고 바라며 사랑하는 사람들을 언제나 지켜 주시는 하느님, 주님의 도움을 바라고 기도하는 저희의 정성을 보시고 이 가정의 형제(자매)의 연약한 손과 마음을 잡아 주소서. 늘 믿음과 바람을 지니고 주님만 바라보게 하소서. 무섭게 휘몰아치는 폭풍을 만나도 흔들림이 없게 하시고 지금 겪고 있는 시련을 이겨 낼 수 있는 힘을 주소서. 늘 함께하시는 주님만을 바라보며 의지하여 승리의 깃발을 세우게 하소서.

모든 일에 감사하라고 말씀하시는 하느님 아버지, 저희 형제(자매)가 늘 기뻐하고 기도하며 모든 일에 감사하는 이가 되게 하시고, 절망감이 덮치더라도 야곱처럼 슬기롭게 이겨 낼 수 있는 은총을 주소서.

언제나 저희와 함께하시는 우리 주 그리스도를 통하여 비나이다.
◎ 아멘.

마침 기도
✚ 저희의 삶을 평온하게 하시고 온갖 좋은 것을 가득히 내려주시는 하느님, 성부와 성자와 성령께서는 이 가정과 저희에게 강복하소서.
◎ 아멘.

마침 성가　　201 은총의 샘

47. 미혹에 신앙이 흔들리는 가정

시작 성가　　154 주여 어서 오소서

시작 기도

✚ 우리의 도움은 주의 이름에 있으니

◎ 하늘과 땅을 만드신 분이시로다.

성경 말씀

✚ 탈출기 20장 20절의 말씀을 들읍시다.

"두려워하지들 마라. 하느님께서는 너희를 시험하시려고, 그리고 너희가 그분을 경외하는 마음을 지녀 죄짓지 않게 하시려고 오신 것이다."

✚ 주님의 말씀입니다.

◎ 하느님 감사합니다.

응답 성가   54 주님은 나의 목자

위로 기도

✚ 사랑이 그지없으신 하느님 아버지, 저희가 주님께 의지할 때마다 위로하시며 용기를 주심에 진심으로 감사드립니다.

인간이 지닌 한계로 눈으로 보고 귀로 듣는 세상 것의 화려함에 저희 형제(자매)의 연약한 마음이 크게 흔들렸으니 굳센 믿음을 내려 주소서.

참 좋으신 하느님 아버지, 약함은 교만함을 멀리하는 창이기도 하오니 나약한 데서 온전하게 되는 주님의 능력을 받게 하시며, 미혹함은 욕심에 끌려 싹튼 것이오니 욕심을 멀리하게 하소서. 새가 머리 위로 날아다니는 것을 막을 수는 없으나 머리에 둥지를 만들라고 버려둘 수 없듯이 당신에 대한 믿음이 흔들림은 때때로 찾아오는 시련이오니 성경 말씀을 의지하여 이기게 하소서. 마귀가 으르렁거리는 사자와 같이 삼킬 이를 찾고 있는 이때에 믿음을 굳게 하여 마귀를 물리쳐 이기게 하소서.

마귀의 시험에서 이기시어 시험받는 이에게 모범이 되신 우리 주 그리스도를 통하여 비나이다.

◎ 아멘.

마침 기도

✚ 죄지은 저희에게 벌을 내리시지 않고 주님의 복을 내려 주시려고 주님의 성자를 세상에 보내신 아버지 하느님께서는 성자와 성령과 함께 저희를 축복하소서.

◎ 아멘.

마침 성가　　183 구원을 위한 희생

48. 시험에 실패한 학생

시작 성가　　201 은총의 샘

시작 기도

✚ 아버지 하느님과 구세주 예수 그리스도와 성령께서 내리시는

은총과 평화가 우리와 함께.
◎ 아멘.

성경 말씀
✚ 야고보서 1장 5절부터 7절까지의 말씀을 들읍시다.
여러분 가운데에 누구든지 지혜가 모자라면 하느님께 청하십시오. 하느님은 모든 사람에게 너그럽게 베푸시고 나무라지 않으시는 분이십니다. 그러면 받을 것입니다. 그러나 결코 의심하는 일 없이 믿음을 가지고 청해야 합니다. 의심하는 사람은 바람에 밀려 출렁이는 바다 물결과 같습니다. 그러한 사람은 주님에게서 아무것도 받을 생각을 말아야 합니다.
✚ 주님의 말씀입니다.
◎ 하느님 감사합니다.

응답 성가   211 주여 나의 몸과 맘

위로 기도
✚ 온갖 슬기와 지식을 담고 계신 하느님 아버지, 시험에 실패하여 우울해 있는 이 가정의 (아무)를 불쌍히 보시고 위로의 손길로 어루만져 주소서. 자비로우신 주님, 이번 실패에서 주님의 뜻을 찾아내게 하시고 소망의 빛을 찾아 다시 일어설 수 있는 슬기를 주소서.
(아무)가 최선을 다하지 못했습니까? 학업에 게을렀습니까? 자신의 재능을 너무 믿고 교만했습니까? 공부할 환경이 되어

있지 않았습니까? 이제 지나간 일을 되새기며 뉘우치게 하시고 새로운 출발에 교훈이 되게 해 주소서. 이번 실패가 (아무)에게는 지나친 고통이겠지만 자신에게 의지하지 말고 하느님께 의지하는 기회가 되게 하소서.

"누구든지 지혜가 모자라면 하느님께 청하십시오. 하느님은 모든 사람에게 너그럽게 베푸시고 나무라지 않으시는 분이십니다. 그러면 받을 것입니다."라는 말씀을 믿고 기도하는 사람이 되게 하소서.

나일강에 버려진 모세를 건져 내시어 이스라엘의 지도자로 삼으신 하느님, 이 가정의 (아무)를 근심의 자리에서 일으켜 세우시고, 절망의 구렁에서 건져 올리시어, 다시 열심히 노력하는 새사람이 되게 하소서.

사랑과 은총이 넘치시는 우리 주 그리스도를 통하여 비나이다.

◎ 아멘.

마침 기도

✜ 유일한 스승이신 성삼께서는 영원한 생명의 말씀으로 저희를 가르쳐 주시며 축복하소서.

◎ 아멘.

마침 성가   234 우리 자모

49. 시험에 실패한 어른

시작 성가　　201 은총의 샘

시작 기도

✚ 슬기의 샘이신 아버지 하느님과 사람이 되신 말씀이신 우리 주 예수 그리스도와 진리의 성령께서는 찬미와 영광을 받으소서.

◎ 하느님, 길이 찬미와 영광을 받으소서.

성경 말씀

✚ 야고보서 1장 5절부터 7절까지의 말씀을 들읍시다.

여러분 가운데에 누구든지 지혜가 모자라면 하느님께 청하십시오. 하느님은 모든 사람에게 너그럽게 베푸시고 나무라지 않으시는 분이십니다. 그러면 받을 것입니다. 그러나 결코 의심하는 일 없이 믿음을 가지고 청해야 합니다. 의심하는 사람은 바람에 밀려 출렁이는 바다 물결과 같습니다. 그러한 사람은 주님에게서 아무것도 받을 생각을 말아야 합니다.

✚ 주님의 말씀입니다.

◎ 하느님 감사합니다.

응답 성가　　211 주여 나의 몸과 맘

위로 기도

✠ 실패자에게 손을 내미시는 하느님 아버지, 저희가 곱고 슬기로운 말과 성실한 행동을 하게 하시어, 언제나 하늘의 진실로 땅 위의 삶을 살게 해 주시니 참으로 감사합니다.

끝없이 찬미하올 하느님 아버지, (아무) 형제(자매)가 높고 큰 삶의 꿈을 펼치며 계획하고 추진하던 때의 노력과 인내를 가족이나 이웃들이 모두 지켜보았습니다. 그러던 중에 어려움을 겪은 (아무) 형제(자매)의 마음을 이제 주님께서 위로해 주시고 넉넉한 은총을 부어 주소서.

자신만을 위해 지식을 얻으려 하고, 하느님의 뜻을 헤아리지 못하고 자신의 명예와 출세만을 위해서 노력하고, 하느님의 슬기와 능력보다 자기 자신의 재능만을 믿고 앞날을 계획할 때 결국 실패하고 만다는 것을 깨닫게 해 주소서.

하느님께서 세워 주셔야만 쌓아 올린 지식의 탑이 바벨탑이 되지 않고, 하느님께서 온밤을 뜬눈으로 저희의 성벽을 지켜 주시지 않으시면 파수꾼의 수고도 어쩔 수 없게 되는 것을 잘 알게 해 주소서. 그러기에 세상 공부에 빠지기에 앞서 하느님의 은총을 깨닫는 하느님의 사람이 되도록 하시고, 탐욕의 모래 위에 미래의 꿈을 뿌리내리지 않도록 하시어 후회 없는 삶을 살게 해 주소서. 하느님을 경외하며 그 가르침대로 행하는 것이 지식의 근본이 됨을 먼저 깨닫게 하소서.

인생의 영예로운 합격은 하느님께 영광을 돌리고 삶의 푯대를 뚜렷하게 세워서 예수님의 마음을 품고 좋은 열매를 맺는 의로운 신자가 되는 것임을 알게 하소서. 하루빨리 실의에서 벗어나 다시 한번 더 도전하는 굳센 의지를 저희 형제(자매)에게 키워 주소서.

모든 위로의 샘이신 우리 주 그리스도를 통하여 비나이다.
◎ 아멘.

마침 기도
✠ 유일한 스승이신 성삼께서는 영원한 생명의 말씀으로 저희를 가르쳐 주시며 저희에게 강복하소서.
◎ 아멘.

마침 성가　　234 우리 자모

50. 직업을 잃은 가정

시작 성가　　250 굽어보소서 성모여

시작 기도
✠ 성부와 성자와 성령의 은총과 자비와 평화가 우리와 함께
◎ 아멘.

성경 말씀
✠ 마태오 복음 20장 6절과 7절의 말씀을 들읍시다.
　"오후 다섯 시쯤에도 나가 보니 또 다른 이들이 서 있었다.

그래서 그들에게 '당신들은 왜 온종일 하는 일 없이 여기 서 있소?' 하고 물으니, 그들이 '아무도 우리를 사지 않았기 때문입니다.' 하고 대답하였다. 그러자 그는 '당신들도 포도밭으로 가시오.' 하고 말하였다."
✚ 주님의 말씀입니다.
◎ 그리스도님 찬미합니다.

응답 성가   154 주여 어서 오소서

위로 기도

✚ 어려울 때 도움으로 다가오시는 사랑의 하느님 아버지, 주님께 비오니, 두려움에서 평안을 얻게 하시고 근심에서 기쁨을 얻게 하시어, 어렵고 힘든 일을 이겨 낼 수 있게 하소서. 이 가정의 (아무)가 직업을 잃고 근심에 싸였기에 기도하오니 은총을 베풀어 주소서.

하느님께서는 만물을 창조하시고 사람에게 땅을 다스리라고 일을 맡기셨기에 노동은 사람의 천직입니다. 이마에 땀을 흘려야 먹을 수 있는 사람이오니 일터를 주소서. 원조 아담은 에덴 동산의 농부였고 아브라함은 팔레스티나의 목자였으며 사도 베드로는 고기잡이였으니 이 가정의 (아무)에게도 일터를 주시어 열심히 일할 수 있게 하소서.

저희의 노력을 굽어보시고, 천상 사랑으로 필요한 도움을 베풀어 주시는 참 좋으신 하느님 아버지, 하느님께서는 저희의 영혼도 사랑하시지만 저희 육신의 생활도 돌보아 주신다는 것을 굳게 믿습니다.

저희 형제(자매)가 새로운 일거리를 기다리는 동안 지난날에 직업을 가지고 있을 때 맡은 일에 소홀함이 없었는지 돌아보게 하시고, 앞으로 하느님께서 허락하시는 직업에서는 더욱 충실할 수 있는 마음의 자세를 갖게 하소서.

저희 형제(자매)가 새 직장에서 일을 할 때 단지 돈 때문에 일하는 것이 아니라 하느님의 창조 사업을 위하여 일한다는 믿음을 갖게 하소서.

그리스도 신자는 고용이 되어 일을 하여도 고용주를 위해서가 아니라 하느님의 영광을 위해 일하는 것이오니 이 가정의 (아무)도 이 같은 정신으로 일하게 하소서.

저희가 구할 바를 아시는 하느님 아버지, 저희 형제(자매)가 직업이 없어서 가정에 대한 미안한 마음으로 괴로워하지 않게 하시고, 가족들도 믿음으로 기다리며 위로하게 하소서. 서로 아껴 주며 도와주는 사랑이 넘치는 가정이 되게 하소서.

특별히 청하는 바는 저희 형제(자매)가 새로운 직장을 구할 때 자기 명예나 수입만을 생각할 것이 아니라 하느님께서 자신에게 주신 재능에 알맞은지 먼저 생각하게 하시고, 직업에는 불건전한 직업도 많으니 하느님께 영광이 되는 직업을 갖게 해 주소서.

세상에서는 사랑의 도움을 베푸시고, 하늘나라에서는 행복의 갚음을 주시는 우리 주 그리스도를 통하여 비나이다.

◎ 아멘.

마침 기도

✢ 사람의 구원을 위하여 사람의 노동을 받아들이신 그리스도 께서는 저희를 늘 위로해 주시며 주님의 평화와 은총을 저희에게 주소서.

◎ 아멘.

마침 성가   24 내 맘의 천주여

51. 갇힌 이가 있는 가정

시작 성가   55 착하신 목자

시작 기도

✢ 모든 선의 샘이신 하느님을 찬미합시다.
◎ 하느님, 길이 찬미받으소서.

성경 말씀

✢ 창세기 39장 20절부터 23절까지의 말씀을 들읍시다.
요셉의 주인은 그를 잡아 감옥에 처넣었다. 그곳은 임금의 죄수들이 갇혀 있는 곳이었다. 이렇게 해서 요셉은 그곳 감옥에서 살게 되었다. 그러나 주님께서는 요셉과 함께 계시면서 그에게 자애를 베푸시어, 전옥의 눈에 들게 해 주셨다. 전옥은 감옥에 있는 모든 죄수를 요셉의 손에 맡기고, 그곳에서 하는 모든 일을 요셉이 처리하게 하였다. 전옥은 요셉의 손에 맡긴 것에 대해서는 아무런 간섭도 하지 않았다. 주님께서 요셉과 함께 계셨으며, 그가 하는 일마다 주님께서 잘 이루어 주셨기 때문이다.

✚ 주님의 말씀입니다.
◎ 하느님 감사합니다.

응답 성가   201 은총의 샘

위로 기도
✚ 자유와 평화를 주시는 하느님 아버지, 수고하고 무거운 짐을 지고 외로움에 우는 사람들의 벗이 되신 주님이시오니 이 순간에도 감옥에서 외롭게 지내는 저희 형제(자매)에게 위로가 되어 주소서.
저희 형제(자매)가 비록 몸은 자유롭지 못한 처지에 있지만 마음만은 자유롭게 하시어 하느님과 친교를 나누는 기쁨을 맛보게 하소서.
바오로 사도와 실라가 감옥에 갇혀서도 찬송하고 기도하는 중에 감옥 문이 열린 것처럼, 이 형제(자매)도 믿음 안에서 살면서 현재 처한 삶의 의미를 깨닫게 하소서.
저희 형제(자매)가 감옥에 있는 동안 몸이 건강할 수 있도록 보살펴 주시고 그 생활에 적응하여 그날그날 살아가는 데 고통을 겪지 않게 하소서.
감옥에 있는 기간이 사도 바오로의 아라비아 사막에서의 3

년 동안과 같이 성경을 받들어 읽는 기회가 되게 하소서. 그리고 다른 여러 가지 책들을 통해 많은 것을 배우고 느끼게 하시며, 기도하면서 주님과 한층 더 가까워지게 하소서.

외로운 광야에서 야곱에게 나타나셨던 하느님 아버지, (교회와) 가정을 떠나 외롭게 지내는 저희 형제(자매)와 함께하시어 주님의 목소리를 듣게 하소서. 하늘에 닿는 사다리에 오르락내리락하는 천사를 보고 새로운 결심을 한 야곱처럼 주님의 계시를 맛보고 주님의 뜻대로 살겠다는 결심을 갖게 하소서.

참 좋으신 사랑의 하느님, 이 가정이 지금은 근심 중에 있지만 이런 일이 신앙적으로나 가정적으로나 앞으로 계획하는 일에 도움이 되게 하시며, 가족들이, 갇혀 있는 (아무)를 위해 끊임없이 기도하게 하시고 출감하는 그날을 기다리게 하소서.

저희 죄인들의 제물이 되신 우리 주 그리스도를 통하여 비나이다.

◎ 아멘.

마침 기도

✚ 저희에게 사랑을 베푸시는 하느님, 성부와 성자와 성령께서는 저희에게 강복하시며 영원히 찬미받으소서.

◎ 아멘.

마침 성가 252 성모여 우리 위해

52. 아들딸의 건강 때문에 근심하는 가정

시작 성가　　25 사랑의 하느님

시작 기도
✚ 모든 사람을 축복하시고 치유를 베푸시는 주님을 찬미합시다.
◎ 하느님, 길이 찬미받으소서.

성경 말씀
✚ 마태오 복음 4장 23절부터 24절까지의 말씀을 들읍시다.
　예수님께서는 온 갈릴래아를 두루 다니시며 회당에서 가르치시고 하늘나라의 복음을 선포하시며, 백성 가운데에서 병자와 허약한 이들을 모두 고쳐 주셨다. 그분의 소문이 온 시리아에 퍼졌다. 그리하여 사람들이 갖가지 질병과 고통에 시달리는 환자들과 마귀 들린 이들, 간질 병자들과 중풍 병자들을 그분께 데려왔다. 예수님께서는 그들을 고쳐 주셨다.
✚ 주님의 말씀입니다.
◎ 그리스도님 찬미합니다.

응답 성가　　33 우리 주 예수 그리스도

위로 기도
✚ 자비가 그지없으신 하느님 아버지, 저희의 걱정 보따리를 풀어놓게 하시며 그것을 주님께 맡기어 짐이 가벼워지게 하소

서. 이 가정의 자녀(들)가 마음과 몸이 건강하여 주님의 섭리를 이뤄 나가도록 힘을 주소서.

많은 사람들은 돈이나 권력으로 강한 이가 되는 줄 아오나, 강한 이와 약한 이의 차이는 그 소유에 있지 않음을 이 가정의 어버이와 아들딸이(자녀들이) 깨닫게 하소서. 가난해도 부유한 사람보다 강한 사람이 있고, 힘이 없어 짓밟히는 사람이라도 권력자보다 심신이 강한 사람이 있다는 것을 알게 하소서.

간절히 청하는 모든 이에게 은총을 내려 주시는 하느님 아버지, 예수님께서는 사도 요한을 통하여 "사랑하는 이여, 그대의 영혼이 평안하듯이 그대가 모든 면에서 평안하고 또 건강하기를 빕니다."(3요한 1,2)라고 말씀하셨으니 이 가정의 자녀(들)의 신앙생활이 건전하고 학업 성적도 좋아지며(사업도 잘 되고) 몸도 건강하게 하소서.

모든 위로의 샘이신 하느님 아버지, 아들딸(들)의 건강 때문에 근심하는 이 가정의 어버이를 불쌍히 여기시어 이 가정의 자녀(들)에게 건강한 몸과 마음의 평화를 되찾게 해 주시고, 주님의 강복을 깨달으면서 찬미를 드리게 하소서.

그리고 저희가 사는 세상에는 몸과 마음의 상처를 입은 사람들이 많으니 저희의 삶을 어루만지시어 이웃을 사랑하고 봉사할 수 있는 사람이 되게 하소서.

연약한 이들을 특별히 사랑하시고 돌보아 주시는 우리 주 그리스도를 통하여 비나이다.

◎ 아멘.

마침 기도

✞ 사람을 축복해 주시고 허약한 이들을 낫게 하시는 주 예수께서 저희 건강을 지켜 주시고 저희에게 주님의 복을 내려 주소서.
◎ 아멘.

마침 성가   236 사랑하올 어머니

53. 그릇된 자녀로 근심하는 가정

시작 성가   518 선한 사람 아흔아홉

시작 기도

✞ 저희의 죄로 말미암아 십자가 나무에 달리신 우리 주 예수 그리스도께서는 찬미와 영광을 받으소서.
◎ 하느님, 길이 찬미받으소서.

성경 말씀

✞ 에페소서 4장 22절부터 24절까지의 말씀을 들읍시다.
지난날의 생활 방식에 젖어 사람을 속이는 욕망으로 멸망해 가는 옛 인간을 벗어 버리고, 여러분의 영과 마음이 새로워져, 진리의 의로움과 거룩함 속에서 하느님의 모습에 따라 창조된 새 인간을 입어야 한다는 것입니다.

✠ 주님의 말씀입니다.
◎ 하느님 감사합니다.

응답 성가　　25 사랑의 하느님

위로 기도

✠ 심판보다 용서를 좋아하시는 사랑의 하느님 아버지, 이 가정의 사랑하는 자녀 (아무)로 말미암아 생긴 근심과 걱정을 주님께 아뢰오니 주님께서 들어 주시고 응답해 주시기를 간절히 기도합니다.

저희 죄로 말미암아 부서지신 주 하느님, 주께서 허락하신 귀한 자녀를 주님의 뜻대로 키우지 못하여 그릇된 자리로 빠지게 한 어버이의 허물을 용서해 주소서.

바라옵건대 이 가정의 어버이가 좌절하지 않고 참으면서 자녀를 위하여 더더욱 주님께 눈물로 구하게 하시며, 위탁받은 주님의 자녀를 키우는 데 모자람이 없게 하소서.

의인을 위해서 오지 않으시고 죄인을 위하여 오신 주 하느님, 이 가정의 (아무)를 죄와 불의에서 건져 주소서. 그에게 죄의 무서움을 알게 하시고 악의 유혹에서 벗어날 힘을 주시며, 주님의 크고 넓고 깊은 사랑을 깨달아 알게 하소서.

악을 멀리하고 선을 행하며 불의를 멀리하고, 진리를 추구하는 아들딸이 되게 하시어 이 가정의 어버이 마음에 가득한 근심 걱정의 먹구름을 거두어 주시고 환한 기쁨과 감사의 햇살이 온 마음에 넘치게 해 주소서.

저희 죄를 용서하시려고 십자가에서 무참히 돌아가신 우리 주 그리스도를 통하여 어머니이신 마리아와 함께 비나이다.
◎ 아멘.

마침 기도
✚ 저희를 주님의 자녀로 불러 주신 성부와 저희를 주님의 형제자매로 받아들이신 성자와 저희를 주님의 궁전으로 삼으신 성령께서는 이 가정의 (아무)와 저희에게 강복하소서.
◎ 아멘.

마침 성가   202 주세주의 성심이여

54. 아들딸의 신앙 문제로 근심하는 가정

시작 성가   1 나는 믿나이다

시작 기도
✚ 사랑의 성부와 은총의 성자와 진리의 성령께서 우리와 함께.
◎ 아멘.

성경 말씀
✚ 요한 복음 3장 16절부터 18절까지의 말씀을 들읍시다.
하느님께서는 세상을 너무나 사랑하신 나머지 외아들을 내 주시어, 그를 믿는 사람은 누구나 멸망하지 않고 영원한 생명을 얻게 하셨다. 하느님께서 아들을 세상에 보내신 것은, 세상을 심판하시려는 것이 아니라 세상이 아들을 통하여 구원을 받게 하시려는 것이다. 아들을 믿는 사람은 심판을 받지 않는다. 그러나 믿지 않는 자는 이미 심판을 받았다. 하느님의 외아들의 이름을 믿지 않았기 때문이다.

✚ 주님의 말씀입니다.

◎ 그리스도님 찬미합니다.

응답 성가   480 믿음으로

위로 기도

✚ 사람의 창조주이시며, 죄악에 빠져서 죽을 수밖에 없는 사람에게 구원의 은총을 내려 주신 하느님 아버지, 마음을 다하고 생각을 다하고 힘을 다하여 주님을 사랑하지 않는 이 가정의 (아무)를 위해 저희를 보내어 기도하게 하신 은총과 사랑에 진심으로 감사드립니다.

불신앙으로 어버이에게 근심과 걱정을 끼치고 있는 (아무)가 창조주이신 하느님을 깨닫게 하시고, 예수님의 십자가를 알게 하시며, 성령께서 역사하심을 믿을 수 있게 하소서. 그리고 (아무)가 사람의 지식과 경험과 과학만으로 주님을 부정하는 어리석음을 저지르지 않도록 하소서.

주님께 희망을 두는 사람들을 구원하시는 아버지 하느님, 이 가정 (아무)의 굳게 닫힌 마음이 열리게 하시고 자신의 슬기나 부귀와 영화에 자만하지 않는 사람이 되어 하느님을 기꺼이 맞이하게 이끄시어 어버이가 근심 걱정을 거두게 해 주소서. 저희 죄로 말미암아 부서지신 우리 주 그리스도를 통하여 비나이다.
◎ 아멘.

마침 기도
✚ 아버지 하느님과 보이지 않는 하느님의 형상이신 우리 주 예수 그리스도께서는 이 가정의 가족들과 저희에게 강복하소서.
◎ 아멘.

마침 성가   35 나는 포도나무요

55. 아들딸의 학업 문제로 근심하는 가정

시작 성가   142 오소서 성령이여

시작 기도
✚ 길이요 진리요 생명이신 주 예수께서는 찬미와 영광을 받으소서.
◎ 하느님, 길이 찬미와 영광을 받으소서.

성경 말씀

✥ 집회서 6장 18절부터 19절까지의 말씀을 들읍시다.

애야, 젊을 때부터 교육을 받아라. 그래야 백발이 되어서도 지혜를 찾으리라. 밭 가는 사람처럼, 씨 뿌리는 사람처럼 지혜에 다가서서 지혜의 온갖 좋은 열매를 기대하여라. 정녕 지혜를 가꾸는 데는 적은 수고를 들이나 곧 지혜의 소출을 맛보리라.

✥ 주님의 말씀입니다.

◎ 하느님 감사합니다.

응답 성가 252 성모여 우리 위해

위로 기도

✥ 외아드님을 이 땅에 보내시어 주님의 슬기와 사랑을 나타내신 하느님, 이 가정의 (아무)가 먼저 예수 그리스도를 배우고 지식과 믿음의 증거를 나누게 하소서. 그리하여 주님의 집에서 행복하게 주님을 닮으며 자라게 하소서. 온갖 슬기와 지식의 샘이신 하느님 아버지, 주님께서 도와주시어 이 가정의 (아무)가 학업에 온 힘을 다할 수 있게 도와주소서.

지금은 지식과 인격과 신앙을 갈고닦는 시기임을 깨닫고 자신이 무엇을 해야 할지를 깨닫게 하소서 사회와 교회에 쓸모 있는 사람이 되도록 (아무)의 학업을 이끌어 주소서. 지식도 자라고 인격도 자라고 믿음도 자라게 하소서. 특별히 이웃에게 덕스러운 사람이 되도록 이끌어 주소서.

저희에게 가득한 은총을 베푸시는 주 하느님, 살아가는 데 모든 것이 안전하다고 할 수 없는 오늘날 가장 대처하기 힘든 문제 가운데 하나가 자녀의 교육 문제이오니, 주님께서 은총으로 늘 같이해 주소서. 이 가정의 (아무)가 가치 판단의 기준을 보다 높고 깊은 정신에 두고 학업에 힘쓰게 해 주소서. 사도 성 바오로가 말한 바와 같이 그리스도를 아는 지식이 최고의 지식임을 알고 학업에 힘쓰되 믿음 안에서 지식을 갈고닦게 해 주소서. 주 하느님을 경외함이 모든 지식의 근본임을 아는 자녀가 되게 하소서.
저희의 이 간절한 바람을 어머니이신 마리아와 함께 길이요 진리이며 생명이신 우리 주 그리스도를 통하여 비나이다.
◎ 아멘.

마침 기도
✚ 학문의 주인이신 하느님께서는 이 가정의 자녀와 저희에게 복을 내려 주소서.
◎ 아멘.

마침 성가　　34 길이요 진리요 생명이신 주

56. 재난을 겪은 가정

시작 성가　　34 길이요 진리요 생명이신 주

시작 기도

✜ 우리의 도움은 주님의 이름에 있으니.
◎ 하늘과 땅을 만드신 분이시로다.

성경 말씀

✜ 집회서 2장 2절부터 5절까지의 말씀을 들읍시다.
  네 마음을 바로잡고 확고히 다지며 재난이 닥칠 때 허둥대지 마라. 주님께 매달려 떨어지지 마라. 네가 마지막에 번창하리라. 너에게 닥친 것은 무엇이나 받아들이고 처지가 바뀌어 비천해지더라도 참고 견뎌라. 금은 불로 단련되고 주님께 맞갖은 이들은 비천의 도가니에서 단련된다. 질병과 가난 속에서도 그분을 신뢰하여라.
✜ 주님의 말씀입니다.
◎ 하느님 감사합니다.

응답 성가   61 주 예수와 바꿀 수는 없네

위로 기도

✜ 저희가 풍랑을 만난 것을 아시고 몸소 오시어 곧바로 손을 내밀어 구원해 주시는 예수님, 세상 끝 날에는 많은 고통이 있을 것이라는 말씀대로 저희는 온갖 재난 속에 있으나 주님의 손을 굳세게 붙잡게 하시어 살아 계시는 아버지의 품에 안기게 하소서. 그리하여 낙심하지 않고 믿음으로 이기게 하소서. 저희는 재난을 겪은 저희 형제(자매)의 가정을 위하여 기도

할 때 믿음의 의인인 욥을 생각하게 됩니다. 욥은 의인이었지만 시련을 겪었습니다. 이 세상에 사는 동안 뜻하지 않은 재난이 저희의 죗값으로 오기도 하지만, 욥처럼 저희의 믿음을 시험하려고도 오는 것을 알 수가 있습니다.

선과 사랑이 넘치시는 찬미하올 아버지 하느님, 이 가정의 형제(자매)에게 욥의 시험처럼 믿음의 단련을 위하여 재난이 왔다면 인내로 이겨 내어 주님께 인정받는 믿음의 사람이 되게 하시고, 형제(자매)의 잘못으로 왔다면 회개하여 새사람이 되는 은총의 기회가 되게 하소서. 그래서 하늘나라를 향한 나그네로 지내는 동안 죄짓지 않게 하시고 시련을 겪으면서 더욱 주 하느님을 가까이 느낄 수 있는 은총을 주소서.

저희의 피난처이시며 보호자이신 하느님, 욥은 부자였지만 하루아침에 재산을 다 잃어버렸고, 열 남매인 아들딸들도 비참히 죽었으며 자신마저 병들었고, 벗들의 조롱은 물론 아내까지 저주하는 그런 시련의 벼랑 끝에 서기까지 했습니다. 그러나 욥은 하느님을 원망하지 않고 도리어 찬미하며 믿음을 지켰으니, 이 가정에도 그런 믿음의 은총을 주소서. 욥은 마침내 더욱 복을 받아 하느님이 살아 계심을 증거한 믿음의 용사가 되었습니다. 이 가정에 이런 복을 더하여 주소서.

주님께서는 영원히 살아 계시며 다스리시나이다.

◎ 아멘.

마침 기도

✚ 성부와 성자와 성령께 감사드리며 영원히 찬미와 찬송을 드

리나이다.
◎ 아멘.

마침 성가   252 성모여 우리 위해

57. 앓는 어린이가 있는 가정 1

시작 성가   54 주님은 나의 목자

시작 기도
✚ 모든 사람을 축복하시고 치유하시는 주님을 찬미합시다.
◎ 하느님, 길이 찬미받으소서.

성경 말씀
✚ 마태오 복음 9장 23절부터 26절까지의 말씀을 들읍시다.
예수님께서 회당장의 집에 이르시어 피리를 부는 이들과 소란을 피우는 군중을 보시고, "물러들 가거라. 저 소녀는 죽은 것이 아니라 자고 있다." 하고 말씀하셨다. 그들은 예수님을 비웃었다. 군중이 쫓겨난 뒤에 예수님께서 안으로 들어가시어 소녀의 손을 잡으셨다. 그러자 소녀가 일어났다. 그 소문이 그 지방에 두루 퍼졌다.
✚ 주님의 말씀입니다.
◎ 그리스도님 찬미합니다.

응답 성가　　44 평화를 주옵소서

위로 기도

✠ 자비하신 주 하느님, 주님께서 사랑하시는 어린이 (아무)가 앓고 있으니 자비를 베풀어 주소서. 주님께서 세상에 계실 때 어린이들을 특별히 사랑하시고 가까이 하며 품에 안으시고 축복해 주셨습니다.

사랑도 많으시고 권능도 크신 주님께서 이 어린이를 어루만져 주시고 품에 안으시면 이 어린이가 겪는 고통은 물러가고 건강을 되찾게 될 것을 저희가 믿고 기도드립니다.

지금도 살아 계시고 늘 저희를 돌보시며 어린 생명을 더욱 아끼시는 주님, 여기 병상에 누워 있는 사랑하는 어린이 (아무)에게 자비를 베푸소서. 주님께서 이 세상에 보내신 이 어린이는 좋은 일꾼이 될 수 있으니 주님의 능력을 드러내시어 상하고 아픈 곳을 어루만지심으로 빨리 깨끗해지게 하소서. 하루빨리 이 병석에서 일어나, 씩씩하게 뛰어노는 다른 아이들처럼 뛰놀게 하소서. (그리고 슬기와 총명을 주시어 열심히 공부하여 배우지 못했던 것을 채우게 하소서.)

모든 위로의 샘이시며 생명의 샘이신 주 하느님, 이 어린이 (아무)가 비록 병석에 있을지라도 주님께서 늘 함께하시어 마음 든든하게 하시고 괴로움을 덜어 주소서. 이 어린이를 위해서 염려하고 수고하는 어버이(의사 그리고 간호사, 벗들)에게도 복을 내려 주소서.

어린이의 벗인 주님께서는 영원히 살아 계시며 다스리시나이다.
◎ 아멘.

마침 기도
✛ 홀로 주님이시고 구원자이신 하느님께서 이 어린이에게 복을 내리시어 육신을 지켜 주시고 영혼을 구해 주시며 영원한 생명으로 이끌어 주소서.
◎ 아멘.

마침 성가   239 거룩한 어머니

58. 앓는 어린이가 있는 가정 2

시작 성가   50 야훼는 나의 목자

시작 기도
✛ 우리의 도움은 주님의 이름에 있으니.
◎ 하늘과 땅을 만드신 분이시로다.

성경 말씀
✛ 요한 복음 4장 46절부터 53절까지의 말씀을 들읍시다.
  예수님께서는 물을 포도주로 만드신 적이 있는 갈릴래아 카나로 다시 가셨다. 거기에 왕실 관리가 한 사람 있었는데, 그의 아들이 카파르나움에서 앓아누워 있었다. 그는 예수님께서 유다를 떠나 갈릴래아에 오셨다는 말을 듣고 예수님을 찾아와, 자기 아들이 죽게 되었으니 카파르나움으로 내려가시어 아들을 고쳐 주십사고 청하였다. 예수님께서는 그에게 이르셨다. "너희는 표징과 이적을 보지 않으면 믿지 않을 것이다." 그래도 그 왕실 관리는 예수님께 "주님, 제 아이가 죽기 전에 같이 내려가 주십시오." 하고 말하였다. 그러자 예수님께서 그에게 말씀하셨다. "가거라. 네 아들은 살아날 것이다." 그 사람은 예수님께서 자기에게 이르신 말씀을 믿고 떠나갔다. 그가 내려가는 도중에 그의 종들이 마주 와서 아이가 살아났다고 말하였다. 그래서 그가 종들에게 아이가 나아지기 시작한 시간을 묻자, "어제 오후 한 시에 열이 떨어졌습니다." 하고 대답하는 것이었다. 그 아버지는 바로 그 시간에 예수님께서 자기에게, "네 아들은 살아날 것이다." 하고 말씀하신 것을 알았다. 그리하여 그와 그의 온 집안이 믿게 되었다.

✠ 주님의 말씀입니다.

◎ 그리스도님 찬미합니다.

응답 성가　　153 오소서 주 예수여

보편 지향 기도

✠ 어린이들을 특별히 사랑하시고 보살펴 주신 예수님께 이 어린이를 위하여 기도합시다.

1. 어린이들을 주님께로 부르시고 하늘나라는 이런 어린이들의 것이라고 말씀하신 예수님, 이 어린이를 위하여 바치는 저희의 기도를 들어주소서.
◎ 이 어린이를 모든 환경에서 보살펴 주소서.

2. 하늘나라의 신비를 다 안다는 어른들에게 계시하지 않으시고 어린이들에게 계시하셨다고 말씀하신 예수님, 이 어린이에게 주님의 사랑을 보여 주소서.
◎ 이 어린이를 모든 환경에서 보살펴 주소서.

3. 수난받으시려고 예루살렘에 들어가실 때 찬미드리던 어린이들의 환호 소리를 기꺼이 받아들이신 예수님, 이 어린이와 그 어버이를 주님께서 위안해 주소서.
◎ 이 어린이를 모든 환경에서 보살펴 주소서.

4. 병자들을 보살펴 주라고 제자들에게 말씀하신 예수님, 이 어린이의 건강을 되찾으려고 애쓰는 모든 이를 인자로이 도와주소서.
◎ 이 어린이를 모든 환경에서 보살펴 주소서.

✛ 인자하시고 모든 위로의 샘이신 주 예수님, 주님께서는 세상을 여러 가지 모양으로 섭리하시며 영혼과 육신을 함께 구원하시니, (아무)를 병석에서 일으켜 주시어, 슬기와 키가 자랄수록 주님과 주위 어른들의 사랑을 더욱 많이 받게 하소서.

그리하여 일생 동안 착하고 거룩한 생활로 주님께 봉사하고
주님께 받은 은총에 감사드리며 살아갈 수 있도록 도와주소
서. 주님께서는 영원히 살아 계시며 다스리시나이다.
◎ 아멘.

마침 기도

✠ 홀로 주님이시고 구원자이신 하느님께서는 이 어린이에게 복
을 내리시어 몸을 건강하게 지켜 주시고 영혼을 구해 주시며
영원한 생명으로 이끌어 주소서.
◎ 아멘.

마침 성가   239 거룩한 어머니

59. 앓는 어른이 있는 가정 1

시작 성가   153 오소서 주 예수여

시작 기도

✠ 모든 사람을 축복하시고 치유하시는 주님을 찬미합시다.
◎ 하느님, 길이 찬미받으소서.

성경 말씀

✠ 마르코 복음 6장 53절부터 56절까지의 말씀을 들읍시다.

그들은 호수를 건너 겐네사렛 땅에 이르러 배를 대었다. 그들이 배에서 내리자 사람들은 곧 예수님을 알아보고, 그 지방을 두루 뛰어다니며 병든 이들을 들것에 눕혀, 그분께서 계시다는 곳마다 데려오기 시작하였다. 그리하여 마을이든 고을이든 촌락이든 예수님께서 들어가기만 하시면, 장터에 병자들을 데려다 놓고 그 옷자락 술에 그들이 손이라도 대게 해 주십사고 청하였다. 과연 그것에 손을 댄 사람마다 구원을 받았다.

✠ 주님의 말씀입니다.
◎ 그리스도님 찬미합니다.

응답 성가　54 주님은 나의 목자

위로 기도
✠ 전능하시며 생명과 건강을 주시는 하느님 아버지, 주님께서 사랑하시는 (아무)가 병들어 있으므로 저희가 기도합니다. 이 사랑하는 형제(자매)에게 자비를 베푸시어 병석에서 일어나게 해 주소서.
사랑하는 저희 형제(자매)의 생명을 창조하시고 오늘까지 땅 위에서 살게 하신 분은 주님이시고, 그의 앞날을 섭리하실 분도 주님이십니다. 그러기에 저희는 주님 앞에 사랑하는 (아무)의 문제를 호소합니다. 저희 형제(자매)의 영혼과 육체를 잘 아시고 모르는 것이 없으신 하느님께서는 이 형제(자매)에게 필요한 복을 내려 주소서.

저희 죄를 용서하시는 하느님 아버지, 예수님께서 그 옛날 중풍 병자를 향하여 "일어나 걸어가라."고 하시기에 앞서 "너는 죄를 용서받았다."고 하셨으니, 먼저 저희 형제(자매)의 마음에 있는 죄와 허물을 용서하시고 그 상처를 고쳐 주소서.
외롭고 쓸쓸하고 눌린 마음의 고통을 없애 주시고, 시원하고 기쁘고 자유롭게 해 주소서. 주님을 의지하여 기쁨이 넘쳐 찬송이 흘러나오게 하소서.
간절히 청하는 모든 이에게 가득한 은총으로 응답하시는 하느님 아버지, 사랑하시는 이 형제(자매)의 질병을 물리쳐 주소서. 그의 아픔과 고통이 하루빨리 물러가고 깨끗함과 경쾌함을 얻게 하소서. 빨리 병석에서 일어나게 하시고 자유롭고 활발하게 해 주소서. 저희 형제(자매)가 세상에서 할 일이 많습니다.
주님께 희망을 두는 사람들을 구원하시는 하느님 아버지, 저희 형제(자매)가 병석에 누워 있는 동안 특히 주님과 더욱 가까워지게 하소서. 건강할 때 자기 건강만을 믿고 주님을 잊었으면 병들어 고요히 누워 있는 동안 주님을 다시 찾고 만나서 인생을 새로이 출발하는 기회로 삼게 하소서.
이 병석이 불행의 자리가 되지 않게 하시고 주님을 찾고 새 삶의 의미를 찾아서 형제(자매)가 일어나 건강한 몸으로 활동하게 되는 때, 주님의 영광을 위한 사람이 되므로 복받은 병석이었다는 감사하는 마음이 일어나게 하소서. 이 형제(자매)를 염려하는 가족들(과 교우들 그리고 의사와 간호사들)에게도 주님의 위로와 평안을 주시고 피곤하지 않게 하소서.

병자의 구원이신 어머니 마리아와 함께 우리 주 그리스도를 통하여 비나이다.
◎ 아멘.

마침 기도
✚ 사람들을 축복해 주시고 모든 병자를 낫게 하신 주 예수께서는 저희 형제(자매)의 건강을 되찾아 주시며 저희에게 주님의 복을 내려 주소서.
◎ 아멘.

마침 성가   249 지극히 거룩한 동정녀

60. 앓는 어른이 있는 가정 2

시작 성가   155 우리 주 예수

시작 기도
✚ 모든 사람을 축복하시고 치유하신 주님을 찬미합시다.
◎ 하느님, 길이 찬미받으소서.

성경 말씀
✚ 루카 복음 4장 38절부터 40절까지의 말씀을 들읍시다.
예수님께서는 회당을 떠나 시몬의 집으로 가셨다. 그때에 시몬의 장모가 심한 열에 시달리고 있어서, 사람들이 그를 위해 예수님께 청하였다. 예수님께서 그 부인에게 가까이 가시어 열을 꾸짖으시니 열이 가셨다. 그러자 부인은 즉시 일어나 그들의 시중을 들었다. 해 질 무렵에 사람들이 갖가지 질병을 앓는 이들을 있는 대로 모두 예수님께 데리고 왔다. 예수님께서는 한 사람 한 사람에게 손을 얹으시어 그들을 고쳐 주셨다.

✚ 주님의 말씀입니다.
◎ 그리스도님 찬미합니다.

응답 성가   50 야훼는 나의 목자

보편 지향 기도
✚ 우리 구세주 예수님께 앓고 있는 우리 형제(자매)를 주님의 은총으로 위로해 주시기를 간절히 청합시다.

1. 저희의 병을 고쳐 주시려고 영육의 의사로 찾아오신 예수님, 이 형제(자매)를 자비로이 도와주소서.
◎ 주님, 저희 기도를 들어주소서.

2. 사람이 되시어 저희와 같은 상처를 받으시고 저희의 고통을 함께 겪으신 예수님, 이 형제(자매)를 인자로이 굽어보소서.
◎ 주님, 저희 기도를 들어주소서.

3. 십자가 곁에 계신 주님의 어머니를 고통의 동반자로 삼으시고 저희의 어머니도 되게 하신 예수님, 주님의 어머니 마리아의 전구를 들으시고 이 형제(자매)의 병을 완전히 고쳐 주소서.
◎ 주님, 저희 기도를 들어주소서.

4. 저희의 몸으로 주님의 몸인 교회를 위하여 주님의 남은 고난을 채우게 하신 주 예수님, 이 형제(자매)가 병으로 겪는 고통을 잘 참아 내며 자신의 죄에 대한 보속을 하고, 죄인으로서 주님과 어머니의 성심을 아프게 한 것에 대한 보속으로 삼아 달게 받도록 하소서.
◎ 주님, 저희 기도를 들어주소서.

✚ 하느님이신 주님께서 세상에 오시어, 저희의 상처를 몸소 지니시고 저희의 고통을 몸소 겪으신 주 예수님, 이 병자를 위하여 간구하오니, 주님께서 축복하시어 병을 이기고 건강을 다시 찾게 하소서. 주님께서는 영원히 살아 계시며 다스리시나이다.
◎ 아멘.

마침 기도
✚ 사람들을 축복해 주시고 모든 병자를 낫게 하신 주 예수께서는 저희의 건강을 지켜 주시며 이 형제(자매)와 저희에게 주님의 복을 내려 주소서.
◎ 아멘.

마침 성가　　34 길이요 진리요 생명이신 주

61. 수술할 아들딸을 둔 가정

시작 성가　　436 주 날개 밑

시작 기도
✚ 우리의 도움은 주님의 이름에 있으니.
◎ 하늘과 땅을 만드신 분이시로다.

성경 말씀
✚ 마태오 복음 11장 28절부터 30절까지의 말씀을 들읍시다.
"고생하며 무거운 짐을 진 너희는 모두 나에게 오너라. 내가 너희에게 안식을 주겠다. 나는 마음이 온유하고 겸손하니 내 멍에를 메고 나에게 배워라. 그러면 너희가 안식을 얻을 것이다. 정녕 내 멍에는 편하고 내 짐은 가볍다."
✚ 주님의 말씀입니다.
◎ 그리스도님 찬미합니다.

응답 성가　　480 믿음으로

위로 기도
✚ 모든 병의 의사가 되시는 주 예수님, 이 가정에 주님의 모습

대로 창조되어 보시기에 아름다운 생명이 무거운 병으로 수술을 해야 하오니 굽어살펴 주소서.

수술을 맡을 의사에게 차분한 마음을 주시어 실수하지 않게 하시어 (아무)가 건강을 되찾는 데 별 문제가 없게 하소서. 사람의 연약함을 몸소 맡으시고 병을 짊어지시려고 오신 주님, 수술하는 자리에 오셔서 이 가정의 (아무)를 맡아 주소서. 수술을 받으려는 (아무)가 주님께서 함께하심을 믿고 안심하게 하시고, 의사에게 생명의 주인이신 하느님을 의지하는 마음을 주소서.

건강한 사람을 위해 오시지 않고 병든 사람을 구원하시고자 이 땅에 오신 주님, 수술받을 (아무)가 주님께 몸을 맡기고 평안한 마음을 갖게 하소서. 모든 병의 의사이신 주님께서 수술하신다는 믿음을 주소서.

사랑의 원천이신 주 하느님, 수술하려고 마취제로 잠시 의식을 잃게 될 때 주님께서 함께하심을 더욱 믿고 안심하게 하소서. 모든 것을 주님께 맡기오니 주님의 자비로우신 손길로 (아무)를 어루만져 주소서.

저희의 생명이시요 부활이신 주님께서는 영원히 살아 계시며 다스리시나이다.

◎ 아멘.

마침 기도

✚ 홀로 주님이시고 구원자이신 하느님, 성부와 성자와 성령께서는 (아무)에게 복을 내리시어 육신을 지켜 주시고 영혼을

구해 주시며 영원한 생명으로 이끌어 주소서.
◎ 아멘.

마침 성가   236 사랑하올 어머니

62. 수술할 어른이 있는 가정

시작 성가   436 주 날개 밑

시작 기도

✚ 선과 사랑이 넘치는 삼위일체의 하느님께서 내리시는 은총과 평화가 우리와 함께.
◎ 아멘.

성경 말씀

✚ 코린토 2서 1장 3절부터 4절까지의 말씀을 들읍시다.
 우리 주 예수 그리스도의 아버지 하느님께서는 찬미받으시기를 빕니다. 그분은 인자하신 아버지시며 모든 위로의 하느님이십니다. 하느님께서는 우리가 환난을 겪을 때마다 위로해 주시어, 우리도 그분에게서 받은 위로로, 온갖 환난을 겪는 사람들을 위로할 수 있게 하십니다.

✚ 주님의 말씀입니다.
◎ 하느님 감사합니다.

응답 성가   480 믿음으로

위로 기도

✚ 치료의 능력이 끝없으신 하느님 아버지, 주님께서 사랑하시는 저희 형제(자매) (아무)가 의사의 손에 몸을 맡기기에 앞서 주님께 도움을 청하오니 저희의 기도를 들어주소서.

먼저 수술을 맡을 의사와 간호사들에게 슬기와 은총을 베풀어 주시고 성령께서 함께하시게 하소서. 치료의 빛을 비추어 주시는 하느님 아버지, 주님께서는 언제나 저희의 마음을 살피시고 필요한 덕과 슬기로 모든 일이 어우러져 선을 이루게 해 주심을 믿습니다. 사람의 손이 움직일 때마다 주님의 손이 함께 움직이고 있음을 믿어 마음의 평안과 기쁨을 얻게 하소서.

간절히 구하오니, 저희의 눈으로 볼 수 있는 곳과 손댈 수 있는 병든 곳만이 아니라, 저희의 눈에 보이지 않는 곳까지 깨끗하게 살피게 하시고 수술하게 하소서. 그리하여 주님을 모시는 성전답게 꾸며 주소서.

거듭난 이만이 하느님을 바라본다고 말씀하신 것처럼 마음의 수술대 위에서 저희 형제(자매)의 영혼까지 맑고 깨끗하게 고쳐 주소서. 병실에서 보내는 지루한 나날이 능력 있는 주님의 손으로 감격과 희망의 삶이 되게 해 주소서.

모든 병의 의사가 되시는 주 하느님, 이번의 수술이 저희 형제(자매)의 영혼과 육신이 새롭게 태어나는 은총의 기회가 되게 하소서.

병자의 구원이신 저희 어머니 마리아와 함께 우리 주 그리스도를 통하여 비나이다.
◎ 아멘.

마침 기도
✚ 홀로 주님이시고 구원자이신 하느님께서는 이 형제(자매)에게 복을 내리시어, 육신을 지켜 주시고 영혼을 구해 주시며 영원한 생명으로 이끌어 주소서.
◎ 아멘.

마침 성가   252 성모여 우리 위해

63. 임종을 맞는 비신자를 위해

시작 성가   27 이 세상 덧없이

시작 기도
✚ 죽는 이들의 희망이신 하느님, 성부와 성자와 성령께서 내리시는 구원의 은총이 이 가정과 우리와 함께.
◎ 아멘.

성경 말씀
✚ 집회서 41장 4절의 말씀을 들읍시다.
　죽음은 모든 생명체에게 주어진 주님의 판결이다. 그런데 어쩌자고 지극히 높으신 분의 뜻을 거역하려 드는가? 십 년을 살든 백 년을 살든 천 년을 살든 저승에서는 수명을 따질 필요가 없다.

✠ 주님의 말씀입니다.
◎ 하느님 감사합니다.

응답 성가　　32 언제나 주님과 함께

위로 기도

✠ 사람의 모든 죄를 용서하며 구원하시는 사랑과 자비의 하느님, 지금 이 시간, 주님께서 사랑하시는 (아무)를 위하여 기도하게 하심에 감사드립니다.

죽는 이들의 희망이신 하느님 아버지, 이 가정의 (아무)를 불쌍히 여겨 주셔서 주님의 성령으로 다스려 주소서. 그리하여 주 예수 그리스도를 맞이할 마음을 갖게 하시고, 그 영혼을 새로 태어나게 하시며, 하느님의 영원한 자녀로 삼으시기를 바라나이다.

이제 세상을 떠나려는 (아무)의 몸과 영혼을 아버지께서 다스리셔서 비록 몸은 주님의 뜻대로 살지 못한 점이 많더라도 그 허물을 뉘우칠 수 있게 역사해 주시어 그 영혼에 평화를 베풀어 주소서.

주님께 희망을 두는 사람들을 구원하시는 자비의 하느님 아버지, 슬픔에 잠겨 있는 가족들에게 주님의 크신 위로와 사랑을 주시고 모든 일을 온전히 다스려 주소서.

생명의 주인이신 우리 주 그리스도를 통하여 비나이다.

◎ 아멘.

마침 기도

✚ 살아 있는 저희에게는 죄를 용서해 주시고, 죽은 모든 이에게는 빛과 평화를 허락하시는 하느님께서는 임종을 앞둔 (아무)와 저희에게 강복하소서.

◎ 아멘.

마침 성가 59 주께선 나의 피난처

64. 임종을 맞는 신자를 위해

시작 성가 68 기쁨과 평화 넘치는 곳

시작 기도

✚ 우리의 생명이시오 부활이신 주 예수께서 내리시는 구원의 은총과 평화가 우리와 함께.

◎ 아멘.

성경 말씀

✚ 요한 복음 14장 1절부터 3절까지의 말씀을 들읍시다.

"너희 마음이 산란해지는 일이 없도록 하여라. 하느님을 믿고 또 나를 믿어라. 내 아버지의 집에는 거처할 곳이 많다. 그렇지 않으면 내가 너희를 위하여 자리를 마련하러 간다고 말하였겠느냐? 내가 가서 너희를 위하여 자리를 마련하면, 다시 와서 너희를 데려다가 내가 있는 곳에 너희도 같이 있게 하겠다."

✠ 주님의 말씀입니다.
◎ 그리스도님 찬미합니다.

응답 성가   69 지극히 거룩한 성전

위로 기도

✠ 믿는 이의 구원이시고 희망이신 거룩하신 하느님 아버지, 주님의 백성으로 뽑히어 넓으신 사랑을 받으며 주님의 뜻대로 살아온 (아무)를 위하여 기도하게 하신 은총에 감사드립니다. 사람의 삶과 죽음을 다스리시는 아버지 하느님, 저희의 형제(자매)가 임종의 시각에 가까이 다가섰으니 그 영혼을 받아 주소서. 형제(자매)의 마음을 붙드시어 흔들리지 않게 하시고 튼튼하게 하소서. 이 형제(자매)의 마음을 아버지 하느님께로만 향하게 하소서.

주님을 믿으며 죽은 이들의 희망이신 하느님 아버지, 저희 형제(자매) (아무)가 주님만 믿고 살던 아름다운 삶을 저희가 본받게 하소서. 이 세상을 떠나는 이 형제(자매)를 주님의 나라에 불러들이시어 주님께서 저희를 위하여 마련해 놓으신 집에서 주님과 함께 영원한 행복을 누리게 하소서. 이 형제(자매)가 다 이루지 못한 일은 저희가 맡아 이어받겠사오니 이 형제(자매)가 안심하며 눈을 감고 주님을 맞이하게 하소서.

모든 위로의 샘이신 주 하느님, 이별을 앞두고 슬픔에 싸여 있는 이 가정의 가족들을 위로해 주시고 새 힘을 주셔서 슬픔을 이겨 내고 육신의 남은 때를 주님의 뜻대로 살게 해 주소서.

저희의 구원을 위하여 십자가에서 돌아가시고 부활하신 우리 주 그리스도를 통하여 비나이다.

◎ 아멘.

마침 기도

✠ 살아 있는 저희에게는 죄를 용서해 주시고, 죽은 모든 이에게는 빛과 평화를 주시는 하느님께서는 임종을 앞둔(맞는) 저희 형제(자매)와 저희에게 강복하소서.

◎ 아멘.

마침 성가   27 이 세상 덧없이

65. 배우자를 잃은 가정

시작 성가   229 죽음에서 생명에로

시작 기도

✠ 저희 죄로 말미암아 십자가에 돌아가셨다가 부활하신 주 예수 그리스도께서는 찬미받으소서.

◎ 하느님, 길이 찬미받으소서.

성경 말씀

✠ 집회서 41장 3절부터 4절까지의 말씀을 들읍시다.

죽음의 판결을 두려워하지 마라. 너보다 앞서간 자들과 뒤에 올 자들을 기억하여라. 그것은 모든 생명체에게 주어진 주님의 판결이다. 그런데 어쩌자고 지극히 높으신 분의 뜻을 거역하려 드는가? 십 년을 살든 백 년을 살든 천 년을 살든 저승에서는 수명을 따질 필요가 없다.

✠ 주님의 말씀입니다.

◎ 하느님 감사합니다.

응답 성가   227 나는 부활이요 생명이니라

위로 기도

✠ 사랑과 위로의 하느님 아버지, 주님의 크신 위로를 받고자 이 시간 간구하오니 저희의 기도를 들어 응답해 주소서. 이 가정의 (아무)가 주님의 부름을 받아 이 세상을 떠났으니 주님, 그 영혼이 주님의 품에 살게 하시며 하늘나라에서 영원한 행복을 누리게 하소서.

모든 위로의 샘이신 주 하느님, 하느님의 영원한 계획 속에서

혼인으로 결합되어 한 몸을 이루어 살다가 배우자를 여읜 저희 형제(자매)를 위로하시고 어려움을 헤쳐 나갈 굳은 믿음을 주시고 몸과 마음을 건강하게 해 주소서.

시련과 고통 속에서도 주님을 바라봄으로 희망을 갖게 하시고 그 어려움을 이기고 나갈 때 주님의 복이 흘러넘치게 내리리라 믿게 하소서. 외로울 때 주님께서 벗이 되어 주시고 나아갈 길을 밝게 비추어 주시며, 모든 것을 이끌어 주소서. 사랑의 원천이신 우리 주 그리스도를 통하여 비나이다.

◎ 아멘.

마침 기도

✚ **부활이요** 생명이시며 구원이신 성삼께서는 저희에게 강복하소서.

◎ 아멘.

마침 성가   68 기쁨과 평화 넘치는 곳

66. 어버이가 돌아가신 가정

시작 성가   232 살아서 나를 믿는 이

시작 기도

✚ 주님의 창조물을 여러 가지 모양으로 섭리하시며 영혼과 육

신을 함께 구원하시는 하느님께서는 찬미받으소서.
◎ 이제부터 영원히 받으소서.

성경 말씀

✚ 코린토 1서 15장 20절부터 22절까지의 말씀을 들읍시다.
이제 그리스도께서는 죽은 이들 가운데에서 되살아나셨습니다. 죽은 이들의 맏물이 되셨습니다. 죽음이 한 사람을 통하여 왔으므로 부활도 한 사람을 통하여 온 것입니다. 아담 안에서 모든 사람이 죽는 것과 같이 그리스도 안에서 모든 사람이 살아날 것입니다
✚ 주님의 말씀입니다.
◎ 하느님 감사합니다.

응답 성가   436 주 날개 밑

위로 기도

✚ 모든 사람의 창조주이시며 구세주이신 하느님, 저희가 죽음과 절망의 어두운 그늘 속에서도 희망을 갖게 하시며 저희 마음을 하느님께 향하게 하시니 감사합니다. 이 가정의 아버지(어머니)가 부름을 받아 주님의 품으로 간 뒤 오늘에 이르기까지 자녀(들)를 믿음 안에서 붙들어 주시며 이끌어 주신 것에 더욱 감사드립니다.
사랑이 넘쳐흐르시는 자비의 하느님 아버지, 이 가정의 아들딸(들)이 아버지(어머니)가 세상에 있을 때 행한 모든 일과

교훈을 잊지 않게 하시어, 아버지(어머니)가 하고자 하였으나 이루지 못한 일들을 이룩하게 하소서.

슬픔에 싸인 아들딸(들)에게 영원하신 주님의 빛을 비추시어 넘치는 위로와 힘이 되어 주소서. 예수님께서 돌아가셨다가 부활하심을 굳게 믿는 가운데 슬픔을 이겨 낼 수 있게 하소서.

죄인을 용서하시며 인류의 구원을 기뻐하시는 주 하느님, 주님의 자비를 간절히 청하는 이 가정의 자녀(들)와 저희의 기도를 들으시고, 또한 평생 동정이신 성모 마리아와 모든 성인의 기도를 들으시어, 이 세상을 떠난 (아무)를 연옥에서 벗어나게 해 주시고, 하늘나라에 올라 영원한 행복을 누리게 하소서.

부활의 첫 열매이신 우리 주 그리스도를 통하여 비나이다.

◎ 아멘.

마침 기도

✚ 부활이요 생명이며 구원이신 하느님께서는 이 세상을 떠난 고인에게 영원한 행복을 허락하시며 저희에게 강복하소서.

◎ 아멘.

마침 성가   68 기쁨과 평화 넘치는 곳

67. 아들딸을 잃은 가정

시작 성가   32 언제나 주님과 함께

시작 기도

✚ 우리의 생명이요 부활이신 주 예수 그리스도께서 내리시는 은총과 평화가 우리와 함께.
◎ 아멘.

성경 말씀

✚ 요한 복음 11장 25절부터 27절까지의 말씀을 들읍시다.
그러자 예수님께서 그에게 이르셨다. "나는 부활이요 생명이다. 나를 믿는 사람은 죽더라도 살고, 또 살아서 나를 믿는 모든 사람은 영원히 죽지 않을 것이다. 너는 이것을 믿느냐?" 마르타가 대답하였다. "예, 주님! 저는 주님께서 이 세상에 오시기로 되어 있는 메시아시며 하느님의 아드님이심을 믿습니다."
✚ 주님의 말씀입니다.
◎ 그리스도님 찬미합니다.

응답 성가   521 고통도 없으리라

위로 기도

✚ 자비와 불쌍히 여김이 가득하신 하느님 아버지, 주님께서 보내 주시어 고이 자라다가 이 세상을 떠난 이 가정의 자녀와, 자녀를 잃고 슬픔에 잠긴 어버이를 위하여 기도하오니 주님의 위로를 더하여 주소서.
앞으로 좋은 일꾼이 되리라고 기대하고 있었는데, 아직 다 자라지도 못하고 더 배우지도 못한 채 세상을 떠나다니 하느님의 크신 뜻을 저희는 다 헤아릴 수가 없습니다.

주 하느님, 어찌하여 이 가정의 (아무)를 불러 가셨습니까? 주님의 뜻을 알려 주소서. 저희가 그 뜻을 알지 못하므로 슬픔이 더하고 가슴이 미어집니다. 이 생명을 받아 기르던 어버이를 특별히 위로하시며 주님의 뜻을 깨닫게 하시어 주님께 더 의지하게 하소서.

자비와 위로의 하느님 아버지, 슬픔이나 고통을 겪다 보면 하느님께 버림받은 것처럼 흔히 낙심하기 쉽지만 믿는 이에게는 고통이나 슬픔이 보다 큰 은총의 기회라는 것을 깨닫게 하소서. 욥이 많은 시련을 겪었으나 믿음으로 이겨 내어 더욱 더 큰 축복을 받게 되었듯이 이 가정이 이번에 겪은 슬픔을 믿음으로 승화시켜 새로운 은총을 받는 기회가 되게 하소서.

인류의 구원을 기뻐하시는 주 하느님, 주님의 자비를 간절히 청하는 저희의 기도를 들으시고, 또한 평생 동정이신 성모 마리아와 모든 성인의 기도를 들으시어, 이 세상을 떠난 이 가정의 (아무)에게 영원한 빛과 안식을 허락하시고 마지막 날에는 성인들과 뽑힌 이들 대열에 들어 함께 부활하는 영광을 누리게 하소서.

저희의 생명이요 부활이신 우리 주 그리스도를 통하여 비나이다.

◎ 아멘.

마침 기도

✥ 살아 있는 저희에게는 죄를 용서해 주시고, 죽은 모든 이에게

는 빛과 평화를 주시는 성삼께서는 산 이와 죽은 이 모두에게 강복하소서.
◎ 아멘.

마침 성가   27 이 세상 덧없이

68. 유족을 위로할 때

시작 성가   25 사랑의 하느님

시작 기도
✠ 그리스도의 부활을 믿는 저희를 그리스도와 함께 행복 속에 끝없이 살게 하시는 성삼께서는 찬미받으소서.
◎ 하느님, 길이 찬미받으소서.

성경 말씀
✠ 로마서 14장 7절부터 9절까지의 말씀을 들읍시다.
우리 가운데에는 자신을 위하여 사는 사람도 없고 자신을 위하여 죽는 사람도 없습니다. 우리는 살아도 주님을 위하여 살고 죽어도 주님을 위하여 죽습니다. 그러므로 우리는 살든지 죽든지 주님의 것입니다. 그리스도께서 돌아가셨다가 살아나신 것은, 바로 죽은 이들과 산 이들의 주님이 되시기 위해서입니다.

✚ 주님의 말씀입니다.
◎ 하느님 감사합니다.

응답 성가　　227 나는 부활이요 생명이니라

위로 기도

✚ 저희 주 예수 그리스도의 아버지, 주님께서는 자비의 아버지시요 모든 위로의 하느님이심을 믿습니다. 오늘 슬픔의 그늘에서 위로가 필요한 남겨진 가족들에게 위로와 주님의 은총을 보여 주소서. 아무리 심한 환난이 닥쳐온다고 할지라도 주님께서 주시는 위로로 모두 이겨 내리라고 믿습니다. 그 누구도 손댈 수 없는 고난이 다가온다고 할지라도 주님의 위로는 더욱더 넘쳐흐를 것을 믿고 기도합니다.

모든 위로의 샘이신 사랑의 하느님, 죽음과 같이 힘에 부치도록 심한 고통과 슬픔을 당했을지라도 죽은 이를 다시 살리시는 하느님만 의지하고 기도합니다.

이 시간, 유족들의 눈에 괸 눈물을 거두어 주시고 가슴에 맺힌 쓰라린 아픔을 없애 주소서. 거룩한 하느님의 나라를 똑똑히 바라보게 하소서.

그지없이 인자하신 하느님 아버지, 이 세상을 떠난 저희 형제(자매)의 영혼을 주님께 맡겨 드리오니 그리스도 안에서 세상을 떠난 모든 이와 이 형제(자매)의 영혼이 마지막 날에 그리스도와 함께 부활할 것을 확실히 믿습니다.

저희 형제(자매)가 이 세상에 사는 동안 주님께서 베푸셨던 온갖 은총에 대하여 주님께 감사드리오니, 그런 은총으로 주님의 선하심과 그리스도 안에서 이루어지는 모든 성인의 복된 통공을 저희에게 보여 주셨나이다.

그러므로 주님, 저희의 기도를 자비로이 들어주시고 저희 형제(자매)에게 천상 낙원의 문을 열어 주시며, 남아 있는 저희도 그리스도 안에 함께 모여 저희 형제(자매)와 함께 주님의 어전에서 영원한 행복을 누릴 수 있을 때까지 믿음의 말씀으로 서로 위로하며 살게 하소서.

우리 주 그리스도를 통하여 비나이다.

◎ 아멘.

마침 기도

✚ 성자의 십자가와 피로 저희를 구원하신 하느님께서는 저희에게 강복하소서.

◎ 아멘.

마침 성가 399 주님 안에 하나

69. 추도식에서

시작 성가 436 주 날개 밑

시작 기도

✚ 성자의 죽음과 부활로 인류를 구원하시는 하느님께서는 찬미받으소서.

◎ 이제부터 영원히 받으소서.

성경 말씀

✚ 요한 복음 5장 28절부터 29절까지의 말씀을 들읍시다.
무덤 속에 있는 모든 사람이 그의 목소리를 듣는 때가 온다. 그들이 무덤에서 나와, 선을 행한 이들은 부활하여 생명을 얻고 악을 저지른 자들은 부활하여 심판을 받을 것이다.

✚ 주님의 말씀입니다.

◎ 그리스도님 찬미합니다.

응답 성가   151 주여 임하소서

추도 기도

✚ 은총과 사랑이 풍성하신 하느님 아버지, 오늘 이 가정의 죽은 (아무)의 기일을 맞이하여 그가 남기고 간 삶(과 믿음)의 흔적을 더듬어 생각할 수 있는 추모의 기도를 드리게 하시니 감사합니다.
이 시간, 추모 기도에 모인 저희와 함께하셔서 저희가 살아 있는 동안 하느님을 부지런히 섬겨 믿음과 선행을 남길 수 있게 하소서. 육체에 얽매인 사람이 아니라 주님께 뽑히는 하늘나라의 백성으로 살아가게 하소서.

자비가 그지없으신 사랑의 주 하느님, 부활하는 그날까지 고인에게는 안식의 행복과 밝고 환한 빛을 주시며, 고인을 추모하는 이 가정의 모든 가족과 일가친척에게는 끝없는 은총을 내려 주셔서 고인이 평소 못다 이룬 일을 이어받게 하시고 고인의 기도가 이루어지게 하소서. 고인이 자손들에게 남긴 교훈과 믿음의 본을 자손들이 이어받게 하셔서 복받는 주님의 아들딸들이 되게 하소서.

저희를 구원하시고자 십자가에서 돌아가시고 묻히셨다가 사흘 만에 부활하신 우리 주 그리스도를 통하여 비나이다.

◎ 아멘.

마침 기도

✚ 세상에서는 사랑의 도움을 베푸시고, 하늘나라에서는 행복의 갚음을 주시는 하느님, 성부와 성자와 성령께서는 저희에게 복을 내리시어 길이 머물게 하소서.

◎ 아멘.

마침 성가   59 주께선 나의 피난처

세상을 떠난 이들을 위하여

주님, 그들에게 영원한 안식을 주소서. 영원한 빛을 그들에게 비추소서. 세상을 떠난 모든 교우들이 하느님의 자비하심으로 평화의 안식을 얻게 하소서. 아멘.

냉담하거나 열심하지 못한 교우를 위한 기도

누가 "나는 하느님을 사랑한다." 하면서 자기 형제를 미워하면, 그는 거짓말쟁이입니다. 눈에 보이는 자기 형제를 사랑하지 않는 사람이 보이지 않는 하느님을 사랑할 수는 없습니다. 우리가 그분에게서 받은 계명은 이것입니다. 하느님을 사랑하는 사람은 자기 형제도 사랑해야 한다는 것입니다.

(1요한 4,20-21)

70. 친교에 어려움을 겪는 교우

시작 성가 46 사랑의 송가

시작 기도

✚ 사랑을 베푸시는 성부와 은총을 내리시는 우리 주 예수 그리스도와 일치를 이루시는 성령께서는 찬미받으소서.
◎ 하느님, 길이 찬미받으소서.

성경 말씀

✚ 요한 1서 4장 20절부터 21절까지의 말씀을 들읍시다.
누가 "나는 하느님을 사랑한다." 하면서 자기 형제를 미워하면, 그는 거짓말쟁이입니다. 눈에 보이는 자기 형제를 사랑하지 않는 사람이 보이지 않는 하느님을 사랑할 수는 없습니다. 우리가 그분에게서 받은 계명은 이것입니다. 하느님을 사랑하는 사람은 자기 형제도 사랑해야 한다는 것입니다.
✚ 주님의 말씀입니다.
◎ 하느님 감사합니다.

응답 성가 39 하나 되게 하소서

권면 기도

✚ 사랑과 자비가 가득하신 주 하느님, 세상에는 많은 사랑이 있지만, 하느님께서 저희에게 베풀어 주신 고귀한 사랑을 마

음속 깊이 간직하고 저희도 그 사랑을 배우고 이웃의 형제들에게 베풀게 하소서.

저희를 사랑하시어 목숨까지 버리신 주님, 저희도 형제를 내 몸과 같이 사랑하게 하소서. "서로 사랑하라." 하신 주님의 크신 계명을 실천하여 따르게 하소서. 형제를 사랑하는 마음이 더욱 넘쳐 나게 하시며, 주님께서 베푸신 사랑을 본받아 저희도 형제를 진심으로 사랑하게 하소서.

원수가 넘어질 때 즐거워하기보다 같이 아파하는 너그러운 마음을 주소서. 저희를 박해하는 이까지도 사랑하게 하시며, 그들을 위하여 기도하게 하소서.

사랑의 원천이신 하느님, 모든 것 위에 사랑을 더하게 하시고, 사랑의 띠로 형제가 하나 되게 하소서. 형제가 서로 사랑하여 그 사랑 안에 주님을 모시게 하소서. 사랑으로 온갖 불의를 쳐부수게 하시며 사랑으로 이기게 하소서. 형제를 사랑하여 저희가 주님의 제자임을 드러내게 하소서.

서로 사랑하라는 계명을 주신 하느님, 저희 본당의 모든 교우에게 주님께서 주신 사랑과 은총을 깨달아 서로 먼저 섬기며 이해하고 용서하는 귀한 마음을 주소서. "행복하여라, 평화를 이루는 사람들! 그들은 하느님의 자녀라 불릴 것이다."(마태 5,9)라고 하셨으니, 이 가정의 형제(자매) (아무)가 모든 신자와 더욱 사이좋게 지내어 주님의 아들이라 일컫게 하소서.

이 세상에는 허물없는 사람도 완전한 사람도 없으므로 (아무)가 사이좋지 않게 지내는 그 형제(자매)의 흠보다는 좋은 점을 보아 그도 하느님의 자녀이며 자신과 같이 그리스도 안에서 한 형제임을 깨달아 지금까지 지녔던 모든 오해나 미움을 털어 버리며 성령 안에서 친교를 이루게 하소서. 저희의 평화요 화해이신 주님께서는 영원히 살아 계시며 다스리시나이다.
◎ 아멘.

마침 기도
✚ 몸소 십자가에서 돌아가시어 참사랑이 어떤 것인지를 보여 주신 주 예수 그리스도께서는 저희에게 강복하시며 저희가 사랑의 사도가 되게 하소서.
◎ 아멘.

마침 성가　　480 믿음으로

71. 기도 생활을 게을리하는 교우

시작 성가　　35 나는 포도나무요

시작 기도
✚ 간절히 청하는 모든 이에게 풍성한 은총으로 응답하시는 성삼께서는 찬미받으소서.
◎ 하느님, 길이 찬미받으소서.

성경 말씀

✚ 마태오 복음 7장 7절부터 11절까지의 말씀을 들읍시다.

"청하여라, 너희에게 주실 것이다. 찾아라, 너희가 얻을 것이다. 문을 두드려라, 너희에게 열릴 것이다. 누구든지 청하는 이는 받고, 찾는 이는 얻고, 문을 두드리는 이에게는 열릴 것이다. 너희 가운데 아들이 빵을 청하는데 돌을 줄 사람이 어디 있겠느냐? 생선을 청하는데 뱀을 줄 사람이 어디 있겠느냐? 너희가 악해도 자녀들에게는 좋은 것을 줄 줄 알거든, 하늘에 계신 너희 아버지께서야 당신께 청하는 이들에게 좋은 것을 얼마나 더 많이 주시겠느냐?"

✚ 주님의 말씀입니다.

◎ 그리스도님 찬미합니다.

응답 성가   40 구하시오 받으리라

권면 기도

✚ 살아 계시는 전능하신 주 하느님, 저희의 삶을 지켜 주시니 감사합니다.

저희의 기도를 기쁨으로 들어주시는 아버지, 주님께서 사랑하시는 (아무)가 날마다 기도로써 주님과 만나 늘 깨어 있게 하시며 이 험한 세상을 이겨 나갈 힘을 얻게 하소서.

기도로 주님의 말씀을 듣게 하시며 하느님의 뜻을 깨닫게 하소서. 그리고 기도하여 이 세대를 분별하는 슬기를 얻게 하시며 쉬지 않고 기도하여 (아무)의 영혼이 메마르지 않게 하소서.

저희에게 넘치는 은총을 베푸시는 주 하느님, 기도 생활에 방해가 되는 모든 것들을 털어 버리게 하시며 주님과 만남으로써 능력을 얻게 하시고 날마다 새 힘을 얻어 독수리가 날개를 치며 올라가는 것과 같은 힘찬 삶을 살게 하소서.

예수님께서 하느님 아버지의 뜻을 받들며 공생활을 하신 원동력도 피와 땀과 눈물을 쏟으며 기도한 결과인 줄 믿으니 주님께서 (아무)에게 기도할 마음과 힘을 주소서.

모든 마음의 중심이신 우리 주 그리스도를 통하여 비나이다.

◎ 아멘.

마침 기도

✠ 모든 기도와 일로 찬미받으시는 하느님께서는 모든 일에 그리스도를 통하여 저희에게 복을 내리시어, 모든 것이 저희에게 도움이 되게 하소서.

◎ 아멘.

마침 성가　　21 지극히 전능하신 주여

72. 신앙생활을 쉬고 있는 교우

시작 성가　　21 지극히 전능하신 주여

시작 기도

✚ 저희 죄로 말미암아 부서지신 예수 성심께서는 찬미받으소서.
◎ 하느님, 길이 찬미받으소서.

성경 말씀

✚ 신명기 6장 4절부터 6절까지의 말씀을 들읍시다.
"주 우리 하느님은 한 분이신 주님이시다. 너희는 마음을 다하고 목숨을 다하고 힘을 다하여 주 너희 하느님을 사랑해야 한다. 오늘 내가 너희에게 명령하는 이 말을 마음에 새겨 두어라."
✚ 주님의 말씀입니다.
◎ 하느님 감사합니다.

응답 성가   436 주 날개 밑

권면 기도

✚ 자비가 그지없으신 하느님 아버지, 오늘 사랑하는 (아무)의 가정을 방문하여 주님께 영광을 돌리며 기도하게 하시니 감사합니다.
하느님 아버지께서는 보잘것없는 저희를 사랑하셔서 외아들 예수 그리스도를 이 땅에 보내시어 죄 사함을 받게 하시고 교회를 통해 구원의 역사를 계속하시고 계심을 저희가 믿습니다.
사랑이 많으신 하느님 아버지, 주님의 사랑과 보살핌 속에 살아가는 (아무)이오니 늘 주님의 은총을 잊지 않게 하소서. 날마다 숨 쉬는 순간마다 주님의 보살핌과 은총에 감사드리면서 주님께 경배드리는 삶을 살기를 바랍니다.

자비로우신 하느님 아버지, 저희는 하느님 아버지를 믿는다고 말하면서도 때때로 게으름과 여러 사정들을 내세워 교회에 가지 않으며, 하느님 앞에서보다 사람들 앞에서 더 인정받기를 바라기도 하고, 인생의 연약함 때문에 주님의 품을 떠날 때도 있습니다.

그러므로 주님께서는 저희가 주님의 크신 사랑과 구원의 은총을 생각하게 하시어 주님을 찬미하는 삶을 살게 하시고 세상의 걱정이나 유혹에 빠지지 않도록 굳건한 믿음을 갖게 해 주소서.

용서의 은총이 넘치는 하느님 아버지, 이 가정의 (아무)가 날마다 주님께 가까이 나아가는 주님의 자녀가 되게 하소서. 주님을 멀리하면 나약할 수밖에 없는 존재라는 것을 깨닫고 주님을 가까이하는 믿음의 사람이 되게 하소서.

주님 안에서만 안식과 평화가 있는 줄 압니다. 주님을 떠나서는 살 수 없는 약한 인생이오니, 이 가정의 (아무)를 주님께서 능력의 팔로 붙들어 주시고, 주님 앞에 다시 나아가기를 방해하는 어떤 유혹에도 빠지지 않게 하시며, 주님을 떠나서는 참평화와 쉼을 누릴 수 없다는 사실을 깨닫게 하소서.

생명의 샘이신 우리 주 그리스도를 통하여 비나이다.

◎ 아멘.

마침 기도

✚ 천사들의 부러움 속에서 세례로 새 생명을 얻게 해 주신 성삼께서는 쉬는 교우인 저희 형제(자매)에게 강복하시어 세례 때의 약속을 충실히 지키게 하시며, 모든 행복의 샘이 바로 주님이심을 깨닫게 하시고, 저희에게도 신망애 삼덕을 더하여 주소서.

◎ 아멘.

마침 성가   411 무궁세 우리 주를

73. 말 많은 교우

시작 성가   2 주 하느님 크시도다

시작 기도

✚ 길이요 진리요 생명이신 하느님 성자께서 내리시는 은총과 평화가 우리와 함께.

◎ 아멘.

성경 말씀

✚ 집회서 27장 4절부터 7절까지의 말씀을 들읍시다.
체로 치면 찌꺼기가 남듯이 사람의 허물은 그의 말에서 드러난다. 옹기장이의 그릇이 불가마에서 단련되듯이 사람은 대화에서 수련된다. 나무의 열매가 재배 과정을 드러내듯이 사람의 말은 마음속 생각을 드러낸다. 말을 듣기 전에는 사람을 칭찬하지 마라. 사람은 말로 평가되기 때문이다.
✠ 주님의 말씀입니다.
◎ 하느님 감사합니다.

응답 성가　　26 이끌어 주소서

권면 기도

✠ 사랑과 자비가 풍성하신 하느님 아버지, 말씀으로 세상을 창조하시고 말씀으로 하느님의 사랑을 나타내 주심에 감사드립니다. 저희에게도 말을 할 수 있는 입술을 주셨으니, 그 입술로 주 하느님의 거룩하심과 전능하심을 찬미하게 하소서.

저희에게 주신 모든 지체를 바로 쓰기를 바라시는 하느님 아버지, 주님께서는 말에 실수가 없는 사람이면 온전한 사람이라고 하셨습니다. 큰 배도 지극히 작은 키로 움직이듯이 저희의 혀가 온몸을 더럽히기도 하고 깨끗하게도 합니다. 혀는 불과 같다고도 했는데 그 행하는 모든 것에 착함이 깃들게 하소서. 말하기를 좋아해서 남의 마음을 알아볼 여유도 없이, 많은 말을 하기에 오히려 상처를 입힐 때도 많습니다. 모든 일에 조심하게 하시고, 말을 하되 남을 기쁘게 하고, 알맞은 재치도 허락하시되 경솔하지 않은 말이 되게 하소서.

저희에게 새로운 삶을 주시는 하느님 아버지, 저희가 그리스도 안에서 거듭나게 하시고 성령으로 새사람이 되게 하셨으니, 이제는 자신의 허물을 먼저 보게 하소서. 형제의 눈 속에 있는 티끌을 보기보다는 내 눈에 있는 들보를 먼저 보게 해 주소서. 그리고 형제를 미워하여 거친 말을 하지 않게 하시며, 그리스도의 사랑으로 형제의 허물을 덮어 주고 이해하며 사랑하게 하소서.

말을 바르게 쓰기를 바라시는 하느님 아버지, 저희의 입에서 나오는 말마다 사랑의 말, 희망의 말, 믿음의 말이 되어 남을 감동하게 하여 하느님의 사람임을 인정받게 하시고, 그도 하느님 편에 서게 하여 주님께 영광을 돌리게 하소서.

사랑이 지극하신 우리 주 그리스도를 통하여 비나이다.

◎ 아멘.

마침 기도

✚ 성령의 은총을 저희에게 내려 주시어, 주님의 말씀을 맛 들이고 성자의 끝없는 진리를 깨닫게 하시는 성부께서는 저희에게 복을 내리시어 길이 머물게 하소서.

◎ 아멘.

마침 성가   409 아침 저녁

74. 무사안일에 빠진 교우

시작 성가   19 주를 따르리

시작 기도

✚ 하늘과 땅을 창조하신 하느님께서는 찬미를 받으소서.

◎ 이제부터 영원히 받으소서.

성경 말씀

✚ 테살로니카 2서 3장 10절부터 12절까지의 말씀을 들읍시다.
사실 우리는 여러분 곁에 있을 때, 일하기 싫어하는 자는 먹지도 말라고 거듭 지시하였습니다. 그런데 듣자 하니, 여러분 가운데에 무질서하게 살아가면서 일은 하지 않고 남의 일에 참견만 하는 자들이 있다고 합니다. 그러한 사람들에게 우리는 주 예수 그리스도의 이름으로 지시하고 권고합니다. 묵묵히 일하여 자기 양식을 벌어먹도록 하십시오.

✚ 주님의 말씀입니다.

◎ 하느님 감사합니다.

응답 성가   35 나는 포도나무요

권면 기도

✚ 언제나 저희에게 기쁨으로 다가오시는 하느님 아버지, 저희 생명을 보살펴 주시고 착한 길로 이끌어 주시니 감사합니다. 바라오니 이 가정의 (아무)가 이 세상에서 사는 동안 주님을 만나게 하시고 하느님의 자녀로 삼아 주셨으니, 주님의 자녀로서 주님께서 기뻐하시는 아름다운 삶을 살게 하소서.

거룩하신 하느님 아버지, 이 세상에서 사는 동안 부지런한 삶을 살게 하소서. 무엇을 해야 할 때인지를 잘 헤아리게 하시고, 때를 놓쳐 후회하지 않게 하소서.

지금은 자다가 깰 때요 추수할 때라고 말씀하신 주님을 기억합니다. 부지런함으로 저희에게 맡겨진 사명을 잘해 나가게 하소서. 무사안일하지 않게 하시며 부지런함으로 저희 형제(자매)가 하느님과 사람들에게 인정받게 하소서.

부지런히 일하라고 말씀하신 하느님 아버지, 이 가정의 (아무)가 하느님을 아는 일에 부지런하게 하시며, 주님을 섬기는 일에도 부지런하여 모든 삶이 생기 있게 하소서. 그리고 부지런함으로 마음이 여유롭고 더 많은 바람을 하나하나 이루어 가게 하소서.

깨어 있으라고 말씀하시는 하느님 아버지, 저희 형제(자매)(아무)가 자신만을 위하여 살지 않고 하느님과 이웃을 위하여 살게 하소서. 안일함이나 게으름은 그리스도를 사랑하는 삶이 아니며 그것이 바로 죄인 것을 알게 하시어 종말을 향해 가는 이 세월을 아껴서 주님의 일을 하게 하소서. 깨어 일어나라는 주님의 말씀을 듣고 실천하게 하소서.

우리 주 그리스도를 통하여 비나이다.

◎ 아멘.

마침 기도

✠ 모든 선의 샘이신 하느님께서는 저희를 축복하시고 저희의 일에 강복하시어, 받은 은총에 감사드리며 하느님을 길이 찬미하게 하소서.

◎ 아멘.

마침 성가　15 주님을 찬미하라

75. 믿음이 약한 교우

시작 성가　480 믿음으로

시작 기도

✚ 언제나 저희를 한데 모으시어 같은 성령을 받고 같은 길을 걷도록 섭리하시는 하느님께서는 찬미받으소서.
◎ 이제부터 영원히 받으소서.

성경 말씀

✚ 로마서 5장 1절부터 2절까지의 말씀을 들읍시다.
　그러므로 믿음으로 의롭게 된 우리는 우리 주 예수 그리스도를 통하여 하느님과 더불어 평화를 누립니다. 믿음 덕분에, 우리는 그리스도를 통하여 우리가 서 있는 이 은총 속으로 들어올 수 있게 되었습니다. 그리고 하느님의 영광에 참여하리라는 희망을 자랑으로 여깁니다.
✚ 주님의 말씀입니다.
◎ 하느님 감사합니다.

응답 성가　　432 주여 날 인도하소서

권면 기도

✠ 믿는 이에게 힘과 능력을 주시는 하느님 아버지, 주님께서 뽑으시고 하느님의 자녀가 되게 하신 (아무)의 가정을 방문하여 이렇게 귀한 시간을 갖게 해 주시니 참으로 고맙습니다.

이 가정을 주님의 가정으로 뽑으셨으니 하늘나라의 백성으로서 조금도 모자람이 없도록 더욱 굳건한 믿음을 주소서.

아브라함의 가정처럼 훌륭한 믿음을 주셔서 말씀으로 무장하게 하시어 저희 영혼의 세 원수, 세속의 악한 풍조와 마귀와 저희 육신의 그릇된 정욕을 싸워 이겨 나아가며 주님의 이끄심을 받는 귀한 가정이 되게 하소서.

저희의 생명이요 부활이신 주 하느님, 늘 믿음이 모자라 쓰러지기 쉽고 넘어지기 쉬우며 죄짓기 쉬운 때에 저희 형제(자매)를 온갖 악의 세력에서 지켜 주소서. 이 가정의 한 사람 한 사람을 주님께서 살피시어 몸과 마음이 모두 건강하게 하시고, 사회생활에서도 믿음의 사람으로 모자람이 없는 능력과 슬기를 주소서.

그리하여 다른 사람의 모범이 되며 그리스도의 이름을 영화롭게 하는 복된 가정, 은혜로운 가정이 되게 하소서.

믿음의 본체가 되시는 우리 주 그리스도를 통하여 비나이다.

◎ 아멘.

마침 기도

✚ 저희를 거룩해지도록 뽑으신 성부께서는 저희에게 강복하소서.
◎ 아멘.

마침 성가   62 주님의 뜻을 이루소서

76. 죄짓고 낙심하고 있는 교우

시작 성가   432 주여 날 인도하소서

시작 기도

✚ 저희 죄로 말미암아 제물이 되신 예수 성심께서는 찬미받으소서.
◎ 하느님, 길이 찬미받으소서.

성경 말씀

✚ 마르코 복음 2장 16절부터 17절까지의 말씀을 들읍시다.
바리사이파 율법 학자들은, 예수님께서 죄인과 세리들과 함께 음식을 잡수시는 것을 보고 그분의 제자들에게 말하였다. "저 사람은 어째서 세리와 죄인들과 함께 음식을 먹는 것이오?" 예수님께서 이 말을 들으시고 그들에게 말씀하셨다. "건강한 이들에게는 의사가 필요하지 않으나 병든 이들에게는 필요하다. 나는 의인이 아니라 죄인을 부르러 왔다."

✠ 주님의 말씀입니다.
◎ 그리스도님 찬미합니다.

응답 성가   59 주께선 나의 피난처

권면 기도

✠ 사랑과 자비가 가득하신 하느님 아버지, 죄로 말미암아 영원히 사라질 수밖에 없는 저희를 십자가의 거룩한 피로 구원해 주심에 감사드립니다.

하느님의 사랑을 받은 저희는 늘 주님의 영광만을 위하여 살아야 할 터인데, 때로는 나약하여 죄짓는 길에 빠져들 때가 있습니다.

자비가 그지없으신 하느님 아버지, 순간의 잘못된 판단으로 죄를 지어 낙심하고 있는 우리 형제(자매)와 함께 이 시간 하느님 앞에 머리를 숙여 기도드립니다. 먼저 잘못을 뉘우치고 회개하는 마음을 주셔서 다시는 죄악의 유혹에 빠져들지 않게 하소서. 저희 죄를 용서하시는 하느님, 이 가정의 저희 형제(자매) (아무)의 허물을 용서해 주소서.

죄인들의 제물이 되신 예수 성심께서 흘리신 거룩한 피에 의지하여 기도하오니, 저희 형제(자매) (아무)가 진정으로 죄를 뉘우치게 하시며, 아무리 작은 죄라도 그것이 하느님 아버지의 성심을 무참히 상해 드리며, 주 예수님을 십자가에 다시 못 박아 죽이며, 성령의 이끄심을 뿌리치고 멀리하는 것이며, 어머니이신 마리아의 성심을 아프게 하는 짓임을 깊이 깨달아 화해의 성사를 빨리 받아 용서를 얻게 해 주소서.

믿음의 샘이신 하느님 아버지, 이 가정의 (아무)가 다시는 죄악의 길에 서지 않게 하시며 후회와 근심의 자리에 앉지 않게 하소서. 이제는 온전히 주님 안에서 새로운 길을 걷게 하소서. 길이요 진리요 생명이신 주님만을 바라보며 참다운 만족과 보람을 얻게 하소서.

저희의 벗이 되시는 하느님, (아무)의 곁에 믿음이 깊고 좋은 벗들이 있게 하시고 대인 관계도 원만하게 이끌어 주시며, 다른 이들의 좋은 벗이 되어 악한 길에서 괴로워하는 이들을 주님 앞으로 불러 모으게 하소서.

저희 죄로 말미암아 극도의 모욕을 당하신 우리 주 그리스도를 통하여 비나이다.

◎ 아멘.

마침 기도

✚ 성자의 죽음과 부활과 성령의 능력으로 저희를 어둠의 세력에서 구해 내시고 모든 죄를 용서해 주시는 전능하신 성부께서는 저희에게 강복하소서.

◎ 아멘.

마침 성가　　151 주여 임하소서

77. 성당에 불평불만이 있는 교우

시작 성가   158 구세주 예수 그리스도

시작 기도
✛ 인류의 구원을 위하여 교회를 세우시고, 그 교회를 사랑하시어 몸을 바치신 예수 그리스도께서는 찬미받으소서.
◎ 하느님, 길이 찬미받으소서.

성경 말씀
✛ 에페소서 4장 15절부터 18절까지의 말씀을 들읍시다.
그분은 머리이신 그리스도이십니다. 그분 덕분에, 영양을 공급하는 각각의 관절로 온몸이 잘 결합되고 연결됩니다. 또한 각 기관이 알맞게 기능을 하여 온몸이 자라나게 됩니다. 그리하여 사랑으로 성장하는 것입니다. 그러므로 나는 주님 안에서 분명하게 말합니다. 여러분은 더 이상 헛된 마음을 가지고 살아가는 다른 민족들처럼 살아가지 마십시오. 그들 안에 자리 잡은 무지와 완고한 마음 때문에, 그들은 정신이 어두워져 있고 하느님의 생명에서 멀어져 있습니다.
✛ 주님의 말씀입니다.
◎ 하느님 감사합니다.

응답 성가   46 사랑의 송가

권면 기도

✚ 교회의 창립자이시며 교회의 머리가 되시는 주 하느님, 이 시간에도 살아 계셔서 피 흘려 세우신 교회를 지키고 이끄시는 은총에 감사드립니다. 죄로 말미암아 멸망할 수밖에 없는 저희를 십자가의 거룩한 피로 구원해 주시고, 그리스도 신비체의 한 지체가 되게 하심에 진심으로 감사합니다.

교회의 머리가 되시는 주님, 구원받은 저희가 행여 주님의 피로 세우신 교회를 향하여 불평하지 않게 하소서. 하느님의 교회를 향하여 불만을 갖게 하는 마귀의 유혹에 넘어가지 않게 하소서. 오히려 주님의 사랑과 은총을 생각하는 주님의 백성이 되게 하소서. 굳건한 믿음으로 주님의 말씀 위에 서게 하시며 하느님을 기쁘게 하는 믿는 이가 되게 하소서.

주 하느님, 교회에서 자신의 의무를 먼저 이행하지 않고 권리만을 찾으면서 불평과 불만을 털어놓는 걸림돌이 되지 않게 은총을 베풀어 주소서. 교회를 향하여 내뱉는 불평과 불만은 주님께 대드는 짓임을 알게 하시고 그것이 마귀에게 기쁨을 가져다주는 짓임을 깨닫게 하소서.

주님, 저희가 제 눈에 있는 들보를 먼저 보게 하소서. 그리하여 주님 안에서 하나 되게 하신 것을 믿음으로 잘 지키게 하시고 평화와 기쁜 마음을 주셔서 주님의 영광을 바라보게 하소서.

거룩함과 생명의 샘이신 주 하느님, 거룩한 주님의 성전에서 주님의 일들을 거룩하게 행해야 할 봉사자들이 경험이 모자라 다른 신자들의 마음을 다치게 한 일들이 있었음을 용서

하시고, 이 가정의 (아무)에게 주님의 넉넉한 은총을 내리시어 그 마음에 평화와 이해와 사랑을 풍성하게 하소서.
교회의 어머니이신 마리아와 함께 지극히 찬미받으셔야 마땅할 주님께서는 영원히 살아 계시며 다스리시나이다.
◎ 아멘.

마침 기도
✠ 저희의 발걸음을 주님의 교회로 이끄시고 평화와 사랑의 길을 저희에게 보여 주시는 삼위일체이신 하느님께서는 저희에게 강복하소서.
◎ 아멘.

마침 성가　411 무궁세 우리 주를

78. 세상을 더 많이 사랑하는 교우

시작 성가　24 내 맘의 천주여

시작 기도
✠ 그리스도의 부활을 믿는 저희를 그리스도와 함께 행복 속에서 끝없이 살게 하실 성삼께서는 찬미받으소서.
◎ 하느님, 길이 찬미받으소서.

성경 말씀

✚ 콜로새서 3장 2절부터 4절까지의 말씀을 들읍시다.

위에 있는 것을 생각하고 땅에 있는 것은 생각하지 마십시오. 여러분은 이미 죽었고, 여러분의 생명은 그리스도와 함께 하느님 안에 숨겨져 있기 때문입니다. 여러분의 생명이신 그리스도께서 나타나실 때, 여러분도 그분과 함께 영광 속에 나타날 것입니다.

✚ 주님의 말씀입니다.
◎ 하느님 감사합니다.

응답 성가   61 주 예수와 바꿀 수는 없네

권면 기도

✚ 사람을 창조하고 보살피시는 하느님 아버지, 이 세상의 많은 인생들 가운데서 저희를 사랑하시어 주님의 백성으로 삼아 주셨음에 감사와 찬미를 드립니다.

사랑이 그지없으신 아버지 하느님, 주님의 사랑을 받은 저희는 마땅히 주님을 사랑하고 경배해야 할 터인데도 순간의 재미와 즐거움 때문에 하느님을 등지고 세상을 더 사랑하고 있음을 고백하지 않을 수 없습니다. 용서해 주소서.

거룩함과 생명의 샘이신 하느님 아버지, 저희에게 굳건한 믿음을 더하여 주시어 하느님께 돌려야 할 영광을 마땅히 돌릴 수 있게 하시며, 주님만을 사랑하게 하소서. 저희 삶의 맨 앞에 주님을 모시게 하시며, 저희가 겸손하게 주님의 뒤를 따르게 하소서. 주님을 위하고 주님을 더욱 사랑하며 없어질 세상 것들에 대한 미련을 버리게 하소서.

참으로 좋으신 아버지 하느님, 세상의 것들 때문에 시험에 빠지지 않게 하시며, 세상의 썩어 없어질 것들의 유혹에 넘어가지 않게 하소서. 그리하여 온전히 주님께 영광을 돌리는 삶을 살게 하시며 주님을 더더욱 사랑하는 하느님 백성이 되게 하소서. 이 세상에는 사람의 마음을 사로잡는 것들이 많이 있습니다. 저희가 그 어느 한 가지에 마음을 두게 될 때에는 주님을 향한 마음이 약해짐을 깨닫게 하시어 모든 유혹을 물리칠 수 있게 하소서.

주 하느님, 이 가정의 (아무)가 한 세상을 살아가는 나그넷길에 무엇이 귀한 것인지를 깨닫게 하시고, 저희가 지금까지 주님께 간절히 드린 기도의 내용처럼 살고 복을 받게 해 주소서. 저희 죄를 용서하시는 우리 주 그리스도를 통하여 비나이다.

◎ 아멘.

마침 기도

✚ 전능하신 하느님께서는 저희에게 인자로이 복을 내리시고 구원에 도움이 되는 슬기를 내려 주소서.

◎ 아멘.

마침 성가 1 나는 믿나이다

79. 믿음이 흔들리는 교우

시작 성가　　1 나는 만나이다

시작 기도
✚ 주님, 저희에게 자비를 베푸소서.
◎ 또한 저희에게 구원을 주소서.

성경 말씀
✚ 마태오 복음 7장 24절부터 27절까지의 말씀을 들읍시다.
"그러므로 나의 이 말을 듣고 실행하는 이는 모두 자기 집을 반석 위에 지은 슬기로운 사람과 같을 것이다. 비가 내려 강물이 밀려오고 바람이 불어 그 집에 들이쳤지만 무너지지 않았다. 반석 위에 세워졌기 때문이다. 그러나 나의 이 말을 듣고 실행하지 않는 자는 모두 자기 집을 모래 위에 지은 어리석은 사람과 같다. 비가 내려 강물이 밀려오고 바람이 불어 그 집에 휘몰아치자 무너져 버렸다. 완전히 무너지고 말았다."
✚ 주님의 말씀입니다.
◎ 그리스도님 찬미합니다.

응답 성가　　183 구원을 위한 희생

권면 기도
✚ 저희의 마음을 더욱 굳건하게 하시는 하느님 아버지, 이 가정

을 고르셔서 구원과 영원한 생명을 얻게 하시고 늘 지켜 주시니 감사합니다.

주님께 희망을 두는 사람들을 구원하시는 주 하느님, 이 세상에는 많은 유혹이 있어 하느님의 백성을 넘어뜨리려고 합니다. 주님의 백성이 말씀대로 따르며 살아가기가 어려운 시대입니다. 주님, 저희에게 굳건한 믿음을 주소서. 흔들리지 않고 변함없는 믿음으로 어려움 속에서도 기름진 땅이 되게 하소서. 그리고 모든 시험과 어려움을 믿음으로 이겨 내게 하소서. 믿음의 굳센 힘을 허락해 주소서.

저희에게 은총을 가득히 베푸시는 주 하느님, 베드로 사도가 예수님을 바라보고 바다 위로 발을 내디디던 그 믿음을 이 가정의 형제(자매)에게 주셔서 모든 것을 주님께 맡기고 의지하게 하소서. 그리고 사람의 뜻과 생각과 계획에 의해서가 아니라 주님의 말씀과 그 뜻대로 행할 때 주님께서는 꼭 붙잡아 주시고 바른길로 이끌어 주신다는 것을 저희 형제(자매)(아무)가 깨닫도록 하소서.

사랑이 넘치시는 하느님 아버지, 신앙생활에서 믿음이 흔들리고 있는 이 가정의 형제(자매) (아무)의 일은 저희 잘못이기도 합니다. 좀 더 관심을 갖고 함께 살아가는 나눔의 공동체를 가꾸지 못했기 때문이오니 저희를 용서해 주시고, 이제부터라도 함께 발을 맞추어 나아가는 저희가 되게 하소서.

믿음의 바위이신 주 하느님, 거듭 바라오니 이 가정의 형제(자매) (아무)가 처음 주님을 맞이하고 감사하며 결심했던 그 믿음을 되찾게 하셔서 날마다 이기고 나아가는 힘을 주소서.

주님의 팔로 지켜 주시고 믿음의 터전 위에 굳게 서는 주님의 참된 자녀가 되게 하소서.

진리의 말씀으로 저희를 거룩하게 하시는 우리 주 그리스도를 통하여 어머니 마리아와 함께 비나이다.

◎ 아멘.

마침 기도

✚ 길이요 진리요 생명이신 예수 그리스도께서는 저희에게 강복하소서.

◎ 아멘.

마침 성가   44 평화를 주옵소서

80. 나쁜 버릇을 끊지 못하는 교우

시작 성가   122 구원의 십자가

시작 기도

✚ 주님, 저희에게 자비를 베푸소서

◎ 또한 저희에게 구원을 주소서.

성경 말씀

✚ 마태오 복음 18장 8절부터 9절까지의 말씀을 들읍시다.

"네 손이나 발이 너를 죄짓게 하거든 그것을 잘라 던져 버려라. 두 손이나 두 발을 가지고 영원한 불에 던져지는 것보다, 불구자나 절름발이로 생명에 들어가는 편이 낫다. 또 네 눈이 너를 죄짓게 하거든 그것을 빼 던져 버려라. 두 눈을 가지고 불타는 지옥에 던져지는 것보다, 한 눈으로 생명에 들어가는 편이 낫다."

✚ 주님의 말씀입니다.
◎ 그리스도님 찬미합니다.

응답 성가   210 나의 생명 드리니

권면 기도

✚ 거룩함과 생명의 샘이신 하느님 아버지, 세상의 많은 사람들 가운데서 저희를 고르시어 주님의 자녀가 되게 해 주심에 감사드립니다.

저희를 교회로 불러 거룩하게 하시고 하늘나라의 백성으로 삼아 주셨으니 주님의 백성답게 살기를 바랍니다.

믿음의 샘이시며 전능하신 하느님 아버지, 믿는 이들에게 굳건하고 변치 않는 믿음을 주소서. 믿음으로 세상의 유혹들을 이겨 내게 하시고, 저희의 영혼을 눈멀게 하는 온갖 나쁜 버릇을 끊게 하시어 주님께 영광을 돌리는 삶을 살게 하소서. 이제는 마귀와 세속의 자식이 아니라 하느님의 자녀이오니, 주님의 자녀답게 거룩한 삶을 살게 하소서. 그리고 하느님 나라 백성답게 살게 하소서.

저희의 기쁨이요 즐거움의 샘이신 주 하느님, 이 가정의 저희 형제(자매) (아무)가 하느님과 세상을 함께 섬기지 않게 하시고 주님께서 기뻐하시는 온전한 삶을 살게 하소서. 순간의 쾌락과 만족을 위하여 멸망의 길을 달려가지 않게 하시며, 영원을 바라보며 과감히 끊을 것을 끊게 하여, 주님 앞에 부끄러울 것이 없는 자녀가 되어 주님께서 기뻐하시는 삶을 살게 하소서.

인자하시고 사랑이 넘치시는 하느님 아버지, 저희 형제(자매) (아무)가 죄의식 때문에 주님을 멀리 하지 않도록 도와주소서. 저희 죄가 아무리 붉다고 해도 통회하고 고백하면 양털처럼 희게 용서해 주신다는 것을 저희 형제(자매)가 믿음으로 받아들여 하루빨리 주님께 나아가 죄를 뉘우치고 고백하여 용서의 은총을 받아 그 마음이 하느님을 우러러 뵈올 수 있게 하소서.

그리하여 거듭 태어난 은총과 믿음 안에서 자유를 누리며 평화로이 이웃과 함께 신앙생활을 하게 하소서.

저희가 정결한 삶을 살기를 바라시는 우리 주 그리스도를 통하여 어머니 마리아와 함께 기도드리나이다.

◎ 아멘.

마침 기도

✚ 믿음의 양식을 가득히 내려 주시고, 거룩한 일에 한결같이 힘쓰도록 도움을 주시는 성삼께서는 저희에게 강복하소서.

◎ 아멘.

마침 성가 239 거룩한 어머니

81. 열심이 식은 교우

시작 성가 29 주 예수 따르기로

시작 기도
✚ 저희의 발걸음을 주님께로 이끄시고 평화와 사랑의 길을 저희에게 보여 주시는 하느님께서는 찬미받으소서.
◎ 이제부터 영원히 받으소서.

성경 말씀
✚ 로마서 12장 1절부터 2절까지의 말씀을 들읍시다.
형제 여러분, 내가 하느님의 자비에 힘입어 여러분에게 권고합니다. 여러분의 몸을 하느님 마음에 드는 거룩한 산 제물로 바치십시오. 이것이 바로 여러분이 드려야 하는 합당한 예배입니다. 여러분은 현세에 동화되지 말고 정신을 새롭게 하여 여러분 자신이 변화되게 하십시오. 그리하여 무엇이 하느님의 뜻인지, 무엇이 선하고 무엇이 하느님 마음에 들며 무엇이 완전한 것인지 분별할 수 있게 하십시오.
✚ 주님의 말씀입니다.
◎ 하느님 감사합니다.

응답 성가   205 사랑의 성심

권면 기도

✠ 사랑과 자비가 풍성하신 하느님 아버지, 저희 죄인을 구원하시려고 외아들까지 보내 주신 그 크신 사랑에 진심으로 감사와 찬미를 드립니다.

나약한 저희에게 베풀어 주신 주님의 사랑은 이토록 크고 무한하신데, 주님께 드리는 저희의 사랑과 정성이 온전하지 못함을 용서해 주소서. 저희를 위하여 목숨까지 버리신 주님의 사랑을 입은 저나(저희나) (아무)가 열심히 주님께 감사하며 찬송을 드려야 마땅할 터인데, 육신의 연약함과 죄에 물들어 그리하지 못하고 있는 것을 고백하오니 용서해 주소서. 모든 덕행의 깊은 바다이신 주 하느님, 사랑하시는 이 가정의 형제(자매) (아무)를 붙드시어, 깊은 게으름에서 깨어나게 하소서. 열심히 주님을 섬길 수 있게 하소서. 주님께 향한 첫사랑을 도로 찾아 처음에 가졌던 그 믿음과 열정을 갖게 하소서.

저희의 게으름과 나약함을 깨닫게 하시며, 사랑이 모자람을 깨닫고 주님께 가까이 나아가는 복된 믿음을 주소서. 신앙심이 게을러지고 비뚤어져 가는 것은 바로 자신의 삶에서도 그 영향이 나타남을 저희 형제(자매)도 잘 알고 있을 줄 압니다. 주님께 희망을 두는 사람들을 구원하시는 하느님 아버지, 초대 교회 신자들처럼 열심히 모여서 하느님을 찬미하게 하시며, 열심히 사랑을 나누고 하나 되는 은총을 주소서. 또한 나눔의 사랑이 얼마나 귀한지를 알게 하소서.

주님, 저희 형제(자매) (아무)가 구원받은 믿는 이의 모습을 행동으로 나타내게 하시고, 열심히 믿음의 삶을 살아 그리스도의 향기를 드날리게 하소서. 그리고 차지도 덥지도 않은 미지근함을 털어 버리고 온전한 믿음과 열심으로 주님을 섬기게 하소서. 저희 형제(자매) (아무)의 마음속에 있는 갈등을 다른 사람들은 알 수 없기에 그릇된 판단을 할 수도 있고 그것으로 상처를 받을 수도 있지만, 하느님께서 위로하시고 성령으로 가득 차게 하소서.

저희를 구원하시려고 십자가에서 돌아가셨다가 부활하신 우리 주 그리스도를 통하여 비나이다.

◎ 아멘.

마침 기도

✢ 전능하신 하느님께서는 저희에게 인자로이 복을 내리시고 구원에 유익한 슬기를 내려 주소서.

◎ 아멘.

마침 성가   32 언제나 주님과 함께

82. 우상과 미신을 완전히 끊지 못하는 교우

시작 성가   407 하나이신 천주

시작 기도

✢ 길이요 진리요 생명이신 주 예수님께서는 찬미받으소서.

◎ 하느님, 길이 찬미받으소서.

성경 말씀

✢ 신명기 5장 7절부터 9절까지의 말씀을 들읍시다.

너에게는 나 말고 다른 신이 있어서는 안 된다. 너는 위로 하늘에 있는 것이든, 아래로 땅 위에 있는 것이든, 땅 아래로 물속에 있는 것이든 어떤 형상으로도 신상을 만들어서는 안 된다. 너는 그것들에게 경배하거나 그것들을 섬기지 못한다. 주 너의 하느님인 나는 질투하는 하느님이다.

✢ 주님의 말씀입니다.

◎ 하느님 감사합니다.

응답 성가　　24 내 맘의 천주여

권면 기도

✢ 살아 계시는 전능하신 하느님 아버지, 죄악으로 말미암아 멸망으로 달려가는 저희를 붙드시고 주님의 자녀로 삼아 주심에 감사드립니다.

하느님의 크신 사랑을 받은 저희이기에 저희의 삶이 하느님 앞에 온전히 봉헌되기를 바라오니 주님께서 도와주소서. 저희는 오직 하느님께만 영광을 드립니다. 하느님 한 분밖에는 그 무엇도 섬기지 않게 하시며 모든 영광과 찬미를 주님께만

드리는 저희가 되게 하소서.

저희를 홀리는 악령의 가르침에서 완전히 벗어나게 하시고, 우상을 섬기지 말라고 하신 하느님의 말씀을 충실히 따르는 하느님의 백성이 되게 하시어, 주님의 말씀을 따르지 않는 죄를 짓지 않게 하소서.

사랑이 그지없으신 하느님 아버지, 주님의 은총을 받은 사랑하는 (아무)가 우상과 미신에 대한 미련에서 벗어나 주님 안에 있는 복과 평화를 얻게 하소서. 생명이 없고 영원한 생명도 주지 못하는 우상을 버리고, 살아 계신 하느님만을 섬기어 하늘나라를 차지하게 하소서.

우리 주 그리스도를 통하여 비나이다.

◎ 아멘.

마침 기도

✚ 저희를 주님의 자녀로 불러 주신 성부와 저희를 주님의 형제 자매로 받아들이신 성자와 저희를 주님의 궁전으로 삼으신 성령께서는 저희에게 강복하소서.

◎ 아멘.

마침 성가   411 무궁세 우리 주를

83. 원수를 용서하지 못하는 교우

시작 성가　415 사랑이 없으면

시작 기도
✚ 저희 죄를 용서하시려고 십자가에 달리신 주 예수 그리스도께서는 찬미받으소서.
◎ 하느님, 길이 찬미받으소서.

성경 말씀
✚ 마태오 복음 18장 21절부터 22절까지의 말씀을 들읍시다.
그때에 베드로가 예수님께 다가와, "주님, 제 형제가 저에게 죄를 지으면 몇 번이나 용서해 주어야 합니까? 일곱 번까지 해야 합니까?" 하고 물었다. 예수님께서 그에게 대답하셨다. "내가 너에게 말한다. 일곱 번이 아니라 일흔일곱 번까지라도 용서해야 한다."
✚ 주님의 말씀입니다.
◎ 그리스도님 찬미합니다.

응답 성가　518 선한 사람 아흔아홉

권면 기도
✚ 저희 죄인을 구원하시려고 외아들까지 아낌없이 보내 주신 하느님, 하느님의 크신 사랑과 은총으로, 비록 몸은 이 땅에

있지만 하늘나라의 소망을 갖게 하시니 참으로 감사합니다. 그리고 세속의 자녀에게 하느님의 자녀가 되게 하시며, 끊어진 주님과의 관계를 되찾아 주셨으니 진심으로 찬미를 드립니다.

사랑과 자비가 그지없으신 하느님 아버지, 주님께서 죄인들을 사랑하심은 저희가 형제끼리 서로 사랑하게 하려 하심이라는 주님의 말씀을 기억합니다. 주님께 받은 사랑으로 형제를 사랑하게 하시고, 제단에 예물을 드리기에 앞서 먼저 형제와 화해하게 하소서.

주님의 사랑으로 하나 되어 함께 주님 앞에 서게 하소서. 주님의 사랑으로 분노를 넘어서며 미움을 건너뛰게 하소서. 저희가 하느님과 원수가 되었을 때 저희를 위하여 목숨을 버리고 십자가에서 돌아가신 주님의 사랑을 생각하게 하소서.

원수까지도 사랑하라고 말씀하신 예수님을 기억합니다. 예수님의 사랑을 배우게 하소서. 형제가 주리거든 먹이고, 목말라하거든 마시게 하는 사랑을 배우게 하소서.

모든 분노와 미움을 주님께 맡길 줄 아는 믿음을 주소서. 또한 원수를 사랑하여 그리스도의 참제자가 되게 하소서. 주님께 받은 사랑으로 모든 이를 사랑하게 하시며, 주님의 사랑으로 모든 것을 이기게 하소서.

저희 죄를 용서하시는 자비의 하느님 아버지, 저희가 속상하거나 이해하지 못할 이야기를 들어도 성내는 것을 더디게 하소서. 사람이 성내는 것은 하느님의 의를 이루지 못한 것이라고 하셨으니, 원수를 맺는 더러운 악을 내버리고, 영혼을 구원함에 꼭 필요한 애덕의 생활을 온유한 마음으로 실천하게 하소서. 이 땅 위에 있는 모든 사람들이 서로 사랑하며 위로하는 가운데 다시 오실 주님을 바라보게 하소서.

사랑의 완성자이신 우리 주 그리스도를 통하여 비나이다.

◎ 아멘.

마침 기도

✚ 그리스도를 통하여 영광을 저희에게 드러내신 하느님께서는 저희의 삶이 그리스도의 삶을 닮게 하시어, 마침내 얼굴을 맞대고 그분을 뵈올 수 있게 강복하소서.

◎ 아멘.

마침 성가   46 사랑의 송가

84. 이단 종교에 빠진 교우

시작 성가   69 지극히 거룩한 성전

시작 기도

✚ 길이요 진리요 생명이신 주 예수께서는 찬미받으소서.

◎ 하느님, 길이 찬미받으소서.

성경 말씀

✠ 마태오 복음 16장 18절부터 19절까지의 말씀을 들읍시다.

"나 또한 너에게 말한다. 너는 베드로이다. 내가 이 반석 위에 내 교회를 세울 터인즉, 저승의 세력도 그것을 이기지 못할 것이다. 또 나는 너에게 하늘나라의 열쇠를 주겠다. 그러니 네가 무엇이든지 땅에서 매면 하늘에서도 매일 것이고, 네가 무엇이든지 땅에서 풀면 하늘에서도 풀릴 것이다."

✠ 주님의 말씀입니다.

◎ 그리스도님 찬미합니다.

응답 성가   35 나는 포도나무요

권면 기도

✠ 길이요 진리요 생명이신 주 하느님, 아버지 하느님의 영원하심과 인자하심으로 주님의 백성들을 지켜 주시고 착한 길로 이끌어 주심을 생각하며 감사와 찬미를 드립니다. 믿음의 샘이신 하느님, 바른길을 벗어나게 하는 이단의 유혹에서 이 가정의 (아무)를 바른길로 이끌어 주시기를 간절히 청합니다.

온갖 슬기와 지식을 간직하신 진리의 하느님, 하느님의 백성을 지켜 주소서. 진리 위에 바로 서서 영을 분별하는 슬기를 갖게 하시며, 믿음으로 용감히 악의 유혹을 물리칠 수 있게 하소서. 진리 위에 든든히 서서 악한 무리들의 거짓 주장을 깨뜨릴 수 있도록 용기를 주소서.

예수 그리스도만이 참구세주이심을 알고, 오늘도 살아 계셔서 저희와 함께 저희의 삶을 이끌어 가시는 분임을 믿게 하소서. 죄인들을 위하여 십자가에서 죽임을 당하신 예수 그리스도만을 바라보게 하소서.

깨어 기도하라고 말씀하신 주 하느님, 종말이 가까워졌다고 많은 사람들이 말하고 있지만, 먼저 믿는 이들의 마음에 구원과 완성의 때를 보고 느끼며 살아가는 깨우침을 주소서. 이때 이 가정의 사랑하는 저희 형제(자매) (아무)가 주님의 말씀 위에 굳게 서서 주님 안에 있는 참평화와 위로와 안식을 얻게 하소서. 그리고 심판 날에 예수 그리스도를 부인하는 무리와 함께 멸망을 당하지 않게 이단의 사슬에서 풀어 주소서.

말씀으로 저희를 늘 새롭게 하시는 주 하느님, 저희 형제(자매)에게 무엇보다 주님의 말씀을 바로 아는 슬기를 주소서. 말씀에 대한 이해와 예수님을 아는 지식이 없기 때문에 악령의 유혹에 넘어가고 이단에 빠지고 마는 저희입니다. 진리의 성령께서 저희와 함께하셔서 참진리를 알고 깨닫는 분별력을 갖게 하시어 다시는 이단에 빠지지 않게 하소서.

저희를 죄악에서 구원하시어 생명의 길로 이끄시는 주님께서는 영원히 살아 계시며 다스리시나이다.

◎ 아멘.

마침 기도

✠ 저희를 자녀로 불러 주신 성부와 저희를 형제자매로 받아들이신 성자와 저희를 궁전으로 삼으신 성령께서는 저희에게 강복하소서.

◎ 아멘.

마침 성가   32 언제나 주님과 함께

85. 인색한 교우

시작 성가   61 주 예수와 바꿀 수는 없네

시작 기도
✢ 주님의 백성을 위하여 놀라운 일을 행하시는 사랑이 그지없으신 하느님을 찬미합시다.
◎ 하느님, 길이 찬미받으소서.

성경 말씀
✢ 루카 복음 12장 33절부터 34절까지의 말씀을 들읍시다.
"너희는 가진 것을 팔아 자선을 베풀어라. 너희 자신을 위하여 해지지 않는 돈주머니와 축나지 않는 보물을 하늘에 마련하여라. 거기에는 도둑이 다가가지도 못하고 좀이 쏠지도 못한다. 사실 너희의 보물이 있는 곳에 너희의 마음도 있다."
✢ 주님의 말씀입니다.
◎ 그리스도님 찬미합니다.

응답 성가   41 형제에게 베푼 것

권면 기도

✠ 사랑의 원천이신 하느님 아버지, 주님의 끝없는 크신 사랑에 감사와 찬미를 드립니다.

주님의 크신 사랑에 보답하지 못하고 살아가는 인생들을 붙드시고 굳건한 믿음을 주소서. 주님의 사랑을 실천하는 살아 있는 믿음의 사람이 되게 해 주소서.

저희가 가진 의식주와 건강, 아들딸과 모든 물질, 그리고 저희의 재능과 슬기까지도 주님께서 주신 선물임을 알고 잘 쓸 줄 아는 슬기를 주소서. 감사함이 넘치는 가정이 되게 하시고 남을 위한 손발이 되는 은총을 내려 주소서.

고마워하는 이를 더욱 사랑하시는 주님, 일마다 감사하라는 주님의 뜻을 알고 그 말씀에 따르는 (아무)의 가정이 되기를 바라옵니다. 사자 굴속에 던져진 다니엘 예언자가 그 속에서 감사한 것처럼, 물고기 배 속에서 감사한 요나 예언자처럼 모든 일에 감사하는 (아무)가 되기를 바라옵니다. 옥중에서도 감사와 찬미를 쉬지 않은 바오로 사도의 감사하는 삶을 본받기 바라옵니다. 감사를 드림으로써 기쁨을 누리게 하소서.

자비를 베푸는 사람은 행복하다고 말씀하신 주 하느님, 저희의 가진 바 모든 것이 주님께로부터 온 것임을 깨닫게 하시며, 주님께서 베푸신 사랑을 생각하면서 저희의 가진 것을 주님께 돌리게 하소서. 저희의 이웃과 나누는 삶을 살게 하소서. 섬기며 나누는 삶을 살아 그리스도의 사랑을 드높이게 하소서. 주님의 크신 사랑에 늘 감사드리면서 그 사랑을 주님과 이웃을 향하여 되돌리게 하소서.

저희의 생명이요 구원이신 주 하느님, 저희는 인색하게 살다 목말라 부르짖으며 후회하는 부자의 삶이 아니라, 가난했지만 하느님을 바로 모시고 산 라자로의 삶을 바라옵니다.
믿음의 먹을거리를 가득히 내려 주시고 거룩한 일에 한결같이 노력하도록 도와주시는 우리 주 그리스도를 통하여 비나이다.
◎ 아멘.

마침 기도

✠ 모든 착함과 사랑의 샘이신 하느님께서 저희에게 강복하시고 저희의 일에 축복하시어 받은 은총에 감사드리게 하시며 이웃을 사랑하여 주님의 사랑에 보답하게 하소서.
◎ 아멘.

마침 성가 42 가장 미소한 자를 대접하라

86. 재물에 집착하는 교우

시작 성가 32 언제나 주님과 함께

시작 기도

✠ 만물의 근원이 되시고 온갖 좋은 것을 저희에게 가득히 내려 주시는 성삼께서는 찬미받으소서.
◎ 이제부터 영원히 받으소서.

성경 말씀

✣ 마태오 복음 6장 24절의 말씀을 들읍시다.

"아무도 두 주인을 섬길 수 없다. 한쪽은 미워하고 다른 쪽은 사랑하며, 한쪽은 떠받들고 다른 쪽은 업신여기게 된다. 너희는 하느님과 재물을 함께 섬길 수 없다."

✣ 주님의 말씀입니다.

◎ 그리스도님 찬미합니다.

응답 성가   61 주 예수와 바꿀 수는 없네

권면 기도

✣ 이 세상 만물을 창조하신 주 하느님, 창조하신 모든 피조물 가운데 사람을 으뜸가는 피조물로 만드시고 이 세상을 다스리게 하심에 감사드립니다.

사랑이 많으신 하느님 아버지, (아무)의 가정에 은총을 주시어 지켜 주시고 일용할 먹을거리와 물질을 주심에 감사드립니다. 주님께서 주신 재물을 주님의 뜻대로 잘 쓸 수 있도록 슬기를 허락해 주소서.

결코 물질의 유혹에 끌려가지 않게 하시며, 주님께서 주신 물질을 주님의 영광을 위하여 잘 쓰게 해 주소서. 잠깐 있다가 사라지는 이 세상에서 사는 동안 물질로 말미암아 죄짓지 않게 하소서.

행복의 샘이시며 저희의 희망이신 주 하느님, 사람들은 무엇인가에 집착하며 그것을 가지려고 모든 것을 바칩니다. 그리고 구한 바가 얻어졌을 때는 삶의 덧없음을 느끼기 시작하여 끝내 참평화를 모르고 살아갑니다. 하느님, 저희가 참으로 구해야 할 것과 잃어도 좋은 것이 무엇인지를 가려 깨닫게 하소서. 참된 만족과 기쁨이 되시는 주님, 영원한 생명을 주지 못하는 세상의 물질을 욕심내지 않게 하시며, 금이나 은보다도, 그리스도로 말미암은 구원의 은총을 귀하게 여기는 믿는 이가 되게 하소서. 헛된 재물을 의지하다 부끄러움을 당하지 않게 하소서. 생명력이 없는 금과 은에 의지하다가 불탄 뒤에 울며 후회하지 않도록 무엇이 우선되어야 하는지를 깨닫는 슬기를 주소서.

재물에 대한 집착과 미련을 버리고 주님을 기쁘게 하는 주님의 백성이 되게 하소서. 주님 안에 있는 참된 만족과 기쁨을 발견하는 은총을 받게 하시며, 오직 주님만으로 기쁨을 삼게 하소서.

참된 만족과 기쁨이 되시는 우리 주 그리스도를 통하여 어머니 마리아와 함께 기도드리나이다.

◎ 아멘.

마침 기도

✚ 저희의 발걸음을 주님께 이끄시고 평화와 사랑의 길을 저희에게 보여 주시는 하느님께서는 저희에게 강복하소서.

◎ 아멘.

마침 성가　　210 나의 생명 드리니

87. 주일을 잘 지키지 않는 교우

시작 성가 407 하나이신 천주

시작 기도
✛ 저희의 발걸음을 주님께 이끄시고 평화와 사랑의 길을 저희에게 보여 주시는 성삼께서는 찬미를 받으소서.
◎ 하느님, 길이 찬미받으소서.

성경 말씀
✛ 이사야 예언서 58장 13절부터 14절까지의 말씀을 들읍시다.
"네가 삼가 안식일을 짓밟지 않고 나의 거룩한 날에 네 일을 벌이지 않는다면 네가 안식일을 '기쁨'이라 부르고 주님의 거룩한 날을 '존귀한 날'이라 부른다면 네가 길을 떠나는 것과 네 일만 찾는 것을 삼가며 말하는 것을 삼가고 안식일을 존중한다면 너는 주님 안에서 기쁨을 얻고 나는 네가 세상 높은 곳 위를 달리게 하며 네 조상 야곱의 상속 재산으로 먹게 해 주리라." 주님께서 친히 말씀하셨다.
✛ 주님의 말씀입니다.
◎ 하느님 감사합니다.

응답 성가 18 주님을 부르던 날

권면 기도

✢ 안식일의 주인이신 하느님 아버지, 예수 그리스도의 십자가 공로로 저희를 구원해 주심에 감사하며 찬미를 드립니다. 또한 저희에게 주님의 날을 허락하시어 하느님을 향해 구원의 은총을 감사하며 찬미할 수 있게 하심에 감사드립니다.

저희에게 주일을 거룩하게 지내라고 가르쳐 주신 하느님, 이 가정의 (아무)가 계명에 순종하는 믿음을 주시어, 복을 받게 하소서. 복잡하고 바쁜 삶을 살지라도 주일을 잊지 않게 하시며, 주일을 온전히 지키게 하소서. 이 세상에서의 천 날보다 하느님 앞에서의 하루가 더 소중함을 알게 하소서.

연약한 이를 붙들어 주시고 그의 힘이 되어 주시는 하느님, 저희 형제(자매)에게 굳건한 믿음을 주시어 세상의 어떤 유혹에도 넘어가지 않게 하소서. 마음이 나약하여 주일을 헛되이 보내는 일이 없게 하시며, (사업이나) 물질로 말미암아 하느님의 계명을 어기지 않게 하소서.

저희의 쉼터이며 희망이신 하느님 아버지, 주일을 지키어 주님 안에 있는 참쉼과 참평화를 얻게 하소서. 주일에 새 힘을 얻고 세상에서 승리하는 (아무)가 되게 하소서. 성령께서 도와주시어 참으로 복된 날이 언제인가를 깨닫게 하소서. 그리하여 자신을 성찰하는 눈이 뜨이고 하느님을 바라보는 영적 눈도 열리게 하소서.

만물의 창조주이시며 사람들의 주인이신 주 하느님, 저희 형제(자매) (아무)가 주일을 잘 지켜 복을 받게 하시며, 주님 안에서 영원한 안식을 바라보게 하소서.

또한 엿새 동안 사회에서 바쁘게 일하며 피곤에 지친 몸과 영혼의 건강을 꾀하는 것이 주일임을 깨닫게 하시어, 남을 위해 주일을 거룩하게 지내는 것이 바로 자신을 위한 복된 주일임을 알게 하소서.
거룩하신 우리 주 그리스도를 통하여 비나이다.
◎ 아멘.

마침 기도

✚ 전능하신 하느님께서는 저희에게 인자로이 복을 내리시고 구원에 이로운 주일을 거룩하게 잘 지낼 수 있게 하소서.
◎ 아멘.

마침 성가   56 목자를 따라서

스승이신 예수님, 저를 비추어 주심에 감사하나이다. 주님께서는 빛과 표양과 은총을 충만히 주셨나이다. 세속에 물든 인간의 욕심과 악의 길로 치닫는 사람들과, 저의 잘못에 대해 진심으로 용서를 청하나이다. 생명의 길을 따르고자 하는 저를 구해 주시며, 주님께로 제 마음을 이끌어 주소서.

(「바오로가족 기도서」에서)

새 세례자와 예비 신자 가정을 위한 기도

아버지께서는 우리를 어둠의 권세에서 구해 내시어 당신께서 사랑하시는 아드님의 나라로 옮겨 주셨습니다. 이 아드님 안에서 우리는 속량을, 곧 죄의 용서를 받습니다.

(콜로 1,13-14)

88. 새 세례자 가정

시작 성가   151 주여 임하소서

시작 기도
✠ 은총과 자비와 평화를 내리시는 삼위일체이신 하느님은 찬미 받으소서.
◎ 이제부터 영원히 받으소서.

성경 말씀
✠ 콜로새서 1장 13절부터 14절까지의 말씀을 들읍시다.
  아버지께서는 우리를 어둠의 권세에서 구해 내시어 당신께서 사랑하시는 아드님의 나라로 옮겨 주셨습니다. 이 아드님 안에서 우리는 속량을, 곧 죄의 용서를 받습니다.
✠ 주님의 말씀입니다.
◎ 하느님 감사합니다.

응답 성가   33 우리 주 예수 그리스도

축복 기도
✠ 알파요 오메가요 시작이며 마침이신 하느님 아버지, 이 세상 만물을 창조하시고 그 가운데 저희를 만드실 때 하느님의 모습을 닮은 피조물이 되게 하심에 감사드립니다. 또한 이 시간까지 저희의 생명을 주심에 감사드립니다.

사랑과 자비가 그지없으신 아버지 하느님, 주님께서는 이 가정의 형제(자매) (아무)의 지난 세월을 아시며, 어려움에서 평안의 길로 이끌어 오셨습니다. 지난날 허물과 죄악에서 헤매기도 했던 (아무)를 십자가의 사랑으로 불러 주셔서 모든 죄를 말끔히 씻어 주시고 거듭나게 해 주신 은총에 감사드립니다.

주님께서 부르시는 소리를 듣고 주님께 나아와 이제 주님 나라의 새 백성으로, 주님의 자녀로, 예수 그리스도 신비체의 지체로 태어나게 하신 (아무)를 더욱 사랑해 주시고, 지난날의 허물을 용서하시며 십자가의 사랑으로 가득 차게 하소서. 그리고 형제(자매)의 남은 삶은 예수 그리스도께서 저희 죄를 대신하여 피 흘려 돌아가시고 사흘 만에 부활하심에 대해 감사와 찬미를 드리며 이 사실을 전하는 생애가 되게 하소서.

세상 끝 날까지 저희와 함께 계시는 주 하느님, (아무)의 손을 붙드시어 그 영원하신 팔에서 평화를 누리게 하시고, 기쁨이 넘치는 삶이 되게 하소서. 이제 주님 앞에서 새로운 출발을 시작했으니, 어떤 유혹이나 어려움을 만날지라도 생명의 줄이 되시는 주님을 굳게 의지하고 믿음으로 승리하게 하소서.

저희의 구원이신 우리 주 그리스도를 통하여 비나이다.

◎ 아멘.

마침 기도

✚ 그리스도를 통하여 주님의 영광을 저희에게 드러내신 하느님께서는 저희의 삶이 그리스도의 삶을 닮게 하시어, 마침내

얼굴을 맞대고 그분을 뵈올 수 있게 강복하소서.
◎ 아멘.

마침 성가   32 언제나 주님과 함께

89. 새 생명에 감사하는 새 세례자

시작 성가   445 예수님 따르기로

시작 기도
✠ 그리스도 안에서 물과 성령으로 저희를 다시 낳아 주시는 하느님께서 내리시는 은총과 평화가 우리와 함께
◎ 아멘.

성경 말씀
✠ 로마서 6장 3절부터 4절까지의 말씀을 들읍시다.
그리스도 예수님과 하나 되는 세례를 받은 우리가 모두 그분의 죽음과 하나 되는 세례를 받았다는 사실을 여러분은 모릅니까? 과연 우리는 그분의 죽음과 하나 되는 세례를 통하여 그분과 함께 묻혔습니다. 그리하여 그리스도께서 아버지의 영광을 통하여 죽은 이들 가운데에서 되살아나신 것처럼, 우리도 새로운 삶을 살아가게 되었습니다.
✠ 주님의 말씀입니다.

◎ 하느님 감사합니다.

응답 성가   50 주님은 나의 목자

축복 기도

✚ 저희 죄인을 구원하시려고 외아드님을 이 세상에 보내 주신 하느님, 주님의 그 크신 사랑과 은총에 감사드립니다. 주님의 자비와 용서에 힘입어 이 가정의 저희 형제(자매)가 주님의 품으로 찾아들어 물과 성령으로 거듭 태어나게 해 주셨으니 더욱 감사와 찬미를 드립니다.

백 마리 양 가운데서 길 잃은 한 마리를 찾으면 즐거워 어깨에 메고 집에 와서 벗과 이웃을 불러 모으고 기뻐하는 목자처럼 주님의 품에 찾아든 이 형제(자매)를 기뻐해 주소서.

주님 나라의 새 백성으로, 하늘나라를 상속받을 주님의 자녀로 삼으시어 세상의 빛과 소금과 누룩의 사명을 맡을 그리스도 신비체의 지체가 되게 하신 저희 형제(자매) (아무)를 죄악에 물들지 않게 하시고, 목자를 떠나는 일이 없도록 지켜 주시며, 늘 새 생명을 주셨음에 감사드리게 하시며, 주님께서 맡기신 사명을 완수하도록 은총을 주소서.

주님께서는 새로 태어난 저희 형제(자매) (아무)가 사나운 이리 떼에게 끌려가지 않게 하시고, 깊은 골짜기에 빠지지 않게 하소서. 이 어린 양을 진리로 굳건하게 하시어 험한 세상을 이겨 나아가게 하소서. 예수님을 온전히 믿고 그 믿은 바를 올바르게 행하게 하시어, 어떠한 유혹이 와도 흔들림이 없는 굳건한 그리스도인이 되게 해 주소서.

저희의 생명이요 구원이신 우리 주 그리스도를 통하여 어머니 마리아와 함께 기도드리나이다.

◎ 아멘.

마침 기도

✛ 전능하신 하느님께서는 저희에게 인자로이 복을 내리시고 구원에 도움이 되는 슬기를 주소서.

◎ 아멘.

마침 성가   432 주여 날 인도하소서

90. 믿음이 성장해야 할 새 세례자

시작 성가   1 나는 민나이다

시작 기도

✛ 저희를 진리의 길로 부르셔서 거룩해지도록 뽑아 주신 하느님께서는 찬미받으소서.

◎ 이제부터 영원히 받으소서.

성경 말씀

✛ 히브리서 11장 1절부터 2절, 6절의 말씀을 들읍시다.

믿음은 우리가 바라는 것들의 보증이며 보이지 않는 실체들의 확증입니다. 사실 옛사람들은 믿음으로 인정을 받았습니다. 믿음이 없이는 하느님 마음에 들 수 없습니다. 하느님께 나아가는 사람은 그분께서 계시다는 것과 그분께서 당신을 찾는 이들에게 상을 주신다는 것을 믿어야 합니다.
✚ 주님의 말씀입니다.
◎ 하느님 감사합니다.

응답 성가   480 믿음으로

축복 기도
✚ 믿음의 샘이시며 저희의 구원이신 하느님 아버지, 주님께서 뽑으셔서 주님의 새 자녀로 삼으신 저희 형제(자매)의 가정을 방문하여 은총의 시간을 갖게 하시니 참으로 고맙습니다. 수많은 사람들 가운데 이 형제(자매)를, 그리고 그 많은 가정들 가운데 이 가정을 골라 구원의 은총을 베푸셨으니 더욱 굳건한 믿음을 갖게 하셔서 하늘나라의 온전한 백성으로서 조금도 모자람이 없게 하소서.
아브라함의 가정같이 훌륭한 믿음을 주셔서 말씀으로 무장하게 하시어 세상을 이겨 나아가며 주님의 이끄심을 받는 귀한 가정이 되게 하소서.
주님께 희망을 두는 사람들을 지켜 주시는 하느님 아버지, 저희 형제(자매)가 아직은 믿음의 나이테가 적기 때문에 쓰러지거나 넘어지기 쉽고 죄짓기 쉬우니 온갖 악의 세력에서 지켜 주소서. 그리하여 이웃 사람들의 모범이 되며 그리스도의 이름을 영광스럽게 하는 복되고 은혜로운 가정이 되게 하소서. 거룩함과 생명의 샘이신 우리 주 그리스도를 통하여 비나이다.
◎ 아멘.

마침 기도
✠ 동정녀에게서 태어나신 성자를 통하여 구원에 필요한 온갖 좋은 것을 다 주시는 성부께서는 저희에게 강복하소서.
◎ 아멘.

마침 성가　　16 온 세상아 주님을

91. 기도 생활이 필요한 새 세례자

시작 성가　　40 구하시오 받으리라

시작 기도
✠ 자녀들의 기도를 즐겨 들어주시는 하느님께서는 찬미받으소서.
◎ 이제부터 영원히 받으소서.

성경 말씀
✠ 루카 복음 11장 10절부터 13절까지의 말씀을 들읍시다.

누구든지 청하는 이는 받고, 찾는 이는 얻고, 문을 두드리는 이에게는 열릴 것이다. 너희 가운데 어느 아버지가 아들이 생선을 청하는데, 생선 대신에 뱀을 주겠느냐? 달걀을 청하는데 전갈을 주겠느냐? 너희가 악해도 자녀들에게는 좋은 것을 줄 줄 알거든, 하늘에 계신 아버지께서야 당신께 청하는 이들에게 성령을 얼마나 더 잘 주시겠느냐?"

✠ 주님의 말씀입니다.
◎ 그리스도님 찬미합니다.

응답 성가　480 믿음으로

축복 기도

✠ 저희의 기도를 즐겨 들어주시는 하느님 아버지께 감사를 드립니다. 기도는 사람의 간구만이 아니라 하느님께 대한 감사와 찬미이오니 저희가 늘 기도하는 사람이 되게 하소서. 또한 기도는 사람이 하느님께 드리는 예배이면서 대화이오니 늘 기도하는 저희 형제(자매)가 되게 하시어 주님의 말씀을 듣게 하소서.

참 좋으신 하느님 아버지, 그리스도교 신자가 하느님의 은총을 받는 길은 많습니다만 특히 칠성사와 기도와 성경 말씀이 은총의 길인 줄 압니다. 그 가운데서 기도는 숨쉬기와 같으니 저희에게 기도의 능력을 주소서.

이 가정의 저희 형제(자매) (아무)가 처음 시작한 신앙생활이지만 열심히 기도하게 하소서. 사도 바오로처럼 주님 앞에서 겸손하게 무릎을 꿇고 기도하게 하시며, 성군 다윗처럼 아침과 한낮 그리고 저녁에 기도하게 하시어 하느님께 드리는 찬미가 끊어지지 않게 하소서.

그리하여 저희 형제(자매) (아무)가 신앙생활에서 기도가 얼마나 소중하며 은혜로운 것인지를 깨닫게 하시어, 기도하며 주님의 말씀을 듣고, 기도로 거룩하게 되고, 그리스도인의 사명을 완수하는 능력을 받게 하소서.

간구하는 모든 이에게 흘러넘치는 은총으로 응답하시는 우리 주 그리스도를 통하여 비나이다.

◎ 아멘.

마침 기도

✚ 믿음의 먹을거리를 가득히 내려 주시고, 거룩한 일에 한결같이 노력하도록 도와주시는 하느님께서는 저희 형제(자매) (아무)와 저희에게 강복하소서.

◎ 아멘.

마침 성가　　401 주를 찬미하여라

92. 말씀의 깨우침이 필요한 새 세례자

시작 성가　　62 주님의 뜻을 이루소서

시작 기도

✠ 진리의 말씀으로 저희를 가르치시며, 구원의 복음으로 저희를 길러 주시는 하느님께서는 찬미받으소서.

◎ 이제부터 영원히 받으소서.

성경 말씀

✠ 티모테오 2서 3장 15절부터 17절까지의 말씀을 들읍시다.
성경은 그리스도 예수님에 대한 믿음을 통하여 구원을 얻는 지혜를 그대에게 줄 수 있습니다. 성경은 전부 하느님의 영감으로 쓰인 것으로, 가르치고 꾸짖고 바로잡고 의롭게 살도록 교육하는 데에 유익합니다. 그리하여 하느님의 사람이 온갖 선행을 할 능력을 갖춘 유능한 사람이 되게 해 줍니다.

✠ 주님의 말씀입니다.

◎ 하느님 감사합니다.

응답 성가 147 임하소서 성령이여

축복 기도

✠ 말씀으로 우주 만물을 창조하신 하느님 아버지, 주님의 권능과 슬기로 언제나 저희를 지켜 주시고 이끌어 주심에 감사드립니다. 말씀이 사람이 되시어 저희와 함께 계시오니, 저희에게 예수 그리스도를 알게 해 주시고 말씀이신 그리스도를 구세주로 믿게 하소서.

하느님의 말씀이신 성경을 배우며 믿고 그 말씀대로 살게 하소서. 성경은 하느님께서 계신 것을 확실히 계시했을 뿐 아니라, 하느님에 대하여 가장 잘 가르치고 있으니 그 말씀을 늘 받들어 읽고 깨닫게 하소서. 성경의 예언은 그 진리대로 이루어지는 하느님의 말씀임을 믿게 하소서. 하느님의 말씀은 한 마디도 어김없이 그대로 이루어지는 것이오니 그 말씀에 순종하는 마음을 주소서.

저희 믿음의 샘이시며 행동의 표본이 되시는 하느님, 하느님의 말씀은 저희의 믿음과 행위의 표본이 되오니, 그 말씀을 읽고 그 말씀대로 살아 주님의 자녀다운 사람이 되도록 이 가정의 저희 형제(자매) (아무)에게 복을 내려 주소서.

지극히 찬미하올 은총의 하느님, 성경을 읽는 사람마다 큰 감화를 받는다는 것을 저희 형제(자매) (아무)가 알게 하시어 새로 시작한 신앙생활을 성경에서 떼어 놓지 않게 하소서.

안토니오 성인은 부자 청년의 이야기를 듣고 수도자가 되었으며 방탕아 아우구스티노는 로마서 13장 11절부터 14절까지의 말씀을 읽고 회개하여 성인이 되었으니, 이 가정의 (아무)도 성경을 읽고 주님의 사람이 되게 하소서.

하느님의 말씀이신 우리 주 그리스도를 통하여 비나이다.

◎ 아멘.

마침 기도

✚ 주님의 말씀과 성사로 저희를 길러 주시며 구원의 길로 걸어가도록 보살펴 주시는 하느님께서는 저희에게 강복하시어 말씀을 깨닫고 말씀과 더불어 살게 하소서.

◎ 아멘.

마침 성가　401 주를 찬미하여라

93. 예비 신자 가정

시작 성가　403 가난한 자입니다

시작 기도

✚ 십자가로 인류의 구원을 이루신 주 예수 그리스도께서 내리시는 은총과 사랑과 평화가 우리와 함께.

◎ 아멘.

성경 말씀

✚ 요한 복음 3장 16절부터 17절까지의 말씀을 들읍시다.
하느님께서는 세상을 너무나 사랑하신 나머지 외아들을 내주시어, 그를 믿는 사람은 누구나 멸망하지 않고 영원한 생명을 얻게 하셨다. 하느님께서 아들을 세상에 보내신 것은, 세상을 심판하시려는 것이 아니라 세상이 아들을 통하여 구원을 받게 하시려는 것이다.

✚ 주님의 말씀입니다.

◎ 그리스도님 찬미합니다.

응답 성가　　402 세상은 아름다워라

축복 기도

✠ 만백성 가운데서 뽑은 사람을 부르시어 영원한 생명을 주시는 하느님, 이 가정의 (아무)를 주님 앞에 부르시어 구원을 주시려 하시니 끝없는 감사와 찬미를 드립니다.

이제 주님께 부름을 받고 마음의 문을 활짝 열고 두 손을 모으고 주님의 품으로 들어온 (아무)에게 성령의 은총을 가득히 베풀어 주셔서 그 영혼이 새롭게 태어나게 하시고 하느님의 진리를 깊이 깨달아 알게 하소서.

사랑이 그지없으시며 자비가 가득하신 하느님 아버지, 지난날의 삶을 벗어 버리고 주님만을 믿으며 주님께만 의지하고 주님만을 사랑하려는 이 가정의 (아무)가 세례를 받는 그날까지 어떠한 유혹에도 넘어가지 않고 어떠한 괴롭힘에도 굽히지 않으며 어떠한 시련에도 꺾이지 않게 하시어 천사들 앞에서 그들의 부러움을 받으며 새 꽃 한 송이로 피어날 수 있게 강복해 주소서.

모든 이가 구원받기를 바라시는 참 좋으신 하느님 아버지, 이 가정의 모든 가족이 한 사람도 빠짐없이 주님을 맞이하여 구원받고 새사람으로 거듭 태어날 수 있게 이끌어 주소서. 그리하여 이 가정이 주님의 강복으로 생활이 부유해지며 믿음도 날로 자라게 하시고 건강과 슬기도 지켜 주소서.

주님을 믿는 이마다 강복하시는 우리 주 그리스도를 통하여 비나이다.

◎ 아멘.

마침 기도

☩ 전능하신 하느님, 성부와 성자와 성령께서는 저희의 발걸음을 하느님께로 이끄시어 평화와 사랑과 구원의 길을 저희에게 보여 주소서.

◎ 아멘.

마침 성가   445 예수님 따르기로

94. 구원의 확신이 필요한 예비 신자

시작 성가   2 주 하느님 크시도다

시작 기도

☩ 십자가로 인류의 구원을 이루신 주 예수 그리스도께서 내리시는 은총과 사랑과 평화가 우리와 함께.

◎ 아멘.

성경 말씀

☩ 요한 복음 11장 25절부터 27절까지의 말씀을 들읍시다.
그러자 예수님께서 그에게 이르셨다. "나는 부활이요 생명이다. 나를 믿는 사람은 죽더라도 살고, 또 살아서 나를 믿는 모든 사람은 영원히 죽지 않을 것이다. 너는 이것을 믿느냐?" 마르타가 대답하였다. "예, 주님! 저는 주님께서 이 세상에 오시기로 되어 있는 메시아시며 하느님의 아드님이심을 믿습니다."
✠ 주님의 말씀입니다.
◎ 그리스도님 찬미합니다.

응답 성가   421 나는 세상의 빛입니다

축복 기도
✠ 슬기와 지식이 깊으신 하느님, 주님의 판단과 주님의 길은 잴 수도 헤아릴 수도 없습니다.
저희의 마음을 활짝 열어 주시고, 눈을 밝게 하시어 주님의 자비로 구원의 확신을 주소서. 믿음을 더 깊게 하시어 한층 더 주님을 바라보고 주님의 뒤를 따라갈 수 있게 이끌어 주소서. 온 우주에서 주님밖에는 누구도 구원을 줄 수 없음을 이 가정의 (아무)가 굳게 믿게 하소서. 구원은 예수 그리스도를 믿어야 이루어지는 은총이오니 (아무)에게 참다운 믿음을 주소서.
저희의 구원이며 생명이신 주 하느님, 구원을 얻는 믿음은 그리스도께서 말씀하신 그대로 예수 그리스도를 믿고 받아들이는 것이니 그리스도만을 따르는 이가 되게 하소서. (아무)에게 믿음을 온전하게 하시는 주님의 은총을 가득히 내려 주소서. "두렵고 떨리는 마음으로 여러분 자신의 구원을 위하여 힘쓰십시오."(필리 2,12)라고 하셨으니 구원을 위해 늘 힘쓰는 이가 되게 하소서.

저희의 구원을 위해 이 세상에 오셨다가 마침내 십자가의 제물이 되시고 돌아가셨지만 사흘 만에 부활하시어 저희에게 구원의 보증을 주신 우리 주 그리스도를 통하여 비나이다.

◎ 아멘.

마침 기도

✢ 성자의 십자가와 피로 저희를 구원하신 하느님께서는 저희에게 강복하소서.

◎ 아멘.

마침 성가   490 십자가에 가까이 또는 130 예수 부활하셨네

95. 세례식을 앞둔 예비 신자

시작 성가   411 무궁세 우리 주를

시작 기도

✢ 파스카의 신비로 물과 성령으로 저희를 다시 낳아 주시고 주님의 자녀가 되는 새 생명을 주시는 전능하신 하느님께서는 찬미받으소서.

◎ 이제부터 영원히 받으소서.

성경 말씀

✢ 로마서 6장 3절부터 4절까지의 말씀을 들읍시다.

그리스도 예수님과 하나 되는 세례를 받은 우리가 모두 그분의 죽음과 하나 되는 세례를 받았다는 사실을 여러분은 모릅니까? 과연 우리는 그분의 죽음과 하나 되는 세례를 통하여 그분과 함께 묻혔습니다. 그리하여 그리스도께서 아버지의 영광을 통하여 죽은 이들 가운데에서 되살아나신 것처럼, 우리도 새로운 삶을 살아가게 되었습니다.

✢ 주님의 말씀입니다.

◎ 하느님 감사합니다.

응답 성가   61 주 예수와 바꿀 수는 없네

축복 기도

✢ 저희의 생명이요 화해이신 하느님 아버지, 사랑으로 저희를 부르시고 예수 그리스도의 성혈로 저희의 죄를 씻어 주시고, 하느님의 자녀로 새로이 태어나게 해 주신 것에 감사드립니다.

주 예수님께서 십자가에서 죽지 않으셨다면 저희가 어찌 죄악과 죽음의 권세에서 풀려날 수가 있겠으며, 예수님께서 흘리신 거룩한 피가 아니었다면 저희가 어찌 의롭게 될 수가 있겠습니까? 참으로 고맙습니다.

"믿고 세례를 받는 이는 구원을 받고 믿지 않는 자는 단죄를 받을 것이다."(마르 16,16)라고 가르치신 예수님의 말씀에 따라 그동안 꾸준히 교리를 배워 온 이 가정의 (아무)가 이제 세례를 받으려고 합니다. 그러므로 이 형제(자매)의 몸과 마음을 먼저 받으시고 물과 성령으로 새로 나게 하시며, 하늘의 은총을 베푸시어 그리스도의 거룩한 지체가 되고, 주님의 자녀가 되게 해 주소서.

이 형제(자매) (아무)가 예수 그리스도께서 하느님의 아들이심과 죄인의 구세주이심을 믿으며, 구원하실 분은 오직 예수 그리스도뿐이심을 알고 예수님을 믿으며, 예수님께만 의지할 것을 서약하게 하소서.

거룩함과 생명의 샘이신 하느님 아버지, 이 가정의 저희 형제(자매) (아무)가 성령의 은총만을 의지하고 그리스도만을 따르는 주님의 자녀가 되게 하시며, 모든 죄악과 허례허식을 버리고 주 예수 그리스도의 가르침과 본을 따라 살기로 서약하게 하소서. 교회의 다스림에 따르고 교회에 덕을 세우는 일에 힘쓰며, 신자로서의 의무와 권리를 바르게 행사할 것을 서약하게 하소서. 그리하여 이 서약이 영원토록 변하지 않게 하소서.

모든 복의 샘이신 하느님, 이 가정의 형제(자매) (아무)에게 강복하셔서 세례로 그리스도와 함께 죽어서 묻히고, 그리스도께서 아버지의 영광스러운 능력으로 다시 살아나신 것처럼 새 생명으로 다시 살아나게 하시어 다시는 악의 종노릇을 하지 않게 하소서.

자기를 부인하고 예수 그리스도의 십자가 고난에 함께할 수 있는 능력을 주소서. 그리하여 모든 영광을 아버지께 돌리는 믿는 이가 되게 하소서.

주님께 희망을 두는 사람들을 구원하시는 우리 주 그리스도를 통하여 비나이다.
◎ 아멘.

마침 기도
✢ 재생의 세례로 저희가 자비로이 뽑힌 겨레가 되고, 임금의 사제들이 되고, 거룩한 겨레가 되게 하신 성부께서는 저희에게 강복하소서.
◎ 아멘.

마침 성가　　16 온 세상아 주님을

96. 교리 공부가 한창인 예비 신자

시작 성가　　445 예수님 따르기로

시작 기도
✢ 저희의 발걸음을 주님께로 이끄시고 믿음의 먹을거리를 가득히 내려 주시는 성삼께서는 찬미받으소서.
◎ 하느님, 길이 찬미받으소서.

성경 말씀
✢ 마태오 복음 11장 28절부터 30절까지의 말씀을 들읍시다.

"고생하며 무거운 짐을 진 너희는 모두 나에게 오너라. 내가 너희에게 안식을 주겠다. 나는 마음이 온유하고 겸손하니 내 멍에를 메고 나에게 배워라. 그러면 너희가 안식을 얻을 것이다. 정녕 내 멍에는 편하고 내 짐은 가볍다."

✚ 주님의 말씀입니다.

◎ 그리스도님 찬미합니다.

응답 성가   432 주여 날 인도하소서

축복 기도

✚ 거룩함과 생명의 샘이신 하느님 아버지, 허물과 죄악으로 죽어 가는 세상 가운데에서도 이와 같이 귀한 자녀를 불러 주시고, 교리를 배우게 해 주시니 마음을 다하여 감사와 찬미를 드립니다.

주님의 교회로 부르시고 가르치시어 하늘나라의 알곡이 되게 하셔서 이 형제(자매)를 통하여 영광을 받으실 하느님, 지금 한창 교리 공부를 하고 있는 이 형제(자매)의 마음 밭을 기름지게 하시어 믿음의 알곡을 거두게 하소서.

참 좋으신 아버지 하느님, 이 가정의 형제(자매) (아무)가 배우고 있는 교리를 끊어짐이 없이 부지런히 배우고 익혀 확신에 찬 믿음으로 살게 해 주소서. 물과 성령으로 옛 사람은 죽고, 하느님 앞에 새로운 생명으로 거듭 태어남을 체험하게 해 주시며 그리스도의 지체가 되기까지 모든 악과 유혹과 방해에서 지켜 주소서.

그리고 저희 형제(자매)에게 삶에서 첫째 자리가 바로 신앙생활이어야 함을 아는 슬기를 주시어, 배운 대로 믿고 기도하는 가운데 실천하는 그리스도인이 되게 하소서.

모든 사람이 다 구원받기를 바라시는 하느님 아버지, 아직도 어둠과 악의 세력 아래서 헤매는 사람들을 하루빨리 불러 주시고 구해 주소서. 또한 지금 교리 공부에 한창인 이 형제(자매)를 통하여 부모, 형제, 일가친지 그리고 만나는 사람 모두가 빛이신 예수님을 만나게 해 주소서.

저희의 어머니이신 마리아와 함께 우리 주 그리스도를 통하여 비나이다.

◎ 아멘.

마침 기도

✚ 전능하신 하느님께서는 저희에게 인자로이 복을 내리시고 구원에 이로운 슬기와 은총을 내려 주소서.

◎ 아멘.

마침 성가   421 나는 세상의 빛입니다

일반 교우 가정을 위한 기도

봉사자들도 마찬가지로 품위가 있어야 하고, 한 입으로 두말하지 않으며, 술에 빠져서도 안 되고 부정한 이익을 탐내서도 안 됩니다. 그리고 깨끗한 양심으로 믿음의 신비를 간직한 사람이어야 합니다.

(티모 1서 3,8-9)

97. 교회 직원의 가정 1

시작 성가   69 지극히 거룩한 성전

시작 기도

✣ 저희를 사랑하시어 교회에 모아 주시는 성부와 은총을 내리시는 우리 주 예수 그리스도와 일치를 이루시는 성령께서는 찬미받으소서.
◎ 하느님, 길이 찬미받으소서.

성경 말씀

✣ 티모테오 1서 3장 8절부터 9절까지의 말씀을 들읍시다.
봉사자들도 마찬가지로 품위가 있어야 하고, 한 입으로 두말하지 않으며, 술에 빠져서도 안 되고 부정한 이익을 탐내서도 안 됩니다. 그리고 깨끗한 양심으로 믿음의 신비를 간직한 사람이어야 합니다.
✣ 주님의 말씀입니다.
◎ 하느님 감사합니다.

응답 성가   34 길이요 진리요 생명이신 주

축복 기도

✣ 지극히 찬미하올 하느님 아버지, 이 가정의 형제(자매) (아무)에게 교회의 귀한 직분을 맡겨 주셨음에 감사드립니다. 이 귀

한 직분을 맡아 성실하고 충성스럽게 잘 해낼 수 있게 하소서. 참 좋으신 아버지 하느님, 예수님께서 세상 끝 날에 상급을 들고 오셔서 저마다 행한 대로 심판하실 때 잘했다는 칭찬을 듣는 (아무)가 되게 해 주소서.

교회의 궂은일이나 좋은 일이나 무슨 일을 하든지 기쁜 마음으로 하게 해 주소서. 불평하는 일을 멀리하게 해 주시고 누구라도 원망하는 일이 없게 해 주소서. 가시관을 쓰시고 병정들의 채찍을 맞으시면서도 불평 따위는 도무지 입 밖에도 내지 않으셨던 주님을 본받게 하소서.

일을 하다가 때로는 억울하게 누명을 쓰게 되는 일이 생기더라도, 죄도 없으신 예수님께서 십자가 위에서 침 뱉음을 겪으신 것을 생각하며 참고 견딜 수 있게 해 주소서.

안으로는 본당 사제를 예수님 모시듯 하고, 수도자를 존경하며 그가 하는 일을 돕고, 직원들과는 화목하게 하시며, 신자들에게는 미소와 친절로 대하게 하소서. 방문객을 겉모습으로 판단하지 않으며 모두에게 그리스도의 향기를 전할 수 있도록 넘치는 기쁨을 주소서.

세상 논리대로 교회 일을 하지 않고 본당 사제의 지시에 잘 따르며 최선을 다하여 맡은 일을 잘하게 하소서. 교회의 물건들을 아끼고 바로 쓰게 하시며 물질의 유혹에 넘어가지 않도록 굳건한 마음과 참된 마음을 주소서.

모든 일을 사람 앞에서 하듯 하지 말고 하느님 앞에서 하듯 하게 해 주소서. 그러기 위해 늘 기도하고 미사에 참여해서 영성체하는 믿음의 일꾼이 되게 하소서.

우리 주 그리스도를 통하여 교회의 어머니이신 마리아와 함께 기도드리나이다.
◎ 아멘.

마침 기도
✚ 저희에게 크신 사랑을 베푸신 하느님, 성부와 성자와 성령께서는 저희에게 영원한 복을 내려 주소서.
◎ 아멘.

마침 성가　　16 온 세상아 주님을

98. 교회 직원의 가정 2

시작 성가　　69 지극히 거룩한 성전

시작 기도
✚ 주님의 백성을 위하여 놀라운 일을 행하시는 사랑이 끝없으신 하느님께서는 찬미받으소서.
◎ 이제부터 영원히 받으소서.

성경 말씀
✚ 티모테오 2서 2장 20절부터 21절까지의 말씀을 들읍시다.
큰 집에는 금 그릇과 은그릇만이 아니라 나무 그릇과 질그릇도 있어서, 어떤 것은 귀하게 쓰이고 어떤 것은 천하게 쓰입니다. 그러므로 누구든지 이러한 것들에서 자신을 깨끗이 씻어 버리면, 귀하게 쓰이는 그릇, 곧 거룩하게 되어 주인에게 요긴하게 쓰이고 또 온갖 좋은 일에 쓰이도록 갖추어진 그릇이 될 것입니다.

✚ 주님의 말씀입니다.

◎ 하느님 감사합니다.

응답 성가　　34 길이요 진리요 생명이신 주

축복 기도

✚ 이름 없이 교회를 위하여 몸 바치는 많은 신자를 통하여 참된 영광을 받으시는 하느님, 하느님 앞에서 언제나 꾸밈과 거짓이 없는 (아무)를 저희 본당의 일꾼으로 세워 주셨으니 감사합니다.

저희 형제(자매) (아무)가 보이지 않는 하느님을 눈앞에 모시고 섬기듯이 어질러진 성당을 청소할 때마다 형제(자매)의 영혼 성전도 깨끗하게 청소될 수 있다는 믿음을 주소서.

어느 청소부는 지구의 한 모퉁이를 깨끗하게 할 수 있으니 얼마나 자랑스러운 일이냐고 자신 있게 말하기도 했습니다만, (아무)가 하느님의 집 안 구석구석에 쌓인 남이 못 보는 먼지를 털어 낼 때마다 신자들의 마음 구석에 있는 죄의 요소도 함께 털어 주소서.

좋으신 아버지 하느님, 슬픔과 고민거리를 안고 성체 조배를 하러 온 신자들이 (아무)의 손으로 꾸며지고 정리된 성전에 들어와 기도할 때, 모든 근심 걱정이 사라지고 하늘에서 내려오시는 주님의 평화를 맛볼 수 있게 해 주소서.

믿지 않는 사람이 구경을 왔다가도 감동을 받을 수 있는 성당이 되도록 (아무)에게 부지런함과 긍지를 주소서. 그리고 남이 알게 모르게 구석에서 봉사하는 저희 형제(자매)의 땀 흘림이 하늘나라에서의 영원한 상급이 되어 형제(자매)에게 위로가 되게 하소서.

저희 교회의 머리 되시는 우리 주 그리스도를 통하여 비나이다.

◎ 아멘.

마침 기도

✚ 모든 일에서 찬미받으시는 하느님께서는 일마다 그리스도를 통하여 저희에게 복을 내리시어, 모든 것이 저희에게 도움이 되게 하소서.

◎ 아멘.

마침 성가   202 구세주의 성심이여

99. 구역장(반장)의 가정

시작 성가   29 주 예수 따르기로

시작 기도

✢ 저희에게 크신 사랑을 베푸시는 하느님, 성부와 성자와 성령께서는 영원히 찬미받으소서.

◎ 하느님, 길이 찬미받으소서.

성경 말씀

✢ 티모테오 1서 6장 11절부터 12절까지의 말씀을 들읍시다.
하느님의 사람이여, 그대는 이러한 것들을 피하십시오. 그 대신에 의로움과 신심과 믿음과 사랑과 인내와 온유를 추구하십시오. 믿음을 위하여 훌륭히 싸워 영원한 생명을 차지하십시오. 그대는 많은 증인 앞에서 훌륭하게 신앙을 고백하였을 때에 영원한 생명으로 부르심을 받은 것입니다.

✢ 주님의 말씀입니다.

◎ 하느님 감사합니다.

응답 성가   214 주께 드리네

축복 기도

✢ 사랑이신 하느님 아버지, 저희에게 값있고 귀한 책임을 지워주신 하느님께 감사를 드립니다. 바라옵건대 (아무)를 충성스러운 일꾼으로 여기시고 저희 본당의 구역장(반장)이 되게 하셨음에 감사드리면서, 이 형제(자매)가 마음을 다하여 주님께 충성하여 하느님의 교회가 자라고 더욱 새로워지게 해 주소서.

주어진 시간과 환경 속에서 모든 일들을 열심히 하도록 굳건함을 주시고, 얼마만큼 탈렌트를 받았는지에 신경을 쓰기보다는 단 한 탈렌트를 받았다 하더라도 열심히 애쓰는 주님의 일꾼이 될 수 있도록 힘을 주소서.

저희의 힘이시며 사랑의 원천이신 하느님, 저희 형제(자매)가 구역장(반장)의 직분을 온전히 수행하려면 무엇보다도 성령의 도움이 필요합니다. 건강한 두 다리로 집집마다 찾아다닐 수 있도록 힘을 주시고, 오가면서 유익한 것들을 충분히 얻게 해 주소서. 그리고 저희 구역장(반장)의 입술에 위로의 말씀을 주시고, 평화와 은총의 기도에 힘을 더해 주소서.

그러나 무엇보다 저희 형제(자매) (아무) 자신이 먼저 구원의 은총을 잊지 않게 하소서. 날마다 자신을 주님께 온전히 바치게 하시며 순교의 삶을 살게 해 주셔서 모범된 구역장(반장)의 모습을 갖게 하소서.

모든 마음의 임금이며 중심이신 하느님, 저희 형제(자매) (아무)가 맡고 있는 구역(반)의 신자들이 겸손과 일치와 화목 그리고 위로와 사랑으로 살게 하소서. 그리하여 죄로 어둡고 썩어 가고 있는 이 세상에서 빛과 소금과 누룩의 구실을 다하여 하느님 나라의 오심을 준비하게 하소서.

우리 주 그리스도를 통하여 비나이다.

◎ 아멘.

마침 기도

✠ 세상에서는 사랑의 도움을 베푸시고, 하늘나라에서는 행복

의 갚음을 주시는 성삼께서는 저희에게 강복하소서.
◎ 아멘.

마침 성가   401 주를 찬미하여라

100. 신앙생활을 쉬다가 회개한 교우

시작 성가   432 주여 날 인도하소서

시작 기도
✢ 저희를 자녀로 불러 주신 성부와 저희를 형제자매로 받아들이신 성자와 저희를 궁전으로 삼으신 성령께서는 찬미받으소서.
◎ 하느님, 길이 찬미받으소서.

성경 말씀
✢ 루카 복음 15장 8절부터 10절까지의 말씀을 들읍시다.
"또 어떤 부인이 은전 열 닢을 가지고 있었는데 한 닢을 잃으면, 등불을 켜고 집 안을 쓸며 그것을 찾을 때까지 샅샅이 뒤지지 않느냐? 그러다가 그것을 찾으면 친구들과 이웃들을 불러, '나와 함께 기뻐해 주십시오. 잃었던 은전을 찾았습니다.' 하고 말한다. 내가 너희에게 말한다. 이와 같이 회개하는 죄인 한 사람 때문에 하느님의 천사들이 기뻐한다."

✥ 주님의 말씀입니다.
◎ 그리스도님 찬미합니다.

응답 성가   61 주 예수와 바꿀 수는 없네

축복 기도

✥ 전능하시고 자비로우신 주 하느님, 그리스도의 십자가 공로로 저희 형제(자매) (아무)를 구원해 주신 은총에 감사드립니다. 인생의 가파른 언덕과 어쩔 수 없는 어려움 그리고 믿음의 회의 속에서 헤매던 이 가정의 저희 형제(자매) (아무)를 불쌍히 여기시고, 기다려 주신 주님의 자비를 찬미합니다.

인내로 기다리시는 하느님 아버지, "돌아오너라, 돌아오너라." 하며 부르시는 주님의 목소리를 듣습니다. 문밖에 나와 집 떠난 자식을 기다리시는 아버지의 사랑에 진심으로 감사드리오니, 지난날의 잘못들을 용서해 주시고 잊어 주소서.

새 힘을 주시는 하느님 아버지, 신앙생활을 쉬고 헤매다가 주님의 품으로 다시 돌아온 이 가정의 저희 형제(자매) (아무)에게 새 힘을 주시고 새로운 믿음의 능력을 주심에 감사드립니다. 저희의 감사를 받으시고 저희 형제(자매) (아무)가 다시금 주님을 찬미하며 주님의 몸인 교회를 먼저보다 더욱 사랑하게 해 주소서. 그리고 열심히 기도하게 하소서.

저희를 부르시는 하느님 아버지, "일어나 베텔로 올라가 그곳에서 살아라." 하고 야곱을 부르신 것처럼 신앙생활을 쉬고 있던 저희 형제(자매) (아무)를 부르시어 주님을 다시 뵈올

수 있게 하심에 감사드립니다.

저희 형제(자매) (아무)가 세상의 온갖 부귀영화와 명예를 먼지처럼 여기고 회개한 바오로 사도의 귀한 믿음을 본받게 하시며, 더욱 주님을 알고 주님과 함께 새로운 출발을 하게 하소서. 이제는 오직 주님만을 바라보고 기다려 승리하게 하소서. 저희의 평화이신 주 하느님, (아무)의 삶을 지치게 하고 신앙생활을 쉽게 만들었던 것들을 완전히 물러가게 하소서. 폭풍 뒤에 잔잔한 수면을 바라보면 평화로움을 느끼듯 그러한 마음으로 주님을 찬미하게 하소서.

믿음의 샘이신 우리 주 그리스도를 통하여 비나이다.
◎ 아멘.

마침 기도

✚ 전능하신 하느님께서는 저희에게 인자로이 복을 내리시고, 저희의 발걸음을 주님께로 이끄시며, 평화와 사랑의 길을 보여 주소서.
◎ 아멘.

마침 성가   236 사랑하올 어머니

101. 레지오 단원(남) 가정

시작 성가   406 세상에 외치고 싶어

시작 기도

✠ 저희를 어둠 속에서 놀라운 빛의 길로 불러 주신 주님께서는 찬미를 받으소서.

◎ 하느님, 길이 찬미받으소서.

성경 말씀

✠ 티모테오 2서 4장 2절부터 5절까지의 말씀을 들읍시다.

말씀을 선포하십시오. 기회가 좋든지 나쁘든지 꾸준히 계속하십시오. 끈기를 다하여 사람들을 가르치면서, 타이르고 꾸짖고 격려하십시오. 사람들이 건전한 가르침을 더 이상 받아들이려고 하지 않을 때가 올 것입니다. 호기심에 가득 찬 그들은 자기들의 욕망에 따라 교사들을 모아들일 것입니다. 그리고 진리에는 더 이상 귀를 기울이지 않고 신화 쪽으로 돌아설 것입니다. 그러나 그대는 어떠한 경우에도 정신을 차리고 고난을 견디어 내며, 복음 선포자의 일을 하고 그대의 직무를 완수하십시오.

✠ 주님의 말씀입니다.

◎ 하느님 감사합니다.

응답 성가   19 주를 따르리

축복 기도

✠ 사랑과 은총이 그지없으신 하느님 아버지, 이 시간, (아무) 단원의 가정에서 기도할 수 있도록 귀한 은총을 베풀어 주심

에 감사와 영광을 드립니다.

저희 형제 (아무) 단원을 비롯하여 저희 레지오 단원들이 앞장서서 교회를 이끌어 가야 할 사명자가 되도록 이 시간 깨우침을 주소서.

주님께서 이스라엘 백성을 이끄시려고 가시덤불 불꽃 가운데서 모세에게 나타나셨듯이 저희 레지오 단원 한 사람 한 사람에게도 "모세야, 모세야." 하고 그렇게 불러 주소서. 그래서 발에서 신을 벗은 모세처럼 저희도 묵은 생각과 게으름을 벗고 하느님 아버지의 부름에 응답하게 하소서.

지극히 찬미하올 하느님 아버지, 시대적인 상황 속에서 저희에게 이사야 예언자와 같은 사명감을 주시기를 빕니다. "내가 누구를 보낼까? 누가 우리를 위하여 가리오?" 할 때에 이사야처럼 "제가 있지 않습니까? 저를 보내십시오." 하고 힘차게 나설 수 있게 해 주소서. 이사야 예언자의 입술을 숯불로 태웠듯이 이 시간 저희 형제의 마음과 생각을 깨끗하고 거룩하게 해 주소서.

좋으신 하느님 아버지, 이 가정의 (아무) 단원이 이 세상에 있는 그 누구 그 무엇보다도 주님을 더 사랑한다고 고백할 수 있게 해 주소서. 베드로의 고백을 들으신 뒤 "내 양들을 돌보아라." 하시면서 임무를 맡기셨듯이, 주님께 대한 저희 형제의 불같은 믿음을 보시고, 이 나라와 이 사회 속에 하느님 나라를 선포하는 복음화 사업에 앞장서는 일꾼으로 강복해 주소서. 그리고 "나에게 힘을 주시는 분 안에서 나는 모든 것을 할 수 있습니다."라고 한 바오로 사도의 믿음을 저희 형제에게 주소서. 그리하여 바오로 사도처럼 감사하고 확신하며 주님을 위해 모든 어려움을 이겨 내고 승리로 이끌 수 있는 성모님의 군사가 되게 하소서.

천상 은총의 어머니이신 마리아님, 이 가정의 형제와 본당의 모든 레지오 단원에게 사랑의 은총을 전구해 주소서. 사랑이 아니고는 주님과 어머님께 영광을 드리는 활동을 할 수 없습니다.

믿지 않는 수많은 사람들을 불쌍히 여기는 사랑의 은총을 주셔서 그들에게 복음을 전하는 일을 소중히 여겨 실천하게 해 주시고, 쉬고 있는 신자들과 열심이 식은 신자들을 회개시켜 외아드님의 성심께서 받으신 상처와 능욕을 기워 갚을 수 있도록 해 주소서.

특별히 바라는 바는 저희 형제 단원이 어머니를 본받아 주님의 영광을 위해 온전히 순명하고 겸손하며 참고 희생할 줄 알게 해 주소서. 그리고 건강한 몸과 마음을 주셔서 힘차게 활동과 기도를 하여 뒷날 성모님의 칭찬을 받으며 후한 천상 상급을 받게 하소서.

저희 레지오의 모후이신 마리아와 함께 믿음의 샘이신 우리 주 그리스도를 통하여 비나이다.

◎ 아멘.

마침 기도

✚ 그리스도 안에서 주님의 진리와 사랑을 보여 주신 하느님께서는 이 형제와 저희를 복음의 전파자가 되게 하시고, 주님

사랑의 증인이 되게 하소서.
◎ 아멘.

마침 성가　레지오 단가

102. 레지오 단원(여) 가정

시작 성가　406 세상에 외치고 싶어

시작 기도
✚ 저희를 어둠 속에서 놀라운 빛의 길로 불러 주신 주님께서는 찬미를 받으소서.
◎ 하느님, 길이 찬미받으소서.

성경 말씀
✚ 루카 복음 12장 8절부터 9절까지의 말씀을 들읍시다.
"내가 너희에게 말한다. 누구든지 사람들 앞에서 나를 안다고 증언하면, 사람의 아들도 하느님의 천사들 앞에서 그를 안다고 증언할 것이다. 그러나 사람들 앞에서 나를 모른다고 하는 자는, 사람의 아들도 하느님의 천사들 앞에서 그를 모른다고 할 것이다."
✚ 주님의 말씀입니다.

◎ 그리스도님 찬미합니다.

응답 성가 19 주를 따르리

축복 기도

✚ 어제나 오늘이나 영원토록 같으신 하느님 아버지, 뽑히어 부름을 받아 성모님의 군사가 된 저희가 헌신하는 마음으로 이 기도를 드립니다. 예수님께서 십자가에 못 박히신 골고타까지 따라가며 사랑하고 섬겼던 여성들처럼 저희 본당의 자매 레지오 단원들도 마음과 뜻과 정성을 다하여 주님께 영광을 드릴 수 있도록 해 주심에 감사드립니다.

모든 이를 한결같이 사랑해 주시는 하느님 아버지, 마음과 뜻과 정성을 다한 레지오의 출석과 기도 그리고 활동으로 마리아와 같은 헌신적인 성모의 군사가 되게 해 주소서.

마리아는 여인에게 가장 소중하고 비싼 향기름을 주님의 발에 부어 그 향기가 온 집에 가득 차게 하였습니다. 이 가정의 (아무) 단원을 비롯한 저희 본당의 모든 자매 단원도 주님을 위해서라면 무엇이든지 희생하고 봉사할 수 있게 해 주소서. 저희 단원들이 있는 곳마다 또 가는 곳마다 예수님의 향기를 전할 수 있게 되기를 바라옵니다. 가정 안에서도 늘 예수님의 향기를 가득 채울 수 있기를 바라며, 이웃이나 교회 안에서도 소리 없는 봉사로 주님의 향기를 드러내기를 바라옵니다. 사랑의 향기, 온유의 향기, 인내의 향기를 부어 주소서. 저희의 기도를 즐겨 들어주시는 하느님 아버지, 이 가정의

(아무) 단원을 비롯한 본당의 모든 레지오 단원이 열심히 기도하게 해 주소서. 한나와 같은 기도의 능력을 주시어 모든 일을 이루게 해 주소서. 활동하다 때때로 시험이 올 때는 드보라같이 슬기와 용기로 이기게 해 주소서.

순종과 겸손을 모든 제물 가운데 으뜸으로 여기시는 하느님, 저희 레지오 단원들의 손길이 미치는 곳마다 기쁨이 샘솟게 하소서. 주님께서 "작은 일에 성실하라."고 말씀하신 대로 저희 단원은 그대로 따르고자 합니다. "순종이 제사보다 낫다."는 말씀을 늘 교회 생활에서 실천하여, 소리 없는 봉사로 아름다운 열매를 맺게 해 주소서.

사랑이 넘쳐흐르는 주 하느님, 특별히 이 가정의 (아무) 단원이 가정에서 맡은 바 일을 충실히 잘하게 해 주시고, (사랑의 아내, 사랑의 어머니)로 강복해 주소서. 그리고 이웃 사랑에도 모자람이 없는 은총을 내려 주시며, 건강한 몸과 마음을 주셔서 성모님의 군사답게 기도와 활동을 힘차게 하여 뒷날 성모님의 칭찬을 받는 가운데 후한 상급을 받게 하소서.

저희 레지오의 모후이신 마리아와 함께 믿음의 샘이신 우리 주 그리스도를 통하여 비나이다.

◎ 아멘.

마침 기도

✚ 그리스도 안에서 주님의 진리와 사랑을 보여 주신 하느님께서는 이 자매와 저희를 복음의 전파자가 되게 하시고, 주님 사랑의 증인이 되게 하소서.

◎ 아멘.

마침 성가   레지오 단가

103. 맞벌이 부부 가정

시작 성가   249 지극히 거룩한 동정녀

시작 기도
✚ 사람들이 일을 하도록 섭리하신 하느님을 소리 맞추어 찬미합시다.
◎ 하느님, 길이 찬미받으소서.

성경 말씀
✚ 테살로니카 2서 3장 10절부터 12절까지의 말씀을 들읍시다.
사실 우리는 여러분 곁에 있을 때, 일하기 싫어하는 자는 먹지도 말라고 거듭 지시하였습니다. 그런데 듣자 하니, 여러분 가운데에 무질서하게 살아가면서 일은 하지 않고 남의 일에 참견만 하는 자들이 있다고 합니다. 그러한 사람들에게 우리는 주 예수 그리스도의 이름으로 지시하고 권고합니다. 묵묵히 일하여 자기 양식을 벌어먹도록 하십시오.
✚ 주님의 말씀입니다.
◎ 하느님 감사합니다.

응답 성가　　401 주를 찬미하여라

축복 기도

✚ 한 남자와 한 여자를 창조하시어 가정의 기초를 삼으신 하느님, 이 땅에 저희를 태어나게 하시고 가정을 이루어 복된 삶을 살게 하시니 감사합니다. 또한 이 가정의 부부를 사랑하셔서 서로 도와 가정을 이룰 수 있는 기회와 건강과 재능을 주심에 감사드립니다.

'서로 하나 되어라.' 하신 하느님 아버지, 아내는 남편의 뼈 가운데 뼈요, 살 가운데 살이라고 하셨으니, 이 가정의 남편과 아내가 함께 수고하고 함께 동고동락해야 하는 인생의 반려자임을 늘 마음에 새기게 하소서. 아내는 남편을 존경함으로 힘을 합치고 따르며 사랑하여 주님의 뜻을 이루어 나아가게 하시고, 남편은 아내를 더욱 사랑하되 그리스도께서 교회를 위하여 자신을 내어 주신 것처럼 진심으로 사랑하게 하소서. 그리하여 서로 돕고 힘을 합쳐 사랑이 넘치는 가정이 되게 하소서.

협력자로서 갈등이 생겨나지 않게 하시며, 갈등이 생길지라도 사랑으로 이해하고 모든 허물을 사랑으로 덮게 하소서. 서로를 어여삐 여기며 사랑하여 자녀에게 존경받는 어버이가 되게 하시고 아름다운 가정을 이루게 하소서.

참 좋으신 하느님 아버지, 이 가정의 부부가 협력하여 더욱더 넉넉한 가정, 살기 좋은 보금자리를 만들려고 수고하고 있습니다만 이것만을 삶의 최고 목표로 삼지 않게 하소서. 이 부부가 물질과 평안만을 탐하게 해서 마침내는 주님마저 멀리하고 믿음마저 버리는 나쁜 일이 생기지 않도록 해 주소서. 그리고 직장에서도 부드러운 관계를 이루어 가게 하시고, 맡은 일을 성실히 수행하며 하느님의 사람으로서 모자랄 것이 없는 슬기와 총명을 주소서. 하루의 일과가 끝난 저녁 시간에 부부가 한자리에 있을 때에는 서로가 기쁨이 되고 위안이 되게 하소서.

사랑 자체이신 우리 주 그리스도를 통하여 비나이다.
◎ 아멘.

마침 기도
✚ 저희에게 크신 사랑을 베푸신 하느님, 성부와 성자와 성령께서는 저희에게 영원한 복을 내려 주소서.
◎ 아멘.

마침 성가　　50 야훼는 나의 목자

104. 먼 거리에서 다니는 교우

시작 성가　　4 찬양하라

시작 기도
✚ 우리의 도움은 주님의 이름에 있으니.

◎ 하늘과 땅을 만드신 분이시로다.

성경 말씀

✚ 코린토 2서 4장 17절부터 18절까지의 말씀을 들읍시다.
우리가 지금 겪는 일시적이고 가벼운 환난이 그지없이 크고 영원한 영광을 우리에게 마련해 줍니다. 보이는 것이 아니라 보이지 않는 것을 우리가 바라보기 때문입니다. 보이는 것은 잠시뿐이지만 보이지 않는 것은 영원합니다.
✚ 주님의 말씀입니다.
◎ 하느님 감사합니다.

응답 성가   445 예수님 따르기로

축복 기도

✚ 주님의 말씀을 그리워하는 이마다 영원한 생명과 복을 주시겠다고 약속하신 하느님 아버지, 본당에서 멀리 떨어져 있어 신앙생활에 어려움이 많지만 하느님의 백성으로서 그리고 자녀로서 아버지께 영광을 드리려고 땀 흘리는 저희 형제(자매) (아무)의 가정에서 이렇게 귀한 시간을 갖게 하시니 감사합니다. 주님 안에 참생명이 있고 평안이 있으며 영원한 안식이 있음을 알고, 비록 본당에서 먼 거리에 있지만 어려움을 무릅쓰고 주님께 나오는 저희 형제(자매)이오니 기쁘게 받아 주소서. 주님께 나올 때마다 참평안과 만족으로 가득 채워 주시며 말씀을 잘 깨닫게 하시고 구원의 주님을 만나며 기쁨으

로 되돌아가게 하소서.

사랑과 자비가 그지없으신 하느님 아버지, 사랑하는 형제(자매)가 주님께 나와 간구할 때마다 하늘의 문을 여시고 그 간구와 소원을 들어 응답해 주소서. 주님을 향하여 먼 길을 마다하지 않고 다니는 발걸음이 헛되지 않게 하소서. 축복된 발걸음에 향기가 퍼지어 주님의 옥좌를 움직이는 발걸음이 되게 하소서.

은총이 가득하신 하느님 아버지, 이 가정의 형제(자매) (아무)가 주님을 더욱더 사랑하며 주님의 발자취를 따르게 하소서. 주님의 일이라면 자신을 내세우지 않고, 주님께서 이 형제(자매)에게 지워 주신 십자가를 짊어지고 묵묵히 주님의 뒤를 따르며 주님의 사랑을 깨닫게 하소서.

특별히 이 형제(자매)를 위하여 간구하오니 사흘이나 걸리는 먼 길을 가서 제사를 드린 아브라함의 믿음(창세 22,1 이하 참조)을 본받아 오가는 길에 피곤하지 않게 하시고 게으른 마음이 조금도 없게 하소서.

주님께 희망을 두는 사람들을 구원하시는 우리 주 그리스도를 통하여 비나이다.

◎ 아멘.

마침 기도

✚ 저희의 발걸음을 주님께 이끄시고 평화와 사랑의 길을 저희에게 보여 주시는 성삼께서는 이 형제(자매)와 저희에게 강복하소서.

◎ 아멘.

마침 성가　31 이 크신 모든 은혜

105. 비신자 어버이를 모신 가정

시작 성가　27 이 세상 덧없이

시작 기도
✚ 의롭고 경건한 노인이었던 시므온의 두 팔에 안기시어 주님의 구원을 보여 주셨던 우리 주 예수님께서는 찬미받으소서.
◎ 하느님, 길이 찬미받으소서.

성경 말씀
✚ 잠언 23장 22절부터 25절까지의 말씀을 들읍시다.
　너를 낳은 아버지에게 순종하고 어머니가 늙었다고 업신여기지 마라. 진실을 구하되 팔아넘기지 마라. 지혜와 교훈과 예지도 그리하여라. 의로운 이의 아버지는 몹시 즐거워하고 지혜로운 이를 낳은 아버지는 기뻐한다. 너의 아버지와 어머니가 기뻐하고 너를 낳은 여인이 즐거워하게 하여라.
✚ 주님의 말씀입니다.
◎ 하느님 감사합니다.

응답 성가   68 기쁨과 평화 넘치는 곳

축복 기도

✚ 자비가 그지없으신 사랑의 하느님 아버지, 오늘 이 시간, 사랑하는 (아무)의 가정을 위하여 기도하게 하시니 감사와 찬미를 드립니다. 이 가정을 믿음으로 붙잡아 주시고 이끌어 주시며 일치를 이루게 해 주시기를 바랍니다.

이 가정의 어버이가 아직 주님 앞에 나오지 못하고 있는 것을 주님께서 아시오니 (아무)의 기도에 응답하셔서 그들이 하루빨리 복음을 받아들이게 하소서. 주님께서 이 가정의 어버이와 함께하셔서 마음이 성령으로 열리며 모든 불신과 편견과 아집을 버리고 온전히 당신의 품에 안기게 하소서.

참 좋으신 하느님 아버지, 이 가정의 어버이에게 건강의 은총도 내려 주셔서 육신의 질병으로 고통을 겪지 않으며 영적으로도 알찬 삶을 살게 하소서.

어버이를 위하여 눈물 흘리며 진실로 (온 가족이) 간구할 때 분명 들어 응답해 주실 것을 굳게 믿으오니, 이 가정의 가족들이 기도하면서 주님께서 역사하심을 믿게 하소서. 이 가정이 하는 모든 일과 계획하는 것들을 주님께서 섭리하시고 이루어 주소서. 그리하여 더욱 풍성한 삶으로 이끌어 주소서.

저희의 희망이요 사랑이신 우리 주 그리스도를 통하여 비나이다.

◎ 아멘.

마침 기도

✚ 늘그막에 이르기까지 아무도 버리지 않으시고 노인들인 자녀들도 아버지같이 돌봐 주시는 전능하신 하느님께서는 이 가정의 어버이와 저희에게 복을 내리시어 길이 머물게 하소서.

◎ 아멘.

마침 성가   211 주여 나의 몸과 맘

106. 성가대원의 가정

시작 성가   15 주님을 찬미하라

시작 기도

✚ 우리의 도움은 주님의 이름에 있으니.
◎ 하늘과 땅을 만드신 분이시로다.

성경 말씀

✚ 에페소서 5장 19절부터 20절까지의 말씀을 들읍시다.
시편과 찬미가와 영가로 서로 화답하고, 마음으로 주님께 노래하며 그분을 찬양하십시오. 그러면서 모든 일에 언제나 우리 주 예수 그리스도의 이름으로 하느님 아버지께 감사를 드리십시오.

✚ 주님의 말씀입니다.

◎ 하느님 감사합니다.

응답 성가   401 주를 찬미하여라

축복 기도

✥ 영광이 그지없으신 하느님 아버지, 저희에게 숨쉬기와 찬미의 능력을 주신 하느님께 감사를 드립니다. 그리고 무엇을 말하고 무엇을 노래해야 할지 모르던 저희에게 찬미의 복을 주심에 감사드립니다. 찬미를 받으시기에 마땅하신 하느님, 어떤 처지에서도 끝없이 찬미하기를 바랍니다.

이 가정의 저희 형제(자매) (아무)의 입술이 주님을 찬미하게 되었다는 감격 앞에, 늘 찬미의 삶을 살기를 저희는 바랍니다. 이 일을 위하여 주님께서 저희 형제(자매) (아무)에게 힘을 주소서. 아름다운 목소리, 쉼 없는 열심, 그리고 이 모든 것 위에 구원에 대한 끝없는 감격을 주소서. 세상 모든 사람이 찬미를 잃은 삶을 산다고 할지라도 이 가정의 저희 형제(자매) (아무)의 평생은 오직 구원의 주님을 찬미하며 살 수 있도록 힘을 주소서.

오늘도 저희의 입술과 목소리를 통하여 영광을 받으시는 하느님, 찬미하는 이로서 (아무)의 입술이 아름다운 열매를 맺게 되기를 바랍니다. 순간순간 삶에서 더러운 샘물을 만들어내는 입술이 되지 않기를 바랍니다. 오직 기쁨을 노래하며, 받은 은총을 즐거워하는 찬미의 샘물이고자 합니다.

(비록 아름다운 목소리는 갖지 못했다고 본인이 말할지라도)

몸짓으로 찬미하며, 숨쉬기로 찬미하는 형제(자매)의 마음을 주님께서 아시오니 그의 찬미로 영광을 받으소서. 그러므로 (아무)가 가진 찬미의 힘도, 입술의 힘도 오직 하느님을 향한 열심으로 채워 주소서.

길이 찬미를 받으시기에 마땅하신 주 하느님, 저희 입술의 찬미와 마음의 묵상을 주님께서 기뻐 받으시며 하느님을 영화롭게 하는 즐거운 신앙생활이 되게 하소서. 그리고 어떠한 어려움의 비바람이 불어와도 주님께서 함께하심을 믿으며 찬미할 수 있는 성령의 은총을 주소서.

지극히 찬미하올 우리 주 그리스도를 통하여 비나이다.

◎ 아멘.

마침 기도

✚ 온갖 찬미를 받으시기에 마땅하신 하느님께서는 이 가정의 형제(자매) (아무)와 저희에게 복을 내리시고, 지금 저희가 입과 마음과 삶으로 주님을 찬미하오니, 마침내 하늘나라에서 새로운 노래를 영원히 부를 수 있게 하소서.

◎ 아멘.

마침 성가   5 찬미의 기도

107. 신자 어버이를 모신 가정

시작 성가   34 길이요 진리요 생명이신 주

시작 기도

✚ 노인들에게 주님의 복을 내리시어, 늘 인자로이 도와주시는 하느님께서는 찬미받으소서.
◎ 이제부터 영원히 받으소서.

성경 말씀

✚ 지혜서 4장 8절부터 9절까지의 말씀을 들읍시다.
 영예로운 나이는 장수로 결정되지 않고 살아온 햇수로 셈해지지 않는다. 사람에게는 예지가 곧 백발이고 티 없는 삶이 곧 원숙한 노년이다.
✚ 주님의 말씀입니다.
◎ 하느님 감사합니다.

응답 성가   54 주님은 나의 목자

축복 기도

✚ 하늘에 계신 하느님 아버지, 주님께서 뽑으신 저희 형제(자매)의 집을 방문하여 주님께 영광을 돌리며 기도드리게 하신 은총에 참으로 감사드립니다.
 육신의 어버이를 잘 섬기고 있는 이 가정을 은총으로 붙들

어 주시고, 영의 어버이이신 하느님도 경건하게 섬기고 있으니, 믿음 위에 믿음을 더하시고 복 위에 복을 더하여 주소서.
사랑이 가득하신 하느님 아버지, 순종하고 효도하는 자녀를 둔 어버이에게는 기쁨이 가득하다고 하셨는데, 이 가정의 자녀들은 어버이를 사랑과 봉사로 봉양하며, 주님 말씀을 따라 어버이의 말씀에 순종하는 자녀가 되게 하시니 감사합니다. 이 가정의 저희 형제(자매)가 낳아 기른 자녀도 어버이의 효도하는 본을 받아, 어버이에게 순종하고 효성을 다하게 하소서.
자비가 그지없으신 하느님 아버지, 요셉이 어려운 가운데서도 어버이를 잘 받든 것같이 이 가정도 어버이를 환난이나 슬픔 중에도 잘 돌보아 드리게 하소서. 특별히 이 가정의 어버이에게 강복하셔서 건강을 지켜 주시며, 더욱 뜨겁게 하느님을 섬길 수 있는 믿음을 더해 주소서.
(어버이를 통하여 이 가정에 귀한 복음의 씨앗이 심어졌으니 자녀들이 복음을 소중하게 가꾸어 훌륭한 믿음의 열매를 맺도록 이끌어 주소서.) 이 가정의 어버이가 말년을 잘 마무리할 수 있게 도우시며 건강하도록 지켜 주소서. 하느님의 사랑이 넘치는 경건한 신앙생활로 몸과 마음이 굳세어지게 하소서. 성 가정에서 마리아와 요셉에게 순종하시며 효성을 다하신 우리 주 그리스도를 통하여 비나이다.

◎ 아멘.

마침 기도

✚ 전능하신 하느님, 성부와 성자와 성령께서는 이 가정의 어버

이와 저희에게 강복하시고 모든 악에서 지켜 주시며 영원한 생명으로 이끌어 주소서.

◎ 아멘.

마침 성가   113 성 요셉과 성 마리아

108. 신체장애자

시작 성가   50 야훼는 나의 목자

시작 기도
✠ 우리의 도움은 주님의 이름에 있으니.
◎ 하늘과 땅을 만드신 분이시로다.

성경 말씀
✠ 마태오 복음 15장 29절부터 31절까지의 말씀을 들읍시다.
예수님께서는 거기에서 갈릴래아 호숫가로 옮겨 가셨다. 그리고 산에 오르시어 거기에 자리를 잡고 앉으셨다. 그러자 많은 군중이 다리 저는 이들과 눈먼 이들과 다른 불구자들과 말 못하는 이들, 그리고 또 다른 많은 이들을 데리고 예수님께 다가왔다. 그들을 그분 발치에 데려다 놓자 예수님께서는 그들을 고쳐 주셨다. 그리하여 말 못하는 이들이 말을 하고 불구자들이 온전해지고 다리 저는 이들이 제대로 걸으며 눈먼 이들이 보게 되자, 군중이 이를 보고 놀라 이스라엘의 하느님을 찬양하였다.
✠ 주님의 말씀입니다.
◎ 그리스도님 찬미합니다.

응답 성가   55 착하신 목자

축복 기도
✠ 은총과 사랑을 베풀어 주시기를 기뻐하시는 하느님 아버지, 이 세상에서 비록 육체적인 장애로 어렵게 살고 있지만, 하느님께서는 그들을 자비의 손으로 붙들어 주시어 은총의 깊은 체험 속에서 힘과 희망을 얻게 하소서.
모든 위로의 샘이신 하느님 아버지, 예수님께서는, 나면서부터 눈먼 사람에게도 그가 눈먼 이가 된 것은 그를 통하여 하느님께 영광을 드리기 위함이라고 하셨습니다. 이 땅에서 살아가는 데 몸에 불편을 느끼는 모든 사람에게 이 같은 희망적인 생각을 갖게 해 주시기를 간절히 바랍니다.
그리하여 절망하지 않게 하시고, 자신의 삶에도 목적이 있고 뜻이 있음을 알게 해 주소서. 그리고 육신의 눈이 어둡기에 오히려 하느님 나라의 영광을 밝히 보게 하시고, 육신의 귀가 들리지 않기에 오히려 주님의 부드러운 목소리를 듣게 하시며, 육신이 부자유하기에 오히려 죄악에서 자유로움을 얻는 복을 누리게 하소서.
건강한 마음을 복으로 내려 주신 하느님 아버지, 주님만이 저희의 모든 것이 되심을 굳게 믿으며, 믿음으로 살게 하소서.
세상에는 온몸이 건강해도 그것이 얼마나 귀하고 감사한지를 모르고 살아가는 사람들이 있습니다. 눈이 있어도 소경이오, 발이 있어도 절름발이로 비뚤어진 인생길을 걸어갑니다. 그러나 이 가정의 (아무)는 마음의 눈은 밝고 마음의 다리는 튼튼하니 주님의 은총이 얼마나 큰지 감사드릴 뿐입니다.
주님께서 이 가정의 형제(자매) (아무)의 생애에 등불이 되어 주시고, 튼튼한 지팡이가 되어 주시며, 생활할 때 자유로운 손발이 되어 주소서.
사랑과 자비가 그지없으신 우리 주 그리스도를 통하여 비나이다.

◎ 아멘.

마침 기도

✣ 사람들을 축복해 주시고 모든 병자를 낫게 하시며 두루 다니시던 주 예수님께서는 저희의 건강을 지켜 주시며 저희에게 주님의 복을 내려 주소서.

◎ 아멘.

마침 성가   61 주 예수와 바꿀 수는 없네

109. 이민 가는 가정

시작 성가 35 나는 포도나무요

시작 기도
✥ 주님께서는 주님의 얼굴을 저희에게 돌리시어 저희의 발걸음을 평화의 길로 이끌어 주시니 찬미받으소서.
◎ 하느님, 길이 찬미받으소서.

성경 말씀
✥ 창세기 12장 1절부터 3절까지의 말씀을 들읍시다.
주님께서 아브람에게 말씀하셨다. "네 고향과 친족과 아버지의 집을 떠나, 내가 너에게 보여 줄 땅으로 가거라. 나는 너를 큰 민족이 되게 하고, 너에게 복을 내리며, 너의 이름을 떨치게 하겠다. 그리하여 너는 복이 될 것이다. 너에게 축복하는 이들에게는 내가 복을 내리고, 너를 저주하는 자에게는 내가 저주를 내리겠다. 세상의 모든 종족들이 너를 통하여 복을 받을 것이다."
✥ 주님의 말씀입니다.
◎ 하느님 감사합니다.

응답 성가 33 우리 주 예수 그리스도

축복 기도

✠ 백성과 늘 함께하시는 하느님 아버지, 초막이든 궁궐이든 주님을 모신 그곳이 바로 하늘나라임을 믿고 감사드립니다.

이제 사랑하는 조국을 떠나 멀리 다른 나라로 이민 가는 이 가정을 지켜 주소서. 아브라함이 하느님의 말씀에 순종하여 고향과 아비의 집과 친척들을 두고 떠난 것처럼, 조국을 떠나는 이 가정과 함께하시며 아브라함의 하느님께서 이 가정을 이끌어 주소서.

믿음의 샘이신 주 하느님, 아브라함이 하느님의 말씀에 순종하며, 주님만을 믿는 굳건한 믿음으로 믿음의 조상이라 일컬음을 받은 것처럼, 이 가정도 굳건한 믿음으로 아브라함이 받은 복을 받게 하소서.

이스라엘 백성을 광야에서 40년 동안 구름 기둥과 불기둥으로 지켜 주시고 이끌어 주셨던 주님께서 낯설고 물설며 말과 풍습이 다른 곳에서 이민 생활을 하는 동안 이 가정의 사람들을 지켜 주소서.

만나와 메추리로 배불리 먹여 주셨던 것처럼 이 가정에 육신의 먹을거리가 마르지 않게 하시며, 영의 먹을거리도 가득하게 하소서. 이들을 이끄셔서 푸른 풀밭 잔잔한 물가에서 쉬게 하소서.

사랑이 넘쳐흐르는 하느님 아버지, 믿음 위에 믿음을 주시어 아브라함의 믿음을 본받게 하시고 어떠한 어려움을 겪더라도 주님만을 바라보게 하시며, 주님께만 희망을 두게 하소서. 그리고 주님께서 이들을 눈동자와 같이 지켜 주소서.

위로의 하느님 아버지, (아무)의 가족이 이제 먼 나라를 향해 내딛는 발걸음을 축복하시고, 고향을 그리워하는 마음으로 눈물이 난다 할지라도 하늘나라 본향을 생각하며 모든 시름과 서러움을 이겨 내게 하소서. 다른 나라 사람들과도 주님의 자녀 됨을 위해서 좋은 사귐으로 맺어지게 하소서.
언제나 어디서나 늘 저희와 함께 계시고 다스리시는 우리 주 그리스도를 통하여 비나이다.
◎ 아멘.

마침 기도
✚ 하늘나라를 향한 지상의 나그넷길에서 저희를 늘 지켜 주시는 하느님께서는 이 형제(자매)의 가정을 언제나 지켜 주시며, 저희에게 강복하시어 굳은 믿음을 주소서.
◎ 아멘.

마침 성가   55 착하신 목자

110. 일시 출국하는 교우

시작 성가   54 주님은 나의 목자

시작 기도
✚ 우리의 희망과 위로이신 성부, 평화의 기쁨이신 성령께서 우

리와 함께.
◎ 아멘.

성경 말씀

✣ 시편 121편 4절부터 8절까지의 말씀을 들읍시다.
 보라, 이스라엘을 지키시는 분께서는 졸지도 않으시고 잠들지도 않으신다. 주님은 너를 지키시는 분 주님은 너의 그늘네 오른쪽에 계시다. 낮에는 해도, 밤에는 달도 너를 해치지 않으리라. 주님께서 모든 악에서 너를 지키시고 네 생명을 지키신다. 나가나 들거나 주님께서 너를 지키신다, 이제부터 영원까지.
✣ 주님의 말씀입니다.
◎ 하느님 감사합니다.

응답 성가   205 사랑의 성심

축복 기도

✣ 아브라함의 하느님, 이사악의 하느님, 야곱의 하느님, 하느님의 선하신 뜻대로 자녀들을 부르시고 강복해 주시는 주님의 은총에 감사드립니다. 이번에 사랑하는 형제(자매)가 출국을 하게 되어 주님 앞에 함께 기도하며 앞길을 주님께 의지하게 하시니 감사합니다.
 함께 가 주실 것을 약속해 주신 하느님, 출국하는 저희 형제(자매) (아무)의 앞길을 이끌어 주시며 돌아오는 그 순간까지

전능하신 주님께서 함께해 주소서. 외로울 때 위로가 되어 주시며, 두려울 때 새로운 힘과 용기를 북돋아 주소서. 사랑하는 형제(자매)가 다른 나라에서도 하느님을 굳게 의지하면서 믿음으로 지내게 하소서.

주님의 백성을 보살피시고 지키시는 하느님, 주님께서 보살펴 주시고 지켜 주시면 세상에 두려울 것이 없습니다. 주 하느님의 능력으로 그의 성채가 되어 주시며, 주님의 지팡이와 막대기로 지켜 주소서. 그 인자하심과 진실하심이 영원함을 믿습니다.

착한 목자이신 하느님 아버지, 주님께서는 착한 목자이시니 연약한 양을 푸른 풀밭에서 먹게 하시며, 잔잔한 물가에서 쉴 수 있게 이끌어 주소서. 주님의 은총으로 목마르지 않는 삶이 되게 하소서.

다시 만날 날을 예비하신 하느님, 정한 목표를 다 이루게 하시어 기쁨으로 귀국하게 하소서. 주님께 영광과 찬미를 돌려드리는 귀국이 되게 하소서. 출국하는 저희 형제(자매) (아무)의 건강을 지켜 주시고, 다른 나라에 나가서도 기도와 주일 미사를 잊지 않도록 일깨워 주소서. 사랑하는 가족들에게도 평화를 주시며, 서로를 위해 기도하며 다시 만날 그날을 기다리게 하소서. 언제 어디서나 저희와 함께 계시는 우리 주 그리스도를 통하여 비나이다.

◎ 아멘.

마침 기도

✚ 주님께 모든 것을 내맡기며 시작하는 이 출국을 주님께서 도와주시어 무사히 마칠 수 있게 하시며 저희 형제(자매) (아무)와 저희에게 강복하시어 다시 만나는 기쁨을 누리게 하소서.

◎ 아멘.

마침 성가   400 주님과 나는

111. 주일 학교 교사 가정

시작 성가   24 내 맘의 천주여

시작 기도

✚ 길이요 진리요 생명이신 주 예수 그리스도께서는 찬미받으소서.

◎ 하느님, 길이 찬미받으소서.

성경 말씀

✚ 티모테오 1서 4장 11절부터 13절까지의 말씀을 들읍시다.
그대는 이것들을 권고하고 가르치십시오. 아무도 그대를 젊다고 업신여기지 못하게 하십시오. 그러니 말에서나 행실에서나 사랑에서나 믿음에서나 순결에서나, 믿는 이들의 본보기가 되십시오. 내가 갈 때까지 성경 봉독과 권고와 가르침에 열중하십시오.
✚ 주님의 말씀입니다.
◎ 하느님 감사합니다.

응답 성가   480 믿음으로

축복 기도

✚ 저희의 스승이신 주 하느님, 주님의 교육 방법을 본받아 교사의 사명을 맡아 잘하고 있는 저희 형제(자매) (아무)의 가정에서 이렇게 기도할 수 있게 해 주신 은총에 진심으로 감사드립니다.

교회의 여러 가지 일 가운데 가르치는 일은 매우 중요한 일이므로 이를 맡은 저희 형제(자매) (아무)의 사명은 참으로 무겁습니다. 그러므로 저희 형제(자매) (아무)에게 하느님의 말씀과 교회의 가르침을 잘 전할 수 있도록 슬기와 지혜를 주소서.

저희 형제(자매) (아무)를 말씀으로 가득 차게 하시고 성령으로 깨우쳐 주소서. 그리하여 말씀에 굳은 믿음을 가지고 학생들을 분명하고 확실하게 가르치게 하소서.

말씀을 듣게 할 책임을 진 저희 형제(자매) (아무)에게 분명한 소리를 낼 수 있게 하셔서 학생들이 가르침을 받을 때 분명하게 알아듣고 깨달아 그들의 삶이 달라지게 하소서. 자기의 철학이나 이념, 주장을 전달하지 말게 하시고 오로지 예수님만을 가르치고 하느님의 뜻을 그대로 가르치게 하소서.

주일 학교 학생들이 저희 형제(자매) (아무)의 인격에서 배울 점을 찾게 하시고, 삶에서 그리스도를 느낄 수 있게 하소서. (아무)의 얼굴과 삶 전체에서 그리스도의 향기가 풍겨 나서 어린 영혼들이 존경하며 잘 따르게 하소서.

하느님 아버지, 벅차게 교사직을 맡은 저희 형제(자매)에게 늘 적극적이고 능동적인 마음을 주시며, 기쁨과 즐거움으로 수행하게 하소서. 그리고 그 형제(자매) (아무)가 맡은 반의 생명 하나하나에 관심을 갖고 그들의 영혼을 뜨겁게 사랑하는 교사가 되게 하소서.

저희 형제(자매) (아무)가 교사로서 활동하면서 때로는 지치고 때로는 낙심할 것입니다. 그때마다 주님께서 저희 형제(자매)를 붙잡아 주시고, 외롭지 않게 하시고, 건강하게 해 주소서. 사랑의 스승이신 우리 주 그리스도를 통하여 비나이다.

◎ 아멘.

마침 기도

✚ 길이요 진리요 생명이신 하느님께서는 저희 형제(자매) (아무)와 저희에게 주님의 복을 내려 주소서.

◎ 아멘.

마침 성가　35 나는 포도나무요

112. 청년 회원의 가정

시작 성가   1 나는 믿나이다

시작 기도
✜ 우리의 도움은 주님의 이름에 있으니.
◎ 하늘과 땅을 만드신 분이시로다.

성경 말씀
✜ 코헬렛 12장 1절부터 2절까지의 말씀을 들읍시다.
 젊음의 날에 너의 창조주를 기억하여라. 불행의 날들이 닥치기 전에. "이런 시절은 내 마음에 들지 않아." 하고 네가 말할 때가 오기 전에. 해와 빛, 달과 별들이 어두워지고 비 온 뒤 구름이 다시 몰려오기 전에 그분을 기억하여라.
✜ 주님의 말씀입니다.
◎ 하느님 감사합니다.

응답 성가   33 우리 주 예수 그리스도

축복 기도
✜ 청년들에게 희망이 되시고 힘이 되시는 하느님 아버지, 저희 형제(자매) (아무)에게 인생의 황금기라고 말하는 청년기를 주셨으니 감사합니다.
 거룩함과 생명의 샘이신 주 하느님, 저희 모두는 그리스도를 닮은 삶을 살기를 바라며 저희의 젊음과 패기와 그 혈기를 하느님 나라를 위하여 바치기를 바랍니다. 그리고 모세의 지팡이처럼 큰일을 할 수 있는 도구가 되도록 능력을 주시어 가정과 교회에 그리고 사회에 희망을 줄 수 있기를 바랍니다.

청년들과 늘 함께하시는 주 하느님, 저희 형제(자매) (아무)는 앞으로 살아갈 날이 살아온 날보다 더 많습니다. 자신의 삶의 방향을 잘 세우고, 힘차게 나갈 수 있도록 이끌어 주시기 바랍니다.

젊음을 생각하고 조급하지 않게 하시며, 인생의 겉모습만을 보고 실망하지 않게 하시고, 인생 전체를 생각하는 판단력을 주셔서 바르고 알찬 삶을 살게 하소서. 주님의 일을 하고 있는 동안 열심히 기도하고 온힘을 다할 수 있게 하시어 후회하지 않게 하소서.

우리 주 그리스도를 통하여 비나이다.

◎ 아멘.

마침 기도

✚ 하느님께서는 온갖 복으로 저희에게 강복하시고, 저희의 가는 길을 안전하게 이끌어 주시어, 온갖 현세적 혼란 속에서도 주님의 보살펴 주심을 알아 느끼도록 해 주소서.

◎ 아멘.

마침 성가   436 주 날개 밑

113. 평협(사목회) 위원 가정

시작 성가　16 온 세상아 주님을

시작 기도
✣ 백성을 위하여 놀라운 일을 행하시는 사랑이 그지없으신 하느님께서는 찬미받으소서.
◎ 이제부터 영원히 찬미받으소서.

성경 말씀
✣ 티토서 1장 6절부터 9절까지의 말씀을 들읍시다.
　원로는 흠잡을 데가 없어야 하고 한 아내의 충실한 남편이어야 하며, 자녀들도 신자이어야 하고 방탕하다는 비난을 받지 않아야 하며 순종하는 사람이어야 합니다. 사실 감독은 하느님의 관리인으로서 흠잡을 데가 없어야 합니다. 또한 거만하지 않고 쉽사리 화내지 않는 사람이어야 합니다. 술꾼이나 난폭한 사람이나 탐욕스러운 사람이 아니라, 손님을 잘 대접하고 선을 사랑해야 하며, 신중하고 의롭고 거룩하고 자제력이 있으며, 가르침을 받은 대로 진정한 말씀을 굳게 지키는 사람이어야 합니다. 그래야 건전한 가르침대로 남을 격려할 수도 있고 반대자들을 꾸짖을 수도 있습니다.
✣ 주님의 말씀입니다.
◎ 하느님 감사합니다.

응답 성가　　61 주 예수와 바꿀 수는 없네

축복 기도

✠ 사랑이신 하느님 아버지, 이 가정의 (아무)에게 값있고 귀한 책임을 내려 주신 주님께 감사드립니다.

수많은 믿는 이들 가운데서 특별히 이 가정의 형제(자매) (아무)를 부르시어 본당의 봉사자로 세워 주시고 일하게 하시니 겸손히 따르며, 하느님의 도구로 제 역할을 다할 수 있게 하소서. 먼 뒷날, 하느님 심판대 앞에 섰을 때 "나는 너를 모른다."라는 주님의 말씀을 듣지 않도록 도와주소서. 주님께서 맡겨 주신 이 직책에 끝까지 충성하게 해 주소서.

자신의 명예와 체면과 이익을 위해 일하지 않게 하시고, 주님께 감사드리면서 충성을 다하게 하시며 예수님의 대리자인 본당 사제와 더욱 잘 협력하게 해 주소서. 아내의 훌륭한 내조가 남편을 성공시키는 것처럼, 본당 사제가 사목 활동을 잘할 수 있도록 변함없이 땀 흘리는 내조자와 같은 평협(사목회) 위원이 되게 해 주소서. 그리고 모든 믿는 이를 섬기며 봉사하는 직분을 맡고 있음을 늘 잊지 말게 하시고, 깨어 기도하는 평협(사목회) 위원이 되게 하소서.

지극히 찬미하올 하느님 아버지, 이 가정의 (아무)가 값진 직분을 땅 속에 묻어 놓고 무능력과 게으름 속에서 헤매는 어리석은 사람이 되지 않게 하소서. 날마다 저희의 짐을 져 주시려고 기다리시는 주님 앞에 겸손하게 기도하는 평협(사목회) 위원이 되게 해 주소서.

참 좋으신 하느님 아버지, 모든 것을 후하게 주시기를 기뻐하시는 주님께 구하오니, (아무)에게 슬기와 지혜를 가득히 내려 주시어 평협(사목회) 위원으로서의 직분을 잘해 나가게 하소서.

교회 안에서 봉사자의 역할을 바로 할 수 있는 은총을 더하시고, 늘 사랑과 이해와 봉사의 열정으로 본당 사제의 손발이 되게 하소서. 그리하여 뒷날 주님 대전에서 다섯 탈렌트를 맡았던 청지기처럼 후한 상급을 받게 해 주소서.

그의 가정에는 교회를 위하여 아낌없이 바칠 수 있게 물질의 복을 가득히 내려 주시고, 가족들이 믿음과 사랑으로 하나 되어 성가정의 모범이 되도록 주님께서 복을 내려 주소서.

주님의 몸인 교회를 위하여 죽기까지 하신 우리 주 그리스도를 통하여 비나이다.

◎ 아멘.

마침 기도

✚ 저희에게 크신 사랑을 베푸시는 하느님, 성부와 성자와 성령께서는 저희에게 영원한 복을 내려 주소서.

◎ 아멘.

마침 성가   214 주께 드리네

114. 나라 밖에서 일하는 가족이 있는 가정

시작 성가   201 은총의 샘

시작 기도
✚ 모든 선의 샘이신 하느님을 찬미합시다.
◎ 하느님, 길이 찬미받으소서.

성경 말씀
✚ 창세기 42장 1절부터 3절까지의 말씀을 들읍시다.
   야곱은 이집트에 곡식이 있다는 것을 알았다. 그래서 야곱은 아들들에게 "어째서 서로 쳐다보고만 있느냐?" 하면서 이렇게 말하였다. "내가 들으니 이집트에는 곡식이 있다는구나. 그러니 그곳으로 내려가 곡식을 사 오너라. 그래야 우리가 죽지 않고 살 수 있겠다." 그래서 요셉의 형 열 명이 이집트에서 곡식을 사려고 내려갔다.
✚ 주님의 말씀입니다.
◎ 하느님 감사합니다.

응답 성가   50 야훼는 나의 목자

축복 기도
✚ 저희와 늘 함께하시는 하느님, 나그네와 같은 저희를 사랑하심으로 본향인 하늘나라를 예비하시고, 거처할 곳을 마련해

주시는 주님의 사랑에 감사와 찬미를 드립니다.

야곱이 정든 고향을 떠나 먼 나라로 갔던 것처럼, 이 가정의 가족 가운데 남의 나라에서 일하고 있는 가족이 있습니다. 지금 이 순간에도 살아 계신 주님께서 나라 밖에 나가 있는 그 가족을 지켜 주시리라 믿습니다.

저희에게 용기를 가지고 굳건하라고 말씀하신 하느님, 나라 밖에서 일하고 있는 (아무)가 외로움과 두려움을 믿음으로 이기게 하시고, 야곱이 베델에서 새 힘과 용기를 얻은 것처럼 새로운 각오와 믿음을 갖게 하소서. 어디를 가든지 지켜 주시며 보살펴(주셔서 승리하는 그리스도인의 삶을 살게 해) 주소서.

참 좋으신 사랑의 하느님, 세상 끝 날까지 저희와 함께 계시겠다고 말씀하신 주님의 약속을 믿고 감사와 찬미를 드립니다. 이제 고향을 그리워하며 다시 본향에 돌아오기를 기다리는 (아무)가 할 일을 다 마치고 기쁨으로 귀국하는 그날까지 함께해 주소서.

많은 사람들이 다른 나라에 나갈 때는 돈을 벌어 오려는 욕심도 있고, 또 자신의 꿈을 펼쳐 보일 기회라고 생각하여 너무 무리하다가(신앙생활을 뒤로 하다가) 병만 얻어 돌아오는 경우를 종종 보았습니다. 사람의 욕심대로 이끌리지 않도록 (아무)를 붙들어 주시고, 건강한 몸으로 돌아와 (주님의) 훌륭한 사회인이 되게 하소서. 고국의 가족들도 나라 밖에 있는 가족을 위해 늘 기도하게 하시고, 서로 화목하며 복받는 가정을 이루게 하소서.

저희의 방패가 되시는 우리 주 그리스도를 통하여 비나이다.
◎ 아멘.

마침 기도
✚ 저희에게 크신 사랑을 베푸신 하느님, 성부와 성자와 성령께서는 저희에게 영원한 복을 내려 주소서.
◎ 아멘.

마침 성가　　236 사랑하올 어머니

115. 나라 밖에서 일하다가 돌아온 교우

시작 성가　　34 길이요 진리요 생명이신 주

시작 기도
✚ 사랑을 베푸시는 성부와 은총을 내리시는 우리 주 예수 그리스도와 일치를 이루시는 성령께서 우리와 함께.
◎ 아멘.

성경 말씀
✚ 창세기 35장 9절부터 10절까지의 말씀을 들읍시다.
야곱이 파딴 아람에서 돌아오자, 하느님께서 다시 그에게 나타나 복을 내려 주셨다. 하느님께서 그에게 말씀하셨다. "너의 이름은 야곱이다. 그러나 더 이상 야곱이라 불리지 않을 것이다. 이스라엘이 이제 너의 이름이다." 이렇게 하느님께서 그의 이름을 이스라엘이라 하셨다.
✚ 주님의 말씀입니다.
◎ 하느님 감사합니다.

응답 성가　　214 주께 드리네

축복 기도
✚ 인생의 모든 것을 다스리시는 하느님 아버지, 헤어져 있던 저희 형제(자매) (아무)와 다시 만나 기쁨을 나누게 해 주시니 감사합니다. 다른 나라에서 가족들에 대한 그리움을 견디며 건강하고 열심히 일하다가 돌아오게 하셨으니 참으로 감사합니다.
사랑이 그지없으신 하느님 아버지, (아무)에게 향하신 주님의 사랑으로 이곳에서도 맡은 일을 충실히 해 나가도록 하시며, 헤어져 따로 기도했던 가족들이 이제 마음을 합하여 함께 기도하며 찬미드릴 수 있게 하소서.
부지런한 농부가 때를 놓치지 않고 씨를 뿌리고 가꾸는 것처럼 (아무)도 세상의 모든 일을 성실히 행하게 하시며, 이제 더욱 주님의 교회를 충성스럽게 받들어 섬기게 하소서.
은총과 평화의 하느님 아버지, 저희 형제(자매) (아무)가 가정에서도, 일가친척 그리고 이웃과도 주님의 사랑으로 화목하게 하시며, 더욱 기도와 말씀으로 무장하게 하소서. 때를 따라 복을 주시며 주님 안에서 늘 성령의 은총을 가득하게 주시어 주님의 영광을 위해 몸 바치게 하소서. 늘 저희를 축복해 주시는 우리 주 그리스도를 통하여 비나이다.
◎ 아멘.

마침 기도

✚ 흩어진 자녀들을 예수 그리스도 안에서 하나로 모아 주시는 하느님께서는 저희에게 복을 내리시어 저희도 한마음 한뜻이 되게 하소서.
◎ 아멘.

마침 성가   77 주 천주의 권능과

116. 혼자서 믿는 어린이의 가정

시작 성가   445 예수님 따르기로

시작 기도

✚ 어린이들을 안아 주시며 축복해 주신 주님을 찬미하며 주님께 감사드립시다.
◎ 하느님, 길이 찬미받으소서.

성경 말씀

✣ 마르코 복음 10장 13절부터 16절까지의 말씀을 들읍시다.

사람들이 어린이들을 예수님께 데리고 와서 그들을 쓰다듬어 달라고 하였다. 그러자 제자들이 사람들을 꾸짖었다. 예수님께서는 그것을 보시고 언짢아하시며 제자들에게 이르셨다. "어린이들이 나에게 오는 것을 막지 말고 그냥 놓아두어라. 사실 하느님의 나라는 이 어린이들과 같은 사람들의 것이다. 내가 진실로 너희에게 말한다. 어린이와 같이 하느님의 나라를 받아들이지 않는 자는 결코 그곳에 들어가지 못한다." 그러고 나서 어린이들을 끌어안으시고 그들에게 손을 얹어 축복해 주셨다.

✣ 주님의 말씀입니다.

◎ 그리스도님 찬미합니다.

응답 성가   435 어린이처럼

축복 기도

✣ 어린이를 귀하게 여기시던 예수님을 생각하면서 하느님 앞에 감사드립니다. 저희 모든 어른이 하느님 앞에서 어린아이처럼 되게 하소서. 이 가정과 교회에서 자라나는 어린이들에게 하느님께서 복을 내려 주시기 바랍니다.

갖가지 공해와 어지러운 문명 매체들이 쏟아져 나오는 이때에, 주님께서 어린이들을 특별히 돌보고 이끄시어 천사의 모습을 지닐 수 있도록 도와주시기 바랍니다. 이 가정의 (아무)를 비롯한 세상의 어린이들을 하느님의 손에 맡겨 드립니다.

사랑과 은총의 하느님 아버지, 어린이들은 본디 순진하고 솔직하나 나이가 들면서 점점 꾸밈과 거짓과 미움과 싸움을 알아 갑니다. 주님, 이 가정의 (아무)가 깨끗하고 밝은 모습을 오래오래 간직할 수 있게 해 주소서. 그리고 키와 몸무게가 자랄수록 예수님의 모습을 닮을 수 있게 해 주소서. 옛날 사무엘 예언자의 어린 시절처럼 성전을 중심으로 살게 하소서. 성조 요셉과 성군 다윗처럼 하느님을 모시고 살 수 있게 해 주소서.

(아무)의 영성이 점점 자라서 예수 그리스도를 닮게 하소서. 이 어린이의 앞날은 세상의 앞날이요 교회의 앞날입니다. 참으로 이렇게 막중한 앞날을 짊어진 (아무)가 큰 인물이 되기까지는 어버이의 훌륭한 가르침과 이끎이 필요합니다.

이런 어버이의 사명을 하느님 뜻대로 행할 수 있게 하시고, 이 가정의 어버이가 영원한 생명을 얻으려면 무엇보다도 하느님을 믿고 의지하고 사랑하는 일이 급하기에 주님께서는 이를 위하여 이 가정의 (아무)를 먼저 부르셔서 한 알의 밀알이 되게 하셨으니 참으로 감사드립니다.

그러므로 이 가정의 어버이와 온 가족이 어서 빨리 주님 앞에 마음의 문을 활짝 열게 하소서. 온 가족이 주님을 믿고 따르는 것이 은총 가운데서 가장 큰 은총임을 알게 하시어, 온 가족들의 마음에 복음의 씨앗이 자랄 수 있게 하소서.

그러나 모든 일은 주님의 손에 달렸으니 이 가정의 (아무)가 서두르지 않게 하시고 때를 기다리며 기도하게 하소서. 이 가정에 물질의 복도 주시고, 질병 없이 지내는 건강의 복도 주시고, 주님을 알아 믿고 섬기는 복도 주소서.

저희에게 흘러넘치는 은총을 베푸시는 우리 주 그리스도를 통하여 비나이다.

◎ 아멘.

마침 기도

✚ 저희의 발걸음을 주님께로 이끄시고 평화와 사랑의 길을 저희에게 보여 주시는 성삼께서는 이 가정과 저희에게 복을 내리시어 길이 머물게 하소서.

◎ 아멘.

마침 성가   61 주 예수와 바꿀 수는 없네

직업에 따른 축복 기도

117. 간호사

시작 성가 절기에 맞는 성가나 적절한 성가

시작 기도

✚ 모든 사람에게 이웃을 형제같이 사랑하며, 서로 도와주라 명하신 사랑의 아버지 하느님께서는 찬미받으소서.
◎ 하느님, 길이 찬미받으소서.

방문 기도

✚ 기도합시다. (잠깐 묵상)
◎ 주 예수 그리스도님,
저희가 겸손한 마음으로 이 집에 들어왔으니
영원한 행복과 거룩한 축복,
평화로운 기쁨과 풍성한 사랑
그리고 한결같은 건강을 이 집에 내려 주소서.
또한 이 집에서 마귀를 쫓아내시고,
평화의 천사를 머물게 하시고,
온갖 불목과 악을 없애 주소서.
주님, 저희를 통하여 주님의 영광을 드러내시고
저희 일상생활을 축복하시며,
미약한 저희의 방문을 성스럽게 하소서.
주님께서는 영원히 살아 계시며 다스리시나이다.
아멘.

성가　　　　214 주께 드리네

축복 기도

✢ 치유의 하느님, 하느님께 안타까운 마음으로 간절히 청합니다. 이 세상에 어찌하여 이렇게 질병과 불행들이 많은지요. 죗값이 이렇게 엄청나다는 사실을 깨닫습니다. 그러나 하느님께서 예수 그리스도의 사랑과 성령의 부분적인 역할을 저희 자매(형제) (아무)에게 맡겨 주신 것에 대하여 감사를 드립니다.

저희 자매(형제)가 뜨거운 사랑으로 환자들을 보살필 수 있게 하시고, 그들이 저희 자매(형제)의 손길에서 예수 그리스도를 발견하기를 바랍니다. 혹 지나치게 피곤하여 정성을 기울이지 못할 때 하느님께서 저희 자매(형제)에게 힘을 주소서.

하느님, (아무)가 돌보는 환자들 가운데는 몸뿐만 아니라 마음도 매우 약해진 이들도 있으며, 감수성이나 신경이 날카로워진 이들도 있습니다. 이러한 사람들에게는 저희 자매(형제)의 부드러운 말 한마디와 얼굴 표정의 부드러움과 친절하고 따뜻한 손길이 큰 영향을 준다는 사실을 압니다. 그러므로 늘 예수님의 마음을 되새기며 환자들을 돌보게 하시고 그렇게 할 수 있는 힘과 믿음을 주소서.

그리하여 환자들의 병이 깨끗이 낫고 그들에게 예수님의 사랑을 전함으로 기쁨을 느끼게 하소서. 고침을 받은 사람들이 오래도록 (아무)에 대한 좋은 인상을 지니고, 또 하느님의 사랑을 맛보며 살아가게 해 주소서. 저희 자매(형제)가 밝고 슬기 있는 흰옷의 천사가 되게 하소서.

(아무)의 현재와 미래를 행복한 길로 이끌어 주시기를 간절한 마음으로 기도합니다. 또한 본당에서도 성의껏 봉사하는 은총도 내려 주소서.

저희의 어머니이신 마리아와 함께 우리 주 그리스도를 통하여 비나이다.

◎ 아멘.

마침 기도

✚ 저희의 영광이요 기쁨이신 하느님, 성부와 성자와 성령께서는 저희에게 영원한 복을 내려 주소서.

◎ 아멘.

마침 성가   31 이 크신 모든 은혜

118. 건축업자

시작 성가   절기에 맞는 성가나 적절한 성가

시작 기도

✚ 저희를 위하여 사람이 되신 성자를 목수가 되게 하신 성부께서는 찬미받으소서.

◎ 하느님, 길이 찬미받으소서.

예수 성심께 바치는 봉헌 기도

◎ 지극히 어지신 구세주 예수님,
주님 앞에 꿇어
주님의 성심께 이 가정을 봉헌하나이다.
주님께서는 언제나
이 가정을 보살펴 주소서.
저희는 온전히 성심께 의지하고 바라오니
저희 생각과 말과 행위를 거룩하신 뜻대로 다스리소서.
예수님, 저희가 하는 일에 강복하시어
기쁠 때나 슬플 때나 저희와 함께 계시는
주님의 사랑을 깊이 깨달아
언제나 주님을 사랑하며 섬기게 하소서.
온 세상 어디서나 모든 이가
입을 모아 예수 성심을 찬미하며
사랑과 영광을 드리게 하소서.
아멘.

성가   183 구원을 위한 희생

축복 기도

✞ 믿음의 집을 세워 나아가기를 바라시는 하느님 아버지, 집을 지으려고 오늘도 현장에 나간(나가는) (아무)의 손과 발을 지켜 주소서.
저희 형제가 그 집에 사는 사람들을 위해 안락하고 피로를 말끔히 씻어 주는 집을 잘 지을 수 있도록 도와주소서. 형제가 짓는 건물들이 높아 갈 때마다 형제의 인격도 함께 자라게 해 주소서. 예수님을 닮은 인격의 큰 집이 저희 형제의 마음에 우뚝 솟을 때 길 가는 많은 사람들이 은근한 매력을 느껴 그들의 삶에 변화가 생기게 해 주소서. 그리고 저희 형제와 대화하는 사람들마다 형제의 마음에 올라가는 인격의 큰 집과 완공되어 가는 건물을 비교하면서 마음에 자극을 받게 해 주소서.

지극히 찬미하올 하느님 아버지, 자기가 할 일이 무엇인지 알지 못하는 사람들, 알면서도 잊어버리고 게으르게 살고 있는 사람들에게 저희 형제가 모범을 보여서, 그들도 자기 안에 멋진 인격의 큰 집을 짓게 해 주소서. 주님께서 주시는 재료와 영원히 닳지 않는 금, 은, 보석으로 지어 나아가게 해 주소서. 저희 형제가 일하는 공사장에 함께하시어 사고나 위험을 미리 막아 주소서.

아무리 바빠도 주님을 가장 먼저 모시고 기도하게 하시며 주일을 거룩히 지키게 하소서. 주님께서 함께하시지 않으면 모든 일이 헛되다는 것을 깨닫게 하시어 주님만 의지하고 주님께 아낌없는 정성을 바치게 하소서. 하느님의 설계도에 따라 저희 형제 (아무)의 마음의 성전도 아름답게 세워지게 하시고, 하느님의 말씀이 머릿돌이 되게 하소서.

손수 목수 일을 하심으로 노동의 품위를 높이시고 저희도 주님의 구원 사업에 노동으로 참여하도록 불러 주신 우리 주 그리스도를 통하여 비나이다.

◎ 아멘.

마침 기도
✚ 전능하신 하느님, 성부와 성자와 성령께서는 저희에게 강복하시고 저희를 모든 위험에서 지켜 주소서.
◎ 아멘.

마침 성가　　69 지극히 거룩한 성전

119. 경찰관

시작 성가　　절기에 맞는 성가나 알맞은 성가

시작 기도
✚ 저희의 구원자요 위로자이신 하느님께서는 찬미받으소서.
◎ 이제부터 영원히 받으소서.

방문 기도
✚ 기도합시다. (잠깐 묵상)
◎ 주 예수 그리스도님,
저희가 겸손한 마음으로 이 집에 들어왔으니
영원한 행복과 거룩한 축복,
평화로운 기쁨과 풍성한 사랑

그리고 한결같은 건강을 이 집에 내려 주소서.
또한 이 집에서 마귀를 쫓아내시고,
평화의 천사를 머물게 하시고,
온갖 불목과 악을 없애 주소서.
주님, 저희를 통하여 주님의 영광을 드러내시고
저희 일상생활을 축복하시며,
미약한 저희의 방문을 성스럽게 하소서.
주님께서는 영원히 살아 계시며 다스리시나이다.
아멘.

성가   31 이 크신 모든 은혜

축복 기도

✚ 사랑과 공의의 하느님 아버지, 경찰관의 모범이 되신 예수님처럼 이 가정의 (아무)도 기도하는 경찰관이 되게 해 주소서. 일의 실마리가 잘 풀리지 않을 때 주님께서 저희 형제(자매)에게 슬기를 주셔서 실마리를 잘 찾게 해 주소서. 저희 형제(자매)를 비롯한 많은 경찰관들로 말미암아 사회의 악이 점점 없어지고 예수님의 사랑으로 이 사회가 깨끗이 되게 해 주소서. 저희 죄를 용서하시는 하느님 아버지, 죄 지은 사람을 단죄하지 않으시고 넓은 마음으로 용서하고 사랑하신 예수님처럼 저희 형제(자매) (아무)를 사랑의 경찰관이 되게 해 주소서. 사랑이 메말라 사회가 날로 험해져 가고 있는 이 시대에 참 사랑의 맛을 보여 주는 경찰관이 되게 해 주소서.

예수님의 '일어나 빛을 발하라.'는 말씀대로 과연 지금은 일어나서 빛을 비출 때가 되었습니다. 죄악으로 캄캄해진 이 사회에 진리의 빛을 비추게 해 주시고, 불순종으로 더러워지고 썩은 이 사회에 소금이 되게 해 주소서. 이를 위해 (아무) 스스로가 먼저 예수님을 닮아야 하겠습니다. 예수님의 겸손과 사랑 그리고 부드러운 마음을 저희 형제(자매)에게 가득히 주소서.

참 좋으신 하느님 아버지, 예수님께서 제자들을 세상에 보내실 때 먼저 성령으로 가득 차게 해 주신 것처럼, 경찰복을 입기에 앞서 먼저 예수님의 겸손의 제복을 입고, 부드러움과 사랑의 허리띠를 매게 해 주소서. 그리하여 사회악을 물리치는 능력 있는 경찰관이 되게 해 주소서.

정치적·사회적으로 어지러운 우리나라를 위해 저희 형제(자매)가 십자가의 정신을 갖게 하시고, 정의가 깃든 평화를 이룰 수 있도록 자비와 겸손을 주소서. 언제 어디서나 위험과 사고로부터 그를 지켜 주소서.

사랑과 정의의 원천이신 우리 주 그리스도를 통하여 비나이다.
◎ 아멘.

마침 기도

✚ 저희의 발걸음을 주님께로 이끄시고 평화와 사랑의 길을 저희에게 보여 주시는 하느님께서는 이 가정의 형제(자매)와 저희에게 강복하소서.

◎ 아멘.

마침 성가　　28 불의가 세상을 덮쳐도

120. 공무원

시작 성가　　절기에 맞는 성가나 적절한 성가

시작 기도
✚ 섬김을 받으러 오신 것이 아니라 섬기러 오신 주 예수 그리스도께서 찬미와 영광을 받으소서.
◎ 하느님, 길이 찬미와 영광을 받으소서.

방문 기도
✚ 기도합시다. (잠깐 묵상)
◎ 자녀들에게 은총을 즐겨 베푸시는 하느님 아버지, 오늘 이 시간, 주님의 부족한 종(들)이 이 가정에 와서 주님의 평화와 복을 빌게 하심에 진심으로 감사드립니다.
주님께서 사랑하시는 이 가정에서 마귀를 쫓아내시고, 평화의 천사를 머물게 하시고, 온갖 불목과 악을 없애 주소서.
영혼이 거룩해지는 축복을 주시고, 일마다 잘되는 물질의 복도 주시며, 질병 없이 지내는 건강의 복도 주소서.
그리하여 이 가정이(어버이부터 아들딸까지 모두) 주님 안에서 행복을 누리게 하시고, 땅에 사는 동안 주님의 영광을 크게 드러내도록 하소서.

모든 복의 샘이신 우리 주 그리스도를 통하여 비나이다.
아멘.

성가　　　16 온 세상아 주님을

축복 기도

✚ 사랑이신 하느님 아버지, 하루에도 인구가 엄청나게 늘어나듯 사회악이 놀랍게 늘어나는 현실 속에서 일하는 공무원들을 성령으로 가득 채우소서. 상상할 수 없을 만큼 몹시 악한 사회악을 살갗으로 느끼면서, 맡겨진 임무를 감당하느라 세찬 싸움을 벌이고 있는 (아무)에게 이전에 주셨던 성령의 은총을 두 배로 주시기 바랍니다. 수많은 만남에서 영향을 주고받아야 하는 운명을 가진 공무원이오니, 주변의 다른 이들을 대할 때마다 그리스도의 향기를 전하게 도와주소서.

참 좋으신 하느님 아버지, 직장에 갈 때마다 저희 형제(자매)의 얼굴에서 예수님의 향기가 흘러나오게 해 주소서. 몸치장을 하기에 앞서 거울 앞에 선 자기 모습에 예수님의 모습을 그리게 해 주소서. 남에게 잘 보이고 기분을 좋게 하려고 아름다운 옷을 입기 앞서 먼저 주님의 겸손한 옷을 입혀 주소서. 직장에서 일할 때 주님께서 함께해 주셔서 하는 일마다, 가는 발걸음마다 주님의 빛을 비추게 해 주소서.

경쟁이 치열한 사회, 인생의 어려움을 겪는 사람들의 신경질과 짜증을 그리스도의 향기로 정화시켜, 상쾌하고 살맛 나는 사랑의 산소가 (아무)의 사무실에 가득 차게 해 주소서. 그리하여 이 나라의 부정과 부패가 사라지고 진리와 사랑으로 가득 찬 사회가 되게 해 주소서.

저희 형제(자매)에게 건강을 주셔서 작은 일에도 정성을 다하게 하시고, 마침내는 더 큰 직무까지 맡게 되는 행운을 얻게 해 주소서.

저희의 이 모든 간절한 희망을 우리 주 그리스도를 통하여 비나이다.

◎ 아멘.

마침 기도

✢ 저희가 세상의 빛과 소금과 누룩이 되기를 바라시며 필요한 은총을 허락하시는 하느님께서는 저희를 강복하소서.

◎ 아멘.

마침 성가   62 주님의 뜻을 이루소서

121. 실업인

시작 성가   절기에 맞는 성가나 적절한 성가

시작 기도

✢ 우리의 도움은 주님의 이름에 있으니.

◎ 하늘과 땅을 만드신 분이시로다.

예수 성심께 바치는 봉헌 기도

◎ 지극히 어지신 구세주 예수님,
주님 앞에 꿇어
주님의 성심께 이 가정을 봉헌하나이다.
주님께서는 언제나
이 가정을 보살펴 주소서.
저희는 온전히 성심께 의지하고 바라오니
저희 생각과 말과 행위를 거룩하신 뜻대로 다스리소서.
예수님, 저희가 하는 일에 강복하시어
기쁠 때나 슬플 때나 저희와 함께 계시는
주님의 사랑을 깊이 깨달아
언제나 주님을 사랑하며 섬기게 하소서.
온 세상 어디서나 모든 이가
입을 모아 예수 성심을 찬미하며
사랑과 영광을 드리게 하소서.
아멘.

성가   214 주께 드리네

축복 기도

✚ 사람마다 각기 귀한 탈렌트를 주시어 영광을 받으시는 하느님, 이 가정의 (아무)에게 남달리 슬기를 주셔서 총명하게 하셨으니 고맙습니다. 또한 이 나라의 실업 발전에 한몫을 맡겨 주시니 끝없이 감사드립니다. 저희 형제(자매)와 같은 실업인

들을 통하여 저희 나라를 발전하게 해 주심도 감사드립니다. 더러운 것이 가득 담긴 금 그릇보다도 깨끗한 질그릇을 더욱 귀하게 여기시며 찾으시는 주님, 저희 실업인들이 먼저 주님의 요구에 응할 수 있는 깨끗한 이가 되게 해 주소서.

진리를 갖기 위해서는 생명도 아끼지 않는 실업인들이 될 때 나라의 산업이 놀랍게 발전하리라 믿습니다. 나라 발전에 더욱 크게 이바지할 수 있도록 앞으로 더욱 도와주소서. 그러므로 저희 형제(자매)가 어느 누구보다도 주님 앞에 진실하게 하시며, 모든 실업인의 귀감이 되게 하소서.

세상 만물을 창조하시고 섭리로 돌보시는 하느님, 주님께서 이 가정의 (아무)에게 새로운 것을 발견해 낼 수 있는 창조력을 허락하시고 영광을 받으소서. (아무)가 늘 주님께 기도하며 슬기를 얻어 내는 하느님의 귀한 자녀가 되게 하소서.

우리 주 그리스도를 통하여 어머니 마리아와 함께 기도드리나이다.

◎ 아멘.

마침 기도

✠ 온갖 좋은 것을 만드시는 하느님, 성부와 성자와 성령께서는 저희에게 강복하소서.

◎ 아멘.

마침 성가   49 옹기장이

122. 과수원 경작자

시작 성가   절기에 맞는 성가나 적절한 성가

시작 기도
✚ 땅에서 양식을 마련해 주시는 하느님을 영원히 찬미 찬송합시다.
◎ 하느님, 길이 찬미받으소서.

방문 기도
✚ 기도합시다. (잠깐 묵상)
◎ 자녀들에게 은총을 즐겨 베푸시는 하느님 아버지, 오늘 이 시간, 주님의 부족한 종(들)이 이 가정에 와서 주님의 평화와 복을 빌게 하심에 진심으로 감사드립니다.
주님께서 사랑하시는 이 가정에서 마귀를 쫓아내시고, 평화의 천사를 머물게 하시고, 온갖 불목과 악을 없애 주소서.
영혼이 거룩해지는 복을 주시고, 일마다 잘되는 물질의 복도 주시며, 질병 없이 지내는 건강의 복도 주소서.
그리하여 이 가정은 (어버이부터 아들딸까지 모두) 주님 안에서 행복을 누리게 하시고, 땅에 사는 동안 주님의 영광을 크게 드러내도록 하소서.
모든 복의 샘이신 우리 주 그리스도를 통하여 비나이다.
아멘.

성가   401 주를 찬미하여라

축복 기도

✝ 저희가 열매 맺는 삶을 살기를 바라시는 사랑의 하느님 아버지, 베풀어 주시는 모든 은총에 감사드립니다.

나무가 그 열매를 잘 맺으려면 가지가 그 줄기에 잘 붙어 있어야 하는 것처럼 (아무)도 예수 그리스도 안에서 살게 하시니 감사합니다. 저희 형제(자매)가 하느님께서 기뻐하시는 열매를 맺게 해 주소서. 올리브나무 열매가 사람을 기쁘게 하는 것처럼 (아무)도 주님을 기쁘게 해 드릴 수 있도록 하소서. 오곡백과로 저희를 먹이시는 참 좋으신 하느님 아버지, 포도주가 사람을 기쁘게 하고 취하게 하듯, 슬픔을 안고 찾아오는 사람들에게 기쁨을 나누어 줄 수 있는 (아무)가 되게 해 주소서. 나아가 하느님께도 기쁨을 안겨 드리는 자녀가 되게 해 주소서. 저희 형제(자매)가 빛의 열매를 맺게 해 주소서. 착한 행실로 하느님께 영광을 드리게 하소서. 또한 신자들만이 맺을 수 있는 의로움의 열매를 맺게 해 주소서.

사람들과 바른 관계를 맺게 해 주시고, 하느님과도 바른 관계를 맺게 해 주소서. 올바르지 못한 관계로 빚어진 비극으로 실의에 차 있는 사람들에게 의로움의 열매를 줄 수 있는 그리스도인이 되게 하소서. 캄캄한 이 세상에 진리의 열매를 맺어 이 어둠을 비춰 줄 수 있는 주님의 자녀가 되게 하소서. 사랑이 그지없으신 하느님 아버지, 이 가정이 가꾸는 과일밭에 복을 내리시어 풍성하게 수확하여 주님의 제단에 알찬 제물을 바칠 수 있게 하소서. 하느님의 복을 받으면 오곡백과의 결실도 풍요로울 뿐 아니라 믿음의 열매도 풍성하다는 것을 믿지 않는 이들도 깨달을 수 있도록 해 주소서.
포도나무이신 우리 주 그리스도를 통하여 비나이다.
◎ 아멘.

마침 기도
✚ 저희의 삶을 평온하게 하시고 온갖 좋은 것을 가득히 내려 주시는 성삼께서는 이 가정과 저희에게 강복하소서.
◎ 아멘.

마침 성가   35 나는 포도나무요

123. 광원

시작 성가   절기에 맞는 성가나 적절한 성가

시작 기도
✚ 우리의 도움은 주님의 이름에 있으니.
◎ 하늘과 땅을 만드신 분이시로다.

방문 기도
✚ 기도합시다. (잠깐 묵상)

◎ 주 예수 그리스도님,
저희가 겸손한 마음으로 이 집에 들어왔으니
영원한 행복과 거룩한 축복,
평화로운 기쁨과 풍성한 사랑
그리고 한결같은 건강을 이 집에 내려 주소서.
또한 이 집에서 마귀를 쫓아내시고,
평화의 천사를 머물게 하시고,
온갖 불목과 악을 없애 주소서.
주님, 저희를 통하여 주님의 영광을 드러내시고
저희 일상생활을 축복하시며,
미약한 저희의 방문을 성스럽게 하소서.
주님께서는 영원히 살아 계시며 다스리시나이다.
아멘.

성가 403 가난한 자입니다

축복 기도

✢ 선과 사랑이 넘치시는 하느님 아버지, 온 세상을 아름답게 창조하셨을 뿐 아니라 저희 삶이 유익하도록 땅을 만드신 주님께 찬미와 감사를 드립니다.

하루에도 몇 번씩 무서운 적막감을 느끼며 늘 생명에 대한 위험과 긴장으로 가슴 조이며 캄캄한 갱 안에서 일하는 저희 형제 (아무)와 그 동료들을 보살피시는 하느님, 이들의 손으로 깨어지고 부서지는 거대한 지하자원의 굽이치는 맥을 생생하게 생각하면서, 그들에게 향하신 주님의 사랑과 그 섬세하신 배려에 감탄하지 않을 수 없습니다. "인간이 무엇이기에 이토록 기억해 주십니까? 사람이 무엇이기에 이토록 돌보아 주십니까?"(시편 8,5) 시편 기자의 고백이 참으로 저희의 고백이 되어 감격과 용기가 솟구칩니다.

저희의 보호자이신 하느님 아버지, 이 가정의 저희 형제가 진실하신 주님을 잊지 않도록 해 주시고, 주님께서 늘 저희와 함께하셔서 삶의 순간마다 안전으로 이끄심을 알게 하소서.

또한 깊은 땅속, 사람들의 관심이 미치지 않는 곳에서 저희 형제가 하는 작업이 스스로에게는 성취감을, 이웃과 사회에는 봉사를, 나아가서는 창조주 하느님을 섬기며 그분께 영광을 드리는 일임을 결코 잊지 않게 하시어, 늘 주님 안에서 보람과 기쁨으로 감사드리는 자녀가 되게 하소서.

광원이라는 직업으로 이웃과 사회를 위하고, 하느님의 뜻을 이룩하는 것임을 깨달아 형제가 하는 일 그 자체가 하느님을 향한 삶 가운데서 드리는 예배가 되게 하소서.

오늘도 (아무)의 발걸음과 생명을 지켜 주시고 건강을 지켜 주소서. 위험한 곳에 있다 하더라도 모든 걱정을 주님께 맡기고 평안한 마음으로 맡은 일을 잘할 수 있는 은총을 주소서. 이 가정의 가족들에게 평안을 내려 주소서.

주님께 희망을 두는 모든 이에게 너그러우신 우리 주 그리스도를 통하여 비나이다.

◎ 아멘.

마침 기도

✢ 저희에게 노동의 법을 주시어 정신과 육체의 노동으로 만물을 완성하는 데 노력하게 하신 하느님께서는 이 가정과 저희에게 복을 내리시어 길이 머물게 하소서.
◎ 아멘.

마침 성가   236 사랑하올 어머니

124. 교육자

시작 성가   절기에 맞는 성가나 적절한 성가

시작 기도

✢ 길이요 진리요 생명이신 주 예수 그리스도께서는 찬미받으소서.
◎ 하느님, 길이 찬미받으소서.

방문 기도

✢ 기도합시다. (잠깐 묵상)
◎ 자녀들에게 은총을 즐겨 베푸시는 하느님 아버지, 오늘 이 시간, 주님의 부족한 종(들)이 이 가정에 와서 주님의 평화와 복을 빌게 하심에 진심으로 감사드립니다.
 주님께서 사랑하시는 이 가정에서 마귀를 쫓아내시고, 평화의 천사를 머물게 하시고, 온갖 불목과 악을 없애 주소서.

영혼이 거룩해지는 복을 주시고, 일마다 잘되는 물질의 복도 주시며, 질병 없이 지내는 건강의 복도 주소서.

그리하여 이 가정은 (어버이부터 아들딸까지 모두) 주님 안에서 행복을 누리게 하시고, 땅에 사는 동안 주님의 영광을 크게 드러내도록 하소서.

모든 복의 샘이신 우리 주 그리스도를 통하여 비나이다.

아멘.

성가 409 아침 저녁

축복 기도

✢ 저희의 스승이 되시는 주 예수 그리스도님, 주님께서 사랑하시는 이 가정의 (아무)가 교육자의 길을 걷게 하심에 감사드립니다. (아무)에게 훌륭한 교사로서 지녀야 할 충분한 슬기와 사랑을 주소서. 열두 제자를 뽑아 그들을 3년 동안 가르치시고 복음을 전하게 하셨던 주님, (아무)도 주님의 제자로 삼으셨으니, 참된 복음을 전하며 학생들을 가르칠 수 있는 믿음을 주소서.

주님께서 이 세상을 떠나시면서 마지막으로 분부하신 "가서 제자를 삼으라."는 말씀을 마음에 새겨 참된 제자를 기를 수 있게 해 주소서. 그러려면 그들에게 본이 되어야 하겠습니다. 형제(자매)의 입술에 능력을 부어 주시어 입을 열어 가르칠 때마다 듣는 이들의 인격과 성격이 달라지게 해 주소서.

주님께서 세 제자를 특별히 골라 가르치신 뒤 성령의 은총을 가득히 부어 주셔서 일하게 하신 것처럼, (아무)도 제자를 가르치는 일에 온 힘을 다 쏟게 해 주소서. 그리하여 학생들의 인격 향상에 도움이 되는 교육자가 되게 하소서.

하느님을 올바로 받들고 섬기는 가정을 이루게 하시어 자녀에게도 마음과 정성을 다해 하느님을 섬기도록 가르치게 해 주소서. 그리고 저희 형제(자매)가 하느님께 의지하며 새 힘을 얻어 제자들을 가르치는 주님의 일꾼이 되게 하소서.

유일한 스승이신 주님께서는 영원히 살아 계시며 다스리시나이다.

◎ 아멘.

마침 기도

✢ 저희의 스승이신 주 하느님께서는 이 가정과 저희에게 주님의 복을 내려 주소서.

◎ 아멘.

마침 성가   142 오소서 성령이여

125. 군인

시작 성가   절기에 맞는 성가나 알맞은 성가

시작 기도

✚ 저희를 그리스도의 군사가 되게 하신 주님께서는 찬미받으소서.

◎ 하느님, 길이 찬미받으소서.

방문 기도

✚ 기도합시다. (잠깐 묵상)

◎ 주 예수 그리스도님,
저희가 겸손한 마음으로 이 집에 들어왔으니
영원한 행복과 거룩한 축복,
평화로운 기쁨과 풍성한 사랑
그리고 한결같은 건강을 이 집에 내려 주소서.
또한 이 집에서 마귀를 쫓아내시고,
평화의 천사를 머물게 하시고,
온갖 불목과 악을 없애 주소서.
주님, 저희를 통하여 주님의 영광을 드러내시고
저희 일상생활을 축복하시며,
미약한 저희의 방문을 성스럽게 하소서.
주님께서는 영원히 살아 계시며 다스리시나이다.
아멘.

성가   33 우리 주 예수 그리스도

축복 기도

✚ 이 겨레를 사랑하시어 이제까지 지켜 주시고 보살펴 주신 하느님, 하느님의 크신 은총을 생각하며 감사와 찬미를 드립니다. 우리나라와 겨레의 평화를 위해 (아무)의 생애를 바칠 수 있게 해 주심에 감사드립니다.

어린 다윗의 하느님이 되시어 사람의 힘으로는 도저히 상상도 못 할 골리앗을 쳐부수게 하신 하느님께서는 (아무)의 하느님도 되어 주소서. 저희 형제(자매)에게 하느님을 사랑하는 열정과 나라와 겨레를 위하는 충정을 주소서. 다윗이 하느님께 의지한 것처럼 하느님께 의지하여 일하게 하소서.

저희가 견진성사로 그리스도의 군사가 되게 하신 하느님, (아무)가 영혼의 세 원수인 마귀와 세속과 육신과의 싸움에서도 이기는 군인이 되게 하소서. 나라를 위해서 일할 때마다 주님의 군사라는 것도 잊지 않게 해 주소서. 주님의 군사로서 생활을 하게 해 주시고 성실을 무기 삼아 평소에 쌓아 놓은 실력이 주님 앞에 쓰이게 하소서.

저희 으뜸이신 주 하느님, 저희 모두 주님께 절대 복종하며 몸과 마음을 다 바쳐 충성할 것을 다짐합니다. 나라 땅 지키기와 나라의 평화를 위해 땀 흘리며 생명까지도 아낌없이 바치는 (아무)와 동료 군인들에게 용기를 주시고 강복해 주소서.

(아무)의 가정도 주님께서 보살펴 주시고, 나라를 지키다 고난받는 일이 생겨도 예수님께서 받으신 고난을 생각하며 그것에 동참한다는 기쁨을 주시고, 모든 어려운 훈련도 거뜬히 이겨 나가는 주님의 사랑받는 군사가 되게 하소서.

저희의 임금이신 우리 주 그리스도를 통하여 비나이다.
◎ 아멘.

마침 기도
✢ 창조하신 만물을 다스리시는 임금 가운데 임금이신 주 예수님께서는 이 가정의 군인 형제(자매)와 저희에게 강복하소서.
◎ 아멘.

마침 성가　　70 평화를 구하는 기도

126. 기술자

시작 성가　　절기에 맞는 성가나 알맞은 성가

시작 기도
✢ 사람들의 능력으로 이룩하는 업적과 발명으로 주님의 창조 사업에 저희를 동참시키시는 성부께서는 찬미받으소서.
◎ 이제부터 영원히 받으소서.

방문 기도
✢ 기도합시다. (잠깐 묵상)
◎ 자녀들에게 은총을 즐겨 베푸시는 하느님 아버지, 오늘 이 시간, 주님의 부족한 종(들)이 이 가정에 와서 주님의 평화와

복을 빌게 하심에 참으로 감사드립니다.

주님께서 사랑하시는 이 가정에서 마귀를 쫓아내시고, 평화의 천사를 머물게 하시고, 온갖 불목과 악을 없애 주소서.

영혼이 거룩해지는 복을 주시고, 일마다 잘되는 물질의 복도 주시며, 질병 없이 지내는 건강의 복도 주소서.

그리하여 이 가정은 (어버이부터 아들딸까지 모두) 주님 안에서 행복을 누리게 하시고, 땅에 사는 동안 주님의 영광을 크게 드러내도록 하소서.

모든 복의 샘이신 우리 주 그리스도를 통하여 비나이다.

아멘.

성가 401 주를 찬미하여라

축복 기도

✚ 창조의 샘이신 하느님 아버지, 우주 만물을 말씀으로 만들어 내시고, 마지막 날에는 진흙으로 손수 사람을 만드신 주님의 기술 앞에 머리 숙여 찬미를 드립니다.

보리빵과 같이 보잘것없는 기술이나마 주님께 바치오니, 다섯 개의 빵과 두 마리의 물고기로 오천 명이 넘는 사람들을 배불리 먹이신 기적을 행하신 주님께서 이 가정의 (아무)에게 놀라운 슬기와 기술을 주소서. 사람의 머리와 손이 한계점에 다다랐을 때 끝없는 능력의 기술자이신 주님께서 (아무)의 머리와 두 손에 함께하셔서 물로 포도주를 만드신 예수님과 같은 능력을 갖게 해 주소서.

주 하느님, 사람의 한계를 느끼고 슬퍼할 때 저희 형제(자매)에게 기쁨을 안고 찾아와 주소서. (아무)의 기술로 말미암은 기쁨이 아니라 주님께서 안겨다 주시는 기쁨으로 즐거움을 얻게 해 주소서.

모든 문명의 발전도 하느님께서 허락하셔야만 되는 줄 압니다. 주님을 믿고 사랑하며 따르는 백성에게 크신 은총을 베푸시어 슬기와 지식과, 재능으로 비신자들의 세계에 빛을 비추게 하여 주님의 놀라운 섭리와 전지전능하심의 영광을 드러내게 해 주소서.

기쁨의 샘이요 기술자이신 우리 주 그리스도를 통하여 비나이다.

◎ 아멘.

마침 기도

✢ 온갖 좋은 것을 만드시는 하느님께서는 빛나는 주님 얼굴을 저희에게 돌이키시고 저희를 평화의 길로 이끄시며 복을 내리시어 길이 머물게 하소서.

◎ 아멘.

마침 성가　　402 세상은 아름다워라

127. 노동자

시작 성가　　절기에 맞는 성가나 알맞은 성가

시작 기도
✠ 손으로 일하도록 사람을 창조하신 하느님께서는 찬미받으소서.
◎ 이제부터 영원히 받으소서.

방문 기도
✠ 기도합시다. (잠깐 묵상)
◎ 아들딸들에게 은총을 즐겨 베푸시는 하느님 아버지, 오늘 이 시간, 주님의 부족한 종(들)이 이 가정에 와서 주님의 평화와 복을 빌게 하심에 참으로 감사드립니다.
주님께서 사랑하시는 이 가정에서 마귀를 쫓아내시고, 평화의 천사를 머물게 하시고, 온갖 불목과 악을 없애 주소서.
영혼이 거룩해지는 복을 주시고, 일마다 잘되는 물질의 복도 주시며, 질병 없이 지내는 건강의 복도 주소서.
그리하여 이 가정이 (어버이부터 아들딸까지 모두) 주님 안에서 행복을 누리게 하시고, 땅에 사는 동안 주님의 영광을 크게 드러내도록 하소서.
모든 복의 샘이신 우리 주 그리스도를 통하여 비나이다.
아멘.

성가　　　403 가난한 자입니다

축복 기도

✠ 개미와 같이 부지런하라고 말씀하신 하느님 아버지, 저희에게 일할 수 있는 손과 발을 주시니 감사합니다. 이 가정의 (아무)가 날마다 (건강한 몸으로) 맡은 일에 충실할 수 있게 해 주시니 감사합니다.

양들을 푸른 풀밭으로, 잔잔한 물가로 이끄시는 착한 목자 예수님, 이 가정의 (아무)의 몸과 영혼이 쉼을 얻게 해 주소서. 저희 형제(자매)가 저희의 짐을 져 주시려고 찾아오시는 주님을 마음에 모시고 날마다 일을 할 때 믿음의 땅을 먼저 일구게 하시어 새 힘을 가득 얻어 일하게 하소서. (아무)가 하는 일이 어렵고 힘이 들 때에는 주님께서 대신 져 주셔서 피곤을 잊게 해 주소서. 만물을 창조하고 다스리시는 하느님 아버지, 창조의 하느님을 의지하오니 (아무)에게 있는 힘이 다 떨어져서 지쳐 있을 때 다시 새로운 힘을 주소서. 행한 대로 갚아 주시는 하느님 앞에 성실을 음식으로 삼고 끊임없는 노력을 하게 해 주소서.

(아무)가 하는 일이 가정이나 자신만을 위한 것이 아니라 이웃과 사회에 이로움이 되며, 나라와 겨레의 번영을 위한 주춧돌임을 알게 하시어, 이 형제(자매)가 마음속에서 하느님의 은총으로 가득 찬 기쁨을 누리게 하소서. 그리고 살아 움직이는 믿음과 왕성한 활동력으로 이웃을 돕게 하소서.

한 사람도 버리지 않으시고 모든 사람을 그지없이 사랑하시는 하느님, 사람의 겉모습을 보지 않으시고 마음을 보시는 하느님께 인정받는 일꾼이 되기를 바라는 (아무)에게 거짓을 미워하고 위선을 물리치는 정신을 갖게 해 주시어, 주님 앞에서 늘 진실하게 살아감에 모자람이 없게 하소서.

(아무)가 물질로 말미암아 유혹받지 않게 하시고, 가난하다 해도 원망하지 않는 믿음의 부유함을 누리게 하소서. 그리하여 하늘나라의 희망 속에서 평화를 가득히 맛보며 살아가게 하소서.

저희의 힘이 되시며 도움의 은총을 풍성히 베풀어 주시는 우리 주 그리스도를 통하여 비나이다.

◎ 아멘.

마침 기도

✚ 모든 선의 샘이신 하느님께서는 저희에게 강복하시고 저희 형제(자매)의 일에 복을 내려 주시어, 받은 은총에 감사드리며 주님을 길이 찬미하게 하소서.

◎ 아멘.

마침 성가   54 주님은 나의 목자

128. 농부

시작 성가   절기에 맞는 성가나 알맞은 성가

시작 기도

✚ 하늘과 땅을 만드신 하느님을 영원히 찬미합니다.
◎ 하느님, 길이 찬미와 영광을 받으소서.

방문 기도

✚ 기도합시다. (잠깐 묵상)
◎ 주 예수 그리스도님,
  저희가 겸손한 마음으로 이 집에 들어왔으니
  영원한 행복과 거룩한 축복,
  평화로운 기쁨과 풍성한 사랑
  그리고 한결같은 건강을 이 집에 내려 주소서.
  또한 이 집에서 마귀를 쫓아내시고,
  평화의 천사를 머물게 하시고,
  온갖 불목과 악을 없애 주소서.
  주님, 저희를 통하여 주님의 영광을 드러내시고
  저희 일상생활을 축복하시며,
  미약한 저희의 방문을 성스럽게 하소서.
  주님께서는 영원히 살아 계시며 다스리시나이다.
  아멘.

성가　　　417 주여 영광과 찬미를

축복 기도

✚ 저희의 농부 되시는 하느님 아버지, 천지 만물을 만드시고

땅을 축복하시며 많은 열매를 맺으라고 하신 하느님께 참으로 감사드립니다. 심은 대로 거둘 수 있게 해 주시고, 노력하고 땀 흘린 대로 수확을 얻게 하시는 하느님, 저희의 수고가 헛되지 않게 하시려고 땅을 매우 진실하게 만들어 주신 하느님께 감사와 찬미를 드립니다.

이 가정도 땅처럼 속일 줄 모르는 가정이 되고, 하느님과 사람 앞에 진실하기를 바랍니다. (아무)가 많은 곡식을 거두어들일 때마다 그 곡식들 앞에 부끄러움이 없는 농부가 되게 해 주소서. 성실과 근면으로 주님의 명령을 따르며 멀지 않은 장래에 주님께서 다시 오실 때 하늘나라에 들어가게 해 주소서.

사랑이 그지없으신 하느님 아버지, (아무)의 이마에 흐르는 땀과 부지런한 손으로 수고하여 얻은 농작물들이 각 가정에 들어가 사람들의 배고픔을 풀어 주며, 수많은 입들을 즐겁게 해 줄 때마다 그들의 영혼도 함께 기름지게 해 주소서.

햇빛과 공기를 주시며 때에 맞춰 비를 주셔서 풍성한 열매를 맺게 해 주신 하느님께 찬미와 영광을 드립니다.

한 해 동안의 수고와 애씀으로 곡식을 바라보는 (아무)는 기다림의 기쁨이 어떠한 것인지를 잘 알 것입니다. 이 가정의 모든 가족의 믿음을 지키려고도 수고와 애씀을 아끼지 않게 하시고 인내의 은총을 주셔서 다시 오실 예수 그리스도님을 기다리는 영적 농부도 되게 하소서.

특별히 바라옵건대 곡식단을 앞에 놓고 먼저 살아 계신 하느님께 감사드릴 줄 아는 농부의 가정이 되게 하시며, 해마다 풍성한 수확을 얻도록 복을 내려 주소서.
우리 주 그리스도를 통하여 어머니이신 마리아와 함께 기도 드리나이다.
◎ 아멘.

마침 기도
✚ 땅에서 먹을거리를 얻도록 섭리하신 성삼께서는 이 가정이 감사하는 마음으로 한 일에 강복해 주시고 저희 모두가 주님을 길이 찬미하게 하소서.
◎ 아멘.

마침 성가　　35 나는 포도나무요

129. 목축업자

시작 성가　　절기에 맞는 성가나 알맞은 성가

시작 기도
✚ 모든 것을 슬기로 만들어 내신 하느님을 마음껏 찬미합시다.
◎ 하느님, 길이 찬미와 영광을 받으소서.

예수 성심께 바치는 봉헌 기도
◎ 지극히 어지신 구세주 예수님,

주님 앞에 꿇어
주님의 성심께 이 가정을 봉헌하나이다.
주님께서는 언제나
이 가정을 보살펴 주소서.
저희는 온전히 성심께 의지하고 바라오니
저희 생각과 말과 행위를 거룩하신 뜻대로 다스리소서.
예수님, 저희가 하는 일에 강복하시어
기쁠 때나 슬플 때나 저희와 함께 계시는
주님의 사랑을 깊이 깨달아
언제나 주님을 사랑하며 섬기게 하소서.
온 세상 어디서나 모든 이가
입을 모아 예수 성심을 찬미하며
사랑과 영광을 드리게 하소서.
아멘.

성가   19 주를 따르리

축복 기도

✠ 저희의 착한 목자이신 주님, 불쌍한 저희의 인도자가 되어 주시어 친절하게 푸른 풀밭으로 이끌어 주시니 참으로 감사를 드립니다.

저희의 목자 되시는 좋으신 주님, 이 가정의 (아무)가 (신앙인으로서) 뜻있는 목축업을 하게 해 주심을 감사하며 동물들을 잘 기를 수 있도록 주님께서 슬기를 더하여 주시기를 바랍니다.

"주님은 나의 목자, 나는 아쉬울 것 없어라."라고 노래했던 다윗의 고백이 이 가정과 저희의 고백이 되게 하소서. 착한 목자이신 예수님께서 영원한 삶을 이끌어 주소서. 모자람 없이 넘치도록 채워 주소서. 푸른 풀밭 쉴 만한 물가로 이끌어 주소서. 죽음의 그늘진 골짜기에서 저희를 건져 주시며, 영원한 삶을 베푸시고, 머리에 향기름을 부어 주소서.

저희의 생명이요 부활이신 주 하느님, 주 예수 그리스도께서 십자가에 달려 흘리신 희생의 거룩한 피가 저희를 구원한 것처럼, (아무)가 만들어 낸 좋은 우유(와 고기)를 먹는 사람들이 모두 건강하게 하소서.

우유(와 고기)만 대줄 것이 아니라, (아무)가 믿지 않는 사람들에게 영원한 생명의 물이신 주님도 함께 알리게 하소서. (아무)가 만들어 낸 것을 공급받는 모든 사람들이 육체의 건강뿐만 아니라 영혼의 평화로움도 가득히 누릴 수 있게 하소서. 그리하여 참목자이신 예수 그리스도만을 따라가게 하소서.

착하신 목자이신 주님께서는 영원히 살아 계시며 다스리시나이다.

◎ 아멘.

마침 기도

✠ 사람들을 위하여 땅의 짐승들을 창조하신 하느님, 주님께서 강복하시어 이 가정과 저희를 늘 보살피시고 지켜 주소서.

◎ 아멘.

마침 성가   50 야훼는 나의 목자

130. 문인

시작 성가   절기에 맞는 성가나 알맞은 성가

시작 기도
✠ 길이요 진리요 생명이신 주 예수 그리스도께서는 영원히 찬미받으소서.
◎ 하느님, 길이 찬미받으소서.

방문 기도
✠ 기도합시다. (잠깐 묵상)
◎ 자녀들에게 은총을 즐겨 베푸시는 하느님 아버지, 오늘 이 시간, 주님의 부족한 종(들)이 이 가정에 와서 주님의 평화와 복을 빌게 하심에 진심으로 감사드립니다.
주님께서 사랑하시는 이 가정에서 마귀를 쫓아내시고, 평화의 천사를 머물게 하시고, 온갖 불목과 악을 없애 주소서.
영혼이 거룩해지는 복을 주시고, 일마다 잘되는 물질의 복도 주시며, 질병 없이 지내는 건강의 복도 주소서.
그리하여 이 가정은 (어버이부터 아들딸까지 모두) 주님 안에서 행복을 누리게 하시고, 땅에 사는 동안 주님의 영광을 크게 드러내도록 해 주소서.

모든 복의 샘이신 우리 주 그리스도를 통하여 비나이다.
아멘.

성가 417 주여 영광과 찬미를

축복 기도

✠ 길이요 진리요 생명이신 주 하느님, 이 가정의 (아무)에게 남달리 문학적 재능과 총명을 주신 데 대하여 감사를 드립니다. (아무)가 이 은총으로 모든 사람들에게 도움을 주고 뭇사람을 그리스도께 이끌며 하느님께 영광이 되는 글을 쓸 수 있게 해 주소서. 주 예수님께서 땅에 글을 쓰심으로(요한 8,6 참조) 죽음 앞에 떨고 있던 여인이 구원받은 것처럼, (아무)의 글로 많은 사람들이 생명의 주님을 발견할 수 있게 해 주소서.

때로는 하느님의 엄위하심을 보이는 글로 많은 사람이 하느님을 두려워하게 되기를 바랍니다. 옛날 바빌론의 벨사차르 임금이 하느님을 모독하며 자기 영화만 자랑하다가, 벽 위에 쓰인 하느님의 글을 읽고 온몸을 떨며 하느님을 두려워했을 때 슬기로운 하느님의 사람 다니엘이 그것을 풀이해 주었듯이(다니 5장 참조), (아무)가 모든 사람에게 하느님의 뜻을 알게 하는 글을 쓸 수 있는 슬기와 영감을 주소서.

온갖 슬기와 지식의 샘이신 하느님 아버지, 주님께서 저희 형제(자매)에게 뚜렷한 역사관과 시대정신에 대한 판단력, 그리고 철학적인 사고 능력과 표현력을 주시어 후세의 사람들에게까지 사랑받을 수 있는 글을 쓸 수 있도록 도와주소서. 결코 독자와 사회에 좋지 못한 영향을 주는 글은 쓰지 않게 하시고 모든 독자에게 여러 가지로 이로움을 줄 수 있는 글을 많이 쓰게 해 주소서.

(아무)의 작품을 사랑하는 사람, 기다리는 사람, 칭찬하는 사람이 많도록 주님께서 도와주소서. 하느님의 영광을 위하여 간절히 바랍니다.

학문의 주인이신 우리 주 그리스도를 통하여 상지의 옥좌이신 어머니 마리아와 함께 기도드리나이다.

◎ 아멘.

마침 기도

✛ 그리스도 안에서 진리와 사랑을 나타내 보이신 하느님께서는 이 가정의 (아무)와 저희를 세상에서 복음과 사랑의 증인이 되게 강복하소서.

◎ 아멘.

마침 성가　　451 주께 나아가리다

131. 법관

시작 성가　　절기에 맞는 성가나 알맞은 성가

시작 기도

✚ 정의와 사랑의 그릇이신 예수 성심을 마음껏 찬미합시다.
◎ 하느님, 길이 찬미받으소서.

방문 기도

✚ 기도합시다. (잠깐 묵상)
◎ 주 예수 그리스도님,
저희가 겸손한 마음으로 이 집에 들어왔으니
영원한 행복과 거룩한 축복,
평화로운 기쁨과 풍성한 사랑
그리고 한결같은 건강을 이 집에 내려 주소서.
또한 이 집에서 마귀를 쫓아내시고,
평화의 천사를 머물게 하시고,
온갖 불목과 악을 없애 주소서.
주님, 저희를 통하여 주님의 영광을 드러내시고
저희 일상생활을 축복하시며,
미약한 저희의 방문을 성스럽게 하소서.
주님께서는 영원히 살아 계시며 다스리시나이다.
아멘.

성가   46 사랑의 송가

축복 기도

✚ 공의로 심판하시는 하느님 아버지, 아버지께서 이 가정의 (아

무)에게 법을 다루는 재능을 주셨음에 감사합니다. 특별히 저희 형제에게 이르셔서 하느님을 받드는 마음으로 공평하게 법을 집행하게 하소서. 그리고 겸손한 마음, 온유한 마음, 올바른 양심을 허락하시어 사람의 법으로 판단하기에 앞서 하느님의 말씀과 가르치심을 먼저 생각하게 하소서.

참 좋으신 하느님 아버지, (아무)가 늘 아버지께 기도하여 주님의 슬기와 정의를 얻게 하소서. 이 가정을 뽑아 주셨으니 불림을 받고 뽑힌 가정으로서 본분을 다하게 하시고, 주님의 몸인 교회를 위하여 또한 그 백성을 위하여 더 큰일을 하는 귀한 가정으로 축복해 주시기를 바랍니다.

저희의 모범이 되시는 우리 주 그리스도를 통하여 비나이다.

◎ 아멘.

마침 기도

✠ 전능하신 하느님, 성부와 성자와 성령께서는 저희에게 복을 내리시어 길이 머물게 하소서.

◎ 아멘.

마침 성가   238 자모신 마리아

132. 사무원

시작 성가   절기에 맞는 성가나 알맞은 성가

시작 기도

✚ 우리의 도움은 주님의 이름에 있으니.

◎ 하늘과 땅을 만드신 분이시로다.

방문 기도

✚ 기도합시다. (잠깐 묵상)

◎ 자녀들에게 은총을 즐겨 베푸시는 하느님 아버지, 오늘 이 시간, 주님의 부족한 종(들)이 이 가정에 와서 주님의 평화와 복을 빌게 하심에 참으로 감사드립니다.

주님께서 사랑하시는 이 가정에서 마귀를 쫓아내시고, 평화의 천사를 머물게 하시고, 온갖 불목과 악을 없애 주소서.

영혼이 거룩해지는 복을 주시고, 일마다 잘되는 물질의 복도 주시며, 질병 없이 지내는 건강의 복도 주소서.

그리하여 이 가정은 (어버이부터 자녀까지 모두) 주님 안에서 행복을 누리게 하시고, 땅에 사는 동안 주님의 영광을 크게 드러내도록 하소서.

모든 복의 샘이신 우리 주 그리스도를 통하여 비나이다.

아멘.

성가 205 사랑의 성심

축복 기도

✚ 저희를 세상에 태어나게 하시고, 지금까지 자라고 교육받게 하신 하느님 아버지, 경쟁이 심한 이 사회에서 (좋은) 직장을

갖게 해 주신 하느님께 감사와 영광을 돌립니다. 특별히 (아무)가 그리스도 안에서 살게 하시고 구원의 희망을 주심에 감사를 드립니다.

비록 세상의 일을 하고 있을지라도 하느님을 생각하고 일하게 하소서. 때때로 어려운 일이 있을지라도 예수 그리스도를 바라보며 일할 수 있기를 바랍니다. 모든 사람과 더불어 가까이 지낼 수 있고 또 뭇사람을 사랑할 수 있게 하소서. 비록 경제적인 만족이 없을지라도, 사람들의 오해를 받는 일이 있을지라도 묵묵히 일할 수 있는 넓은 마음을 주소서.

모든 복의 샘이신 하느님 아버지, 성조 요셉이 있는 곳에는 하느님께서 복을 내려 주신 것처럼 (아무)가 있음으로 그가 다니는 직장이 더 잘되기를 바랍니다. 주변에 사고가 없도록 늘 지켜 주시고, 가정의 어려움이나 육신의 질병으로 결근하는 일이 없도록 늘 은총으로 보살펴 주소서.

형제(자매)가 맡은 직책이 크든 작든 간에 하느님께서 주신 일인 줄 알고 불평 없이 일할 수 있기를 바랍니다. 그리하여 날마다 삶이 기쁨과 즐거움으로 넘치도록 도와주소서.

그리고 어떤 일이나 어떤 사람을 대할 때라도 언제나 예수 그리스도를 생각하면서, 그리스도인의 긍지와 그 처지를 잠시라도 잊어버리는 일이 없도록 은총 주시기 바랍니다. 그래서 (아무)가 직장에서 복음을 전하는 선교사와 같은 역할을 할 수 있기를 바랍니다.

그리스도인이라는 이유로 어려움이 생긴다면 그것도 주님의 고난에 동참하는 것으로 알고 기꺼이 참아 나아갈 수 있도록 붙들어 주소서. 또한 직장의 동료들에게 그리스도를 전할 수 있게 성령께서 함께해 주소서.

사랑하올 어머니 마리아와 함께 우리 주 그리스도를 통하여 비나이다.

◎ 아멘.

마침 기도

✛ 주님께서는 저희의 노력을 굽어보시고, 하늘나라의 사랑으로 필요한 도움을 저희에게 베풀어 주소서.

◎ 아멘.

마침 성가   2 주 하느님 크시도다

133. 상인

시작 성가   절기에 맞는 성가나 알맞은 성가

시작 기도

✛ 주님의 이름은 찬미를 받으소서.
◎ 이제부터 영원히 받으소서.

방문 기도

✛ 기도합시다. (잠깐 묵상)

◎ 주님, 찬미받으소서.

주님께서는 사람이 되신 주님의 외아드님께서 가족의 한 구성원이 되게 하시고, 가정의 깊은 관계 속에서 자라게 하시어 사람의 걱정과 기쁨을 함께 맛보게 하셨나이다.

그러므로 주님, 이 가정을 위하여 겸손하게 청하오니, 이 가정을 보살펴 주시고 지켜 주시어, 주님의 은총으로 힘을 얻은 이 가정이 은총을 누리고 화목하며 가정 교회로서 세상에서 주님의 영광을 증언하게 하소서.

우리 주 그리스도를 통하여 비나이다.

아멘.

성가　　　55 착하신 목자

축복 기도

✚ 저희를 사랑하시어 슬기를 주신 하느님께 감사를 드립니다. (아무)에게 (작으나마) 사업을 할 수 있도록 해 주신 하느님께 영광을 돌립니다.

비록 부족하지만 하느님의 말씀에 따라서 꾸준히 일하며, 결과는 하느님께 맡기는 믿음을 주소서. 비록 경영의 자질과 상술이 많이 부족할지라도 하느님께서 숨은 보화와 값진 진주를 발견할 수 있도록 이끌어 주소서.

언제나 올바른 방법으로 사업을 할 수 있도록 슬기와 지혜를 더하셔서 하느님의 영광을 크게 드러내며, 맡겨 주신 그리스도의 몸인 교회에 충실하며 분부하신 선교 사업을 잘할 수 있도록 물질의 넉넉함도 허락해 주소서. 비록 불경기가 닥친다 하더라도 하느님께서 그때마다 잘해 나갈 수 있도록 은총을 내려 주소서.

저희를 바른길로 이끌어 주시는 하느님 아버지, 저희 형제(자매) (아무)가 사업을 하다가 그릇된 유혹을 받게 되면 성령께서 바른길을 보여 주시고 이끌어 주소서. 사업으로 많은 사람들을 만날 때에도 시간을 바르게 사용하여 예수 그리스도의 향기를 풍길 수 있는 최선의 기회를 만들도록 하소서.

만일에 지나치게 바쁘거나 단체적인 일이 있더라도, 결코 주일을 어기거나 주님의 날을 소홀히 여기는 일이 없도록 지켜 주시기 바랍니다. 보잘것없는 돈 때문에 진실하지도 못하고 사랑하지도 못하며 공의롭지도 못한 삶이 되지 않도록 이끌어 주소서. 언제 어떤 경우라도 우선순위는 하느님뿐이기를 바랍니다.

그리고 하느님께서 주시는 믿음과 힘으로 더 많은 것을 봉헌할 수 있게 해 주소서. 언제나 사업이나 가정을 사랑하듯 그리스도의 몸인 교회를 사랑할 수 있게 해 주소서. (아무)의 사업의 최고 목적은 하느님께 영광을 돌리는 그것이 되게 해 주소서.

우리 주 그리스도를 통하여 비나이다.

◎ 아멘.

마침 기도

✚ 저희에게 크신 사랑을 베푸신 하느님, 성부와 성자와 성령께

서는 이 가정의 사업과 저희에게 복을 내려 주소서.
◎ 아멘.

마침 성가   61 주 예수와 바꿀 수는 없네

134. 선원

시작 성가   절기에 맞는 성가나 알맞은 성가

시작 기도
✚ 우리의 도움은 주님의 이름에 있으니.
◎ 하늘과 땅을 만드신 분이시로다.

방문 기도
✚ 기도합시다. (잠깐 묵상)
◎ 주 하느님, 저희는 하느님을 찬미하나이다.
하느님께서는 성자께서 사람의 가정에서 생활하시고 가정의 근심과 기쁨을 함께하시기를 바라셨나이다.
이 가정을 보살펴 주시고 지켜 주소서.
주님의 은총으로 이 가정을 튼튼하게 하시고 만족하고 행복한 가정이 되게 하소서.
이 가정의 모든 식구가 좌절과 고통 속에서도 서로 힘을 합하도록 도와주소서.

또 서로를 위해서 사랑과 일치 속에 있게 하시고 성자께서
저희에게 모범을 보여 주셨듯이 서로 봉사하게 하소서.
성자께서는 영원히 살아 계시며 다스리시나이다.
아멘.

성가 54 주님은 나의 목자

축복 기도

✚ 그지없이 자비로우며 은혜로우신 하느님 아버지, 오늘 이 가정을 위하여 기도하게 하신 은총에 참으로 감사드립니다.
이제껏 주님께서 이 가정을 지켜 주시고 보살펴 주셨으니 앞으로도 이끌어 주시고 모든 것을 주님께서 다스려 주소서.
특별히 (아무)를 위하여 기도합니다. (아무)가 사정과 형편에 따라 배 위에서 생활을 하고 있으니 건강으로 강복하시고 믿음으로 함께하셔서 아무런 어려움이 없게 하소서.
늘 무사고와 안전 항해를 위해 기도하는 가족들의 기도를 모른 체하지 마시고 모든 풍랑과 세파 속에서 지켜 주시며 믿음의 풍랑으로 실족함이 없게 해 주소서. 언제 어디서나 주님의 사랑을 잊지 않고 신앙생활에 게으름이 없게 하소서.
이 가정에 복을 내려 주셔서 영육에 모자람이 없는 삶을 살게 해 주시고 주님만을 따라가며 이끄심을 받는 믿음의 가족들이 되게 해 주소서.
빛과 등대가 되시는 우리 주 그리스도를 통하여 바다의 별이신 어머니 마리아와 함께 비나이다.

◎ 아멘.

마침 기도

✠ 전능하신 하느님, 성부와 성자와 성령께서는 저희의 열심을 굽어보시고, 하늘나라의 사랑으로 필요한 도움을 베풀어 주소서.
◎ 아멘.

마침 성가   242 바다의 별이신

135. 세무 공무원

시작 성가   절기에 맞는 성가나 알맞은 성가

시작 기도

✠ 저희를 주님의 자녀로 삼아 주신 하느님 성부를 마음껏 찬미합시다.
◎ 하느님, 길이 찬미받으소서.

방문 기도

✠ 기도합시다. (잠깐 묵상)
◎ 주 예수 그리스도님,
저희가 겸손한 마음으로 이 집에 들어왔으니

영원한 행복과 거룩한 축복,
평화로운 기쁨과 풍성한 사랑
그리고 한결같은 건강을 이 집에 내려 주소서.
또한 이 집에서 마귀를 쫓아내시고,
평화의 천사를 머물게 하시고,
온갖 불목과 악을 없애 주소서.
주님, 저희를 통하여 주님의 영광을 드러내시고
저희 일상생활을 축복하시며,
미약한 저희의 방문을 성스럽게 하소서.
주님께서는 영원히 살아 계시며 다스리시나이다.
아멘.

성가　　　410 예수 생각

축복 기도

✢ 옛날이나 오늘날이나 영원히 일하시는 하느님, 이 가정의 (아무)가 세무 공무원으로 일하게 하심에 대하여 감사드립니다. 옛날 이스라엘에서는 세리들이 아주 못되고 반민족적인 행실로 주민들을 못살게 굴었다고 합니다.

하느님, (아무)에게 바른 세법으로 세무 행정을 집행할 수 있는 힘을 주소서. 직장 동료에게나, 업무와 관계되는 모든 사람에게 사랑과 친절을 베풀어 바르고 곧은 사람, 믿음직한 사람으로 인정받는 공무원이 되게 해 주시며 공무원의 모범으로 청백리가 되게 해 주소서.

참 좋으신 하느님 아버지, 저희 형제가 참으로 아름다운 것을 뿌려 좋은 열매를 거둘 수 있게 하소서. 그리하여 (아무)와 만나는 동료 직원이나 관계되는 사람들에게 세무 공무원의 모습을 새롭게 하는 본보기가 되기 바랍니다. 국가 공무원으로서 나라에 도움이 되고 아울러 관계되는 모든 사람에게 기쁨을 주는 슬기를 주소서.

옛날 레위라는 세리가 예수님을 만나서 그분의 부르심을 따라 제자가 되었듯이 (아무)도 순간마다 예수님을 만나는 삶을 살게 해 주소서.

교회 생활과 영적 생활로도 여러 신자들의 모범이 될 수 있기를 바랍니다. 또한 주변의 세무 공무원 한 사람 한 사람이 그리스도를 믿는 신자가 되도록 저희 형제를 복음 전파자로 삼아 주소서.

오늘도 기쁜 마음으로 업무에 충실하며 온종일 기쁘고 가벼운 마음으로 일할 수 있게 도와주소서. 어떤 경우에라도 시험에 빠지지 않게 하소서. 관계된 기관이나 상인들과 시민들에게 칭찬을 들으며 원망을 듣지 않기를 바랍니다. 순간순간 주님께서 그와 함께해 주소서.

우리 주 그리스도를 통하여 비나이다.

◎ 아멘.

마침 기도

✠ 나자렛 가정에 머무르셨던 예수님께서 이 가정에도 언제나 머물러 계시며 이 가정을 모든 악에서 지켜 주시며 가족들

이 한마음 한뜻이 되게 하소서.
◎ 아멘.

마침 성가　　41 형제에게 배푼 것

136. 약사

시작 성가　　절기에 맞는 성가나 알맞은 성가

시작 기도
✚ 지극한 어버이의 사랑으로 저희를 늘 돌보시는 하느님께서는 찬미받으소서.
◎ 하느님, 길이 찬미받으소서.

방문 기도
✚ 기도합시다. (잠깐 묵상)
◎ 주 하느님, 저희는 하느님을 찬미하나이다.
하느님께서는 성자께서 사람의 가정에서 생활하시고 가정의 근심과 기쁨을 함께 맛보게 하셨나이다.
이 가정을 보살펴 주시고 지켜 주소서.
주님의 은총으로 이 가정을 튼튼하게 하시고 만족하고 행복한 가정이 되게 하소서.
이 가정의 모든 식구가 좌절과 고통 속에서도 서로 힘을 합하도록 도와주소서.

또 서로를 위해서 사랑과 일치 속에 있게 하시고 성자께서 저희에게 모범을 보여 주셨듯이 서로 봉사하게 하소서.

성자께서는 영원히 살아 계시며 다스리시나이다.

아멘.

성가   24 내 맘의 천주여

축복 기도

✠ 만물과 그 원리를 말씀으로 창조하신 하느님 아버지께 영광과 찬미를 드립니다. 이 가정의 (아무)가 다른 사람들의 건강을 돌보게 하심에 감사드립니다.

온 인류가 모두 병든 듯한 오늘날 이 땅 위에서 질병과 고통을 몰아내 주소서. 특별히 (아무)가 찾아오는 환자나 고객들에게 친절과 정성을 베풀 수 있게 하소서. 그리하여 기도하며 지은 약으로, 환자들이 건강을 완전히 되찾을 수 있게 해 주소서.

옛날, 주님께로 나온 모든 사람에게 치유의 은총을 베풀어 주신 하느님 아버지, 이 가정의 (아무)가 약사로서 손님을 대할 때 정말 안타깝고 딱하게 생각되는 경우가 있을 것입니다. 하느님께서 함께하셔서 그 어렵고 가난한 환자나 손님들을 불쌍히 여기시어, (아무)가 지어 주는 약을 먹고 하루빨리 건강을 되찾도록 도와주시기 바랍니다.

참을성이 많으시고 자비가 그지없으신 하느님 아버지, 온종일 밤늦게까지 일하면서 많은 사람을 대하는 저희 형제(자매) (아무)가 모든 이에게 그리스도의 생명의 향기를 풍길 수 있게 하시고, 약국이 바로 선교의 터가 되게 해 주소서. 이 가정의 (아무)로 말미암아 모든 약사가 그리스도인이 되어 하느님의 능력을 입어서 사랑의 눈으로 생명을 대하게 하소서. 하느님께서 (아무)를 축복하시고 돌보아 주시어 하느님의 교회의 일도 열심히 하며 그 거룩한 사업을 마음껏 도울 수 있게 하소서.

주님께서 주신 은총을 좋으신 하느님 아버지를 위해 바로 쓰게 하시고, 가난하고 어려운 사람들을 위해서 봉사할 수 있게 하소서.

우리 주 예수 그리스도를 통하여 병자의 구원이신 어머니 마리아와 함께 비나이다.

◎ 아멘.

마침 기도

✚ 나자렛 가정에 머무르셨던 주 예수님께서 이 가정에도 언제나 머물러 계시며 이 가정을 모든 악에서 지켜 주시며 가족들이 한마음 한뜻이 되게 하소서.

◎ 아멘.

마침 성가　41 형제에게 베푼 것

137. 어부

시작 성가 절기에 맞는 성가나 알맞은 성가

시작 기도
✚ 우리의 도움은 주님의 이름에 있으니.
◎ 하늘과 땅을 만드신 분이시로다.

방문 기도
✚ 기도합시다. (잠깐 묵상)
◎ 자녀들에게 은총을 즐겨 베푸시는 하느님 아버지, 오늘 이 시간, 주님의 부족한 종(들)이 이 가정에 와서 주님의 평화와 복을 빌게 하심에 진심으로 감사드립니다.
주님께서 사랑하시는 이 가정에서 마귀를 쫓아내시고, 평화의 천사를 머물게 하시고, 온갖 불목과 악을 없애 주소서.
영혼이 거룩해지는 복을 주시고, 일마다 잘되는 물질의 복도 주시며, 질병 없이 지내는 건강의 복도 주소서.
그리하여 이 가정은 (어버이부터 아들딸까지 모두) 주님 안에서 행복을 누리게 하시고, 땅에 사는 동안 주님의 영광을 크게 드러내도록 하소서.
모든 복의 샘이신 우리 주 그리스도를 통하여 비나이다.
아멘.

성가 242 바다의 별이신

축복 기도

✠ 하늘과 땅, 그리고 바다와 강을 만드신 하느님 아버지, 그 모든 것들과 함께 저희도 소리 높여 하느님께 찬미를 드립니다. 저희는 높은 하늘을 쳐다볼 때, 깊고 넓은 바다를 볼 때 하느님의 그 넓으신 사랑의 뜻과 권능의 손 앞에 머리를 숙입니다. 가물 때는 물 한 방울조차 소중합니다. 바다와 강에 그렇게 많은 물을 만드신 하느님께 영광을 돌립니다.

저희는 심한 바람이 불 때 두려움을 느낍니다. 큰 파도가 칠 때 어쩔 줄 몰라 헤맵니다. 넓은 바다 위를 다니며 일할 때 외로움과 두려움이 계속되기도 합니다. 그러나 하느님께서 언제나 임마누엘로 (아무)와 함께하셔서 그의 몸과 생명을 지켜 주시기를 간절히 바랍니다.

주님을 믿기 때문에 모든 것을 주님께 맡기고, 주어진 일을 위하여 물 위에서 활동합니다. (아무)가 조업을 하면서 하느님께 더 많은 영광을 돌리고 감사할 수 있도록 굳은 믿음도 주소서.

저희를 불러 주님의 백성으로, 자녀로, 또한 제자로 삼으신 주 하느님, 특별히 예수님께서 고기잡이들을 부르셔서 제자로 삼으셨고 복음을 전하게 하셨듯이, 오늘의 (아무)도 하느님의 부르심을 받아 주님의 제자가 된 것입니다. 비록 베드로나 요한 같지는 못하더라도 나름대로 주님의 일을 할 수 있기를 바랍니다.

예수님께서 제자들을 갈릴래아 호수에서 부르실 때 "사람 낚는 어부가 되게 하겠다."고 말씀하셨는데 (아무)가 고기잡이를 하면서도 기회가 닿는 대로 사람 낚는 일도 하게 해 주소서.
바다의 별이신 어머니 마리아와 함께 우리 주 그리스도를 통하여 비나이다.
◎ 아멘.

마침 기도

✚ 저희에게 크신 사랑을 베푸신 하느님, 성부와 성자와 성령께서는 이 가정과 저희에게 영원한 복을 내려 주소서.
◎ 아멘.

마침 성가   201 은총의 샘

138. 언론인

시작 성가   절기에 맞는 성가나 알맞은 성가

시작 기도

✚ 성자를 구원의 선포자로 우리에게 보내 주시고 진리의 성령을 우리 마음속에 늘 부어 주시는 하느님께서 우리와 함께.
◎ 아멘.

방문 기도

✚ 기도합시다. (잠깐 묵상)

◎ 아버지 찬미받으소서.

성자 그리스도께서는 저희를 구원하시려고 사람이 되셨고 아버지의 뜻을 이행하시려고 말씀과 모범으로 저희를 가르치셨나이다.

이 가정을 자비로이 굽어보시고 강복해 주소서.

이 집에 사는 (모든) 이들과 한마음으로 바치는 저희의 바람을 들어주시고 성령 안에서 그들에게 평화와 기쁨을 주시며, 그들이 하는 모든 일이 성공하도록 도와주시며, 그들을 모든 위험에서 지켜 주소서.

그들이 덧없는 현세 재물에 그릇된 희망을 두지 않게 하시고, 주님께서 바로 저희 생명의 목적임을 깨닫게 하소서. 우리 주 그리스도를 통하여 비나이다.

아멘.

성가 147 임하소서 성령이여

축복 기도

✚ 이 세상을 늘 살피시는 전능의 아버지 하느님께서는 길이 찬미와 영광을 받으소서.

주 하느님, 세상이 어두울수록 많은 빛이 필요하고 부패가 심할수록 더 많은 소금이 필요한 것처럼, 오늘날 정의의 부르짖음과 진실의 외침이 필요한 곳에 (아무)가 세례자 요한처럼 하느님의 뜻을 사람들에게 전할 수 있게 되기를 바랍니다. 저희는 언론의 자유를 바랍니다. 그리고 모든 사람에게 용기와 기쁨을 주며 사회를 밝게 할 수 있게 하소서.

(아무)가 하는 일을 하느님께서 도와주시고 사람들이 서로 한마음이 되게 이끌어 주소서. 그 손으로 쓰는 글과 전하는 말이 나라와 겨레에 도움이 되게 하소서. 신앙적으로나 영적으로나 교회에 덕이 되게 하소서. 이 가정의 (아무)가 쓰고 전하는 글이 그것을 보고 읽는 사람들에게 조용히 그리스도의 향기를 풍기는 데 한몫을 하게 하소서.

저희가 읽고, 믿고 있는 성경 말씀이 글로 나타나 영원히 온 인류에게 전해지고 구원의 기쁜 소식을 전하는 것처럼 (아무)가 행하는 말과 글이 후손들에게까지 바른말, 기쁜 소식이 되게 해 주소서. 그리고 쓰고자 하는 의욕이 불같이 일어날 때마다 정성을 다해 글을 쓸 수 있게 해 주시고, 많은 사람들이 반가워하고 또 기다리는 글이 되게 하소서.

(아무)가 쓰는 글 속에 예수 그리스도께서 나타날 수 있게 지혜와 슬기를 더하시어 하느님의 뜻이 이 땅에 드러나게 하소서. 형제(자매)의 마음과 손을 주님께서 온전히 다스려 주소서.

오늘날 길을 잃고 헤매는 많은 사람에게 밝은 빛이 되도록 성령께서 역사하시어 하느님의 평화를 전하게 하소서.

영원한 빛이신 우리 주 그리스도를 통하여 상지의 옥좌이신 어머니 마리아와 함께 기도드리나이다.

◎ 아멘.

마침 기도

✚ 전능하신 하느님께서는 이 가정과 저희에게 강복하시고 저희의 바람을 자비로이 들어주소서.

◎ 아멘.

마침 성가　　239 거룩한 어머니

139. 예술인

시작 성가　　절기에 맞는 성가나 알맞은 성가

시작 기도

✚ 만물의 근원이 되시고 온갖 좋은 것을 우리에게 주시는 하느님을 마음껏 찬미합시다.

◎ 하느님, 길이 찬미받으소서.

방문 기도

✚ 기도합시다. (잠깐 묵상)

◎ 전능하시고 자비하신 아버지 하느님, 저희의 간절한 기도를 들으시어 이 집안에 아버지의 은총과 평화와 복이 가득하게 하시고, 이 가정의 가족들이 서로 아끼고 희생하며 서로 믿고 이해함으로써 주님의 뜻을 따라 사는 복된 가정이 되게 하소서.

그리하여 건강한 몸과 마음으로 주님을 알아 모시며, 가정과 교회와 사회에 봉사하게 하소서.

또한 이 집을 방문하는 모든 이에게도 주님의 평화를 주소서. 우리 주 그리스도를 통하여 비나이다.

아멘.

성가   153 오소서 주 예수여

축복 기도

✠ 능력의 하느님 아버지, 저희 형제(자매) (아무)에게 남다른 좋은 재능을 주신 은총에 감사드립니다. 많은 예술인 가운데 예수 그리스도를 발견하고 그 은총을 깨닫게 하셨으니 감사합니다. (아무)의 가슴을 언제나 뜨겁게 하시고 형제(자매)의 온몸과 삶, 그리고 재능으로 하느님을 찬미하게 하시어 형제(자매)를 보는 사람들이 예수 그리스도를 볼 수 있게 하소서. 그리고 생명이 다하도록 주님께 영광을 돌리는 삶이 되게 해 주소서.

(아무)에게 주신 재능은 자신이나 사람들만을 위한 것이 아니라, 하느님의 영광을 나타내기 위한 좋은 도구입니다. 형제(자매)가 인기가 높아질수록 하느님을 더욱 사랑하고 하느님께 영광을 돌리게 하소서. 그리고 남이 할 수 없는 귀한 기능과 특기가 있다면 이것 또한 하느님 나라를 위하여 쓰게 하소서.

저희를 불러 하느님 나라의 백성으로, 하느님의 자녀로, 그리고 예수 그리스도의 형제자매로 뽑으신 하느님 아버지, 우리나라에도 많은 예술인들이 있습니다. 그런데 하느님께 부름을 받고 예수 그리스도를 믿는 이들보다는 아직도 그리스도교 신앙과 관계가 없는 이들이 더 많습니다.

하느님 아버지, 우리나라의 예술계에 성령의 바람을 일으켜 주시어, 그리스도 안에서 활동하는 예술인들이 더욱더 많아지게 하소서. (아무)가 힘이 자라는 대로, 기회가 닿는 대로 그리스도의 복음을 전하도록 늘 용기와 굳셈을 주시어 이제 그 수가 날로 많아지게 하소서.

(아무)가 수입이나 인기보다 하느님의 영광과 주 예수 그리스도의 복음을 먼저 생각하고 일할 수 있도록 언제나 이끌어 주소서.

전능하신 우리 주 그리스도를 통하여 비나이다.

◎ 아멘.

마침 기도

✠ 전능하신 성삼께서는 이 가정과 저희에게 복을 내리시어 길이 머물게 하소서.

◎ 아멘.

마침 성가   417 주여 영광과 찬미를 또는 447 찬미 예수님

140. 외항선 선원

시작 성가   절기에 맞는 성가나 알맞은 성가

시작 기도
✚ 우리 주 예수 그리스도의 은총과 평화가 우리와 함께.
◎ 아멘.

방문 기도
✚ 기도합시다. (잠깐 묵상)
◎ 자녀들에게 은총을 즐겨 베푸시는 하느님 아버지, 오늘 이 시간, 주님의 부족한 종(들)이 이 가정에 와서 주님의 평화와 복을 빌게 하심에 진심으로 감사드립니다.
주님께서 사랑하시는 이 가정에서 마귀를 쫓아내시고, 평화의 천사를 머물게 하시고, 온갖 불목과 악을 없애 주소서.
영혼이 거룩해지는 복을 주시고, 일마다 잘되는 물질의 복도 주시며, 질병 없이 지내는 건강의 복도 주소서.
그리하여 이 가정은 (어버이부터 아들딸까지 모두) 주님 안에서 행복을 누리게 하시고, 땅에 사는 동안 주님의 영광을 크게 드러내도록 하소서.
모든 복의 샘이신 우리 주 그리스도를 통하여 비나이다.
아멘.

성가   154 주여 어서 오소서

축복 기도

✚ 우주와 만물 그리고 넓은 바다를 만드신 하느님 아버지께 감사와 영광을 올립니다. 이 가정의 (아무)는 고요한 바다를 항해하면서 하느님의 따뜻한 사랑을 맛보기도 하며, 때때로 일어나는 거센 바람과 물결을 보면서 하느님의 엄위하심과 그 능력을 맛보기도 합니다. 먼 나라를 다녀올 때, 외로울 때, 위험할 때 늘 보살펴 주시니 감사합니다.

(아무)가 어디로 가든지 예수 그리스도의 향기와 편지 구실을 할 수 있게 해 주소서. 형제를 위해 기도하며 염려하는 가족들도 주님께서 보살피시어 은혜롭고 평화롭게 해 주소서.

(아무)는 끝없이 넓고 큰 바다 위 생활에서 하느님 없이는 살 수 없음과 예수님께서 돌보시지 않으면 아무것도 할 수 없다는 사실을 절실히 느낄 것입니다.

그런 마음으로 바다의 신비를 체험하며 놀라워하고, 하느님의 창조 능력과 끝없으신 자원을 깨닫게 하소서. 또한 자주 다른 나라에 머물며 그곳 사람들과 만날 때마다 옛날 바벨탑 사건 뒤에 생긴 말의 혼잡과 노아 시대 뒤에 생긴 사람들의 다른 살빛을 보면서, 하느님 말씀의 진실하심과 영원하심을 다시 확인하여 더욱 굳건한 믿음의 바위 위에 서게 하소서.

모든 사람의 구원을 바라시는 주 하느님, 아직 하느님을 모르는 불쌍한 민족들을 볼 때에는 안타까운 마음으로 기도하게 하시고, 자신이 받은 구원의 은총에 감사드리는 (아무)가 되게 하소서.

더 나아가 (아무)가 복음을 전할 수 있는 복음의 선포자가 되도록 능력을 베풀어 주소서. 주님의 겸손을 배우며 이방 민족들에게 작은 빛이 되도록 은총을 가득히 내려 주소서. 비록 저의 형제 (아무)가 나라와 가정을 떠나 있을지라도 주님께서 항상 지켜 주심을 믿고 가족들을 위하여 힘껏 일하게 하소서.

형제의 가족들을 평안의 길로 이끄시고 늘 함께해 주시는 우리 주 그리스도를 통하여 바다의 별이신 저희 어머니 마리아와 함께 기도드리나이다.

◎ 아멘.

마침 기도
✠ 저희에게 크신 사랑을 베푸신 하느님, 성부와 성자와 성령께서는 저희에게 영원한 복을 내려 주소서.
◎ 아멘.

마침 성가   254 하늘의 여왕

141. 운수업자

시작 성가   절기에 맞는 성가나 알맞은 성가

시작 기도
✠ 모든 선의 샘이신 하느님께서는 영광과 찬미를 받으소서.

◎ 이제부터 영원히 받으소서.

방문 기도

✚ 기도합시다. (잠깐 묵상)
◎ 주 하느님, 저희는 주님을 찬미하나이다.
주님께서는 성자께서 사람의 가정에서 생활하고 가정의 근심과 기쁨을 함께하기를 바라셨나이다.
이 가정을 보살피시고 지켜 주소서.
주님의 은총으로 이 가정을 튼튼하게 하시고 만족하고 행복한 가정이 되게 하소서.
이 가정의 모든 사람들이 좌절과 고통 속에서도 서로 힘을 합하도록 도와주소서.
이 가정이 주님을 위해서, 또 서로를 위해서 사랑과 일치 속에 있게 하시고 성자께서 저희에게 모범을 보여 주셨듯이 서로 봉사하게 하소서.
성자께서는 영원히 살아 계시며 다스리시나이다.
아멘.

성가   210 나의 생명 드리니

축복 기도

✚ 저희 인생의 모든 문제를 맡아 다스리시는 하느님 아버지, 주님 앞에 이 가정을 위하여 기도드리게 하시니 감사합니다.
바라오니 이 가정을 축복하시어 영혼이 거룩해지는 복을 주시고, 일마다 잘되는 물질의 복도 주시며, 질병 없이 지내는 건강의 복도 주소서.

주님, 이 가정이 운수업을 생업으로 삼고 있으니 주님께서 함께하시어 위험한 일을 겪지 않게 하시고 오고 가는 길을 밝혀 주소서. 자동차의 운전대를 주님께서 붙잡아 주셔서 복잡한 길에서도 사고 없이 잘 헤쳐 나아가게 하소서.

믿음으로 지켜 주셔서 주일을 거룩히 지키기가 힘들 때에라도 주님 대전에 나오는 데 게으름이 없게 하시며 여러 상황들이 주님 뜻대로 살아가는 데 알맞게 하소서.

저희의 보호자이신 우리 주 그리스도를 통하여 비나이다.

◎ 아멘.

마침 기도

✚ 모든 일에서 찬미받으시는 하느님께서는 모든 일에 그리스도를 통하여 저희와 이 가정에 복을 내리시어, 모든 것이 저희에게 도움이 되게 하소서.

◎ 아멘.

마침 성가　　50 야훼는 나의 목자

142. 운전사

시작 성가　　절기에 맞는 성가나 알맞은 성가

시작 기도

✚ 저희에게 풍부한 은총을 베푸시며 보살펴 주시는 주님께서 우리와 함께.

◎ 아멘.

방문 기도

✚ 기도합시다. (잠깐 묵상)

◎ 자녀들에게 은총을 즐겨 베푸시는 하느님 아버지, 오늘 이 시간, 주님의 부족한 종(들)이 이 가정에 와서 주님의 평화와 복을 빌게 하심에 진심으로 감사드립니다.

주님께서 사랑하시는 이 가정에서 마귀를 쫓아내시고, 평화의 천사를 머물게 하시고, 온갖 불목과 악을 없애 주소서.

영혼이 거룩해지는 복을 주시고, 일마다 잘되는 물질의 복도 주시며, 질병 없이 지내는 건강의 복도 허락해 주소서.

그리하여 이 가정이 (어버이부터 아들딸까지 모두) 주님 안에서 행복을 누리게 하시고, 땅에 사는 동안 주님의 영광을 크게 드러내도록 하소서.

모든 복의 샘이신 우리 주 그리스도를 통하여 비나이다.
아멘.

성가   480 믿음으로

축복 기도

✚ 은총의 하느님 아버지, 이 가정의 (아무)에게 좋은 기술과 건

강을 주셔서 감사합니다. 구원받을 믿음을 주셔서 기쁨으로 살며 일하게 하신 (아무)의 하느님을 찬미합니다.

(아무)가 언제나 노래하며 일하게 하시고, 엔진 소리와 함께 하느님을 찬양하게 해 주소서. 그리고 생명을 나르는 귀한 직업에 대하여 기쁘게 생각하게 하소서.

저희를 언제나 위험에서 지켜 주시는 주님께 간절히 청합니다. (아무)가 차를 몰고 다닐 때에 늘 함께해 주시고, 위험하고 아슬아슬한 순간에라도 하느님께서 기사가 되시며, 슬기를 주셔서 잘 헤쳐 나아갈 수 있게 해 주소서. 그리고 대하는 모든 사람에게 친절하게 하소서. 또 (아무)가 예수 그리스도를 닮아 예수님을 보여 주게 하소서.

좋으신 하느님 아버지, 기사들 가운데는 신자들이 많습니다. 차 앞 창가에 십자가나 또는 성모상을 부착한 차들을 볼 때는 얼마나 반갑고 기쁜지 모릅니다. (아무)를 복음 전파의 일꾼으로 삼으시어 말과 모범으로 주님을 증언하여 예수 그리스도를 믿는 이들이 날로 많아질 수 있게 하소서.

온갖 위로의 샘이신 주 하느님, 하루 온종일, 그리고 날마다 똑같은 일을 하니 피곤도 하고 속상할 때도 적지 않게 있을 줄 압니다. 하느님께서 그때마다 격려와 위로를 주시어 힘과 믿음을 더해 주소서. 모든 사람에게 친절과 다정함 그리고 웃음을 줄 수 있게 하소서. 그리하여 (아무)의 차 안이 평안하고 기쁜 자리가 될 수 있게 해 주소서.

정말 안타까운 것은, 지나치게 바쁘고 열심히 뛰다 보면 주일을 잘 지키지 못할 때가 있습니다. 그러니 주님께서 (아무)가 주일을 지킬 수 있는 여건을 마련해 주소서.
믿는 이들의 도움이신 어머니 마리아와 함께 우리 주 그리스도를 통하여 비나이다.

◎ 아멘.

마침 기도

✚ 모든 일에서 찬미받으시는 하느님께서는 모든 일에 그리스도를 통하여 이 가정과 저희에게 복을 내리시어, 모든 것이 저희에게 도움이 되게 하소서.

◎ 아멘.

마침 성가　　239 거룩한 어머니

143. 원예업자

시작 성가　　절기에 맞는 성가나 알맞은 성가

시작 기도

✚ 하늘의 이슬과 기름진 땅을 저희에게 주시는 하느님을 함께 찬미합시다.

◎ 하느님, 길이 찬미받으소서.

예수 성심께 바치는 봉헌 기도

◎ 지극히 어지신 구세주 예수님,
주님 앞에 꿇어
주님의 성심께 이 가정을 봉헌하나이다.
주님께서는 언제나
이 가정을 보살펴 주소서.
저희는 온전히 성심께 의지하고 바라오니
저희 생각과 말과 행위를 거룩하신 뜻대로 다스리소서.
예수님, 저희가 하는 일에 강복하시어
기쁠 때나 슬플 때나 저희와 함께 계시는
주님의 사랑을 깊이 깨달아
언제나 주님을 사랑하며 섬기게 하소서.
온 세상 어디서나 모든 이가
입을 모아 예수 성심을 찬미하며
사랑과 영광을 드리게 하소서.
아멘.

성가　　　5 찬미의 기도

축복 기도

✚ 저희에게 아름다운 강산을 주신 하느님께 감사드립니다.
예로부터 우리나라를 금수강산이라고 불렀는데 오늘에 와서는 저희의 잘못으로 이지러진 강산이 되었습니다. 그렇지만 저희의 작은 힘과 손으로 이 땅을 아름답게 가꾸며, 또 땅에서 나는 풍부한 하느님의 선물들을 찾아내도록 노력하겠습니다.

좋으신 하느님, 이 가정의 (아무)가 하느님을 사랑하고 땅을 사랑하며 사람을 사랑할 수 있게 하소서. (아무)가 긍지와 기쁨을 가지고 일하게 하시고, 남에게 도움을 줄 수 있게 하소서.

(아무)가 크고 작은 나무들과 꽃들을 손질할 때 하느님의 창조 솜씨를 발견하고 감탄하며, 그 속에서 하느님의 말씀을 듣게 하소서. 그리고 그 식물들이 무럭무럭 자라 아름다운 꽃들을 피울 때 하느님의 사랑을 느끼게 하소서.

사랑과 능력의 하느님 아버지, 이 가정의 가족들의 영혼도 아름답게 가꾸어 주시고 믿음의 꽃도 활짝 필 수 있도록 복을 내려 주소서. 모든 육체는 풀과 같고 그 영광은 들의 꽃과 같다고 한 베드로 사도의 말씀을 기억하면서, 예수 그리스도를 굳게 믿는 믿음을 주소서. (아무)가 하는 일이 하느님께 영광이 되게 하소서.

우리 주 그리스도를 통하여 비나이다.

◎ 아멘.

마침 기도

✚ 모든 선의 샘이신 하느님께서는 이 가정과 저희에게 강복하시고 저희의 일에 복을 내려 주시어, 받은 은총에 감사드리며 주님을 길이 찬미하게 하소서.

◎ 아멘.

마침 성가   409 아침 저녁

144. 은행원

시작 성가   절기에 맞는 성가나 알맞은 성가

시작 기도
✚ 우리를 거룩하게 되도록 뽑으신 하느님께서 우리와 함께.
◎ 아멘.

방문 기도
✚ 기도합시다. (잠깐 묵상)
◎ 주 예수 그리스도님,
  저희가 겸손한 마음으로 이 집에 들어왔으니
  영원한 행복과 거룩한 축복,
  평화로운 기쁨과 풍성한 사랑
  그리고 한결같은 건강을 이 집에 내려 주소서.
  또한 이 집에서 마귀를 쫓아내시고,
  평화의 천사를 머물게 하시고,
  온갖 불목과 악을 없애 주소서.
  주님, 저희를 통하여 주님의 영광을 드러내시고
  저희 일상생활을 축복하시며,
  미약한 저희의 방문을 성스럽게 하소서.

주님께서는 영원히 살아 계시며 다스리시나이다.
아멘.

성가　　　24 내 맘의 천주여

축복 기도

✚ 만물의 주인이신 하느님, 영원히 찬미를 받으소서. 대부분의 사람들이 돈을 제2의 생명으로 생각하고 있는 이때에 그 돈을 다룰 수 있도록 (아무)를 축복하셨음에 감사드립니다.
그러나 결코 돈이 생명이 아니며, 하느님 위에 있을 것도 아님을 믿습니다. 돈을 하느님 나라 사업에 유익하게 쓸 수도 있고 돈으로 말미암아 죄를 지을 수도 있습니다. (아무)가 부디 올바른 마음으로 돈을 다룰 수 있게 슬기의 은총을 주소서.
사실 늘 돈을 다루다 보면 돈이 별것 아닌 아주 흔하기만 한 것, 별로 귀하지도 않은 것으로 생각될지도 모릅니다. 그러나 그때마다 이 돈을 어떻게 쓰느냐에 따라서 그 값이 놀랄 만큼 달라지는 것을 저희 형제(자매)가 보며 또 느끼게 해 주소서. 그래서 절약하고 검소한 생활을 하는 (아무)가 되게 하시며 이웃의 어려움을 보면 마음의 문을 열게 하소서.
또한 덧없는 현세 재물에 그릇된 희망을 두다 하느님을 잃어버리는 어리석음을 저지르지 않게 살펴 주소서. (아무)와 그 가족들이 열심히 신앙생활을 하고 또 선교 사업도 적극적으로 수행하여 은행원들의 복음화에 힘을 낼 수 있게 해 주소서.
언제 어디서나 저희와 함께하시는 우리 주 그리스도를 통하여 비나이다.
◎ 아멘.

마침 기도
✠ 모든 일에서 찬미받으시는 하느님께서는 모든 일에 그리스도를 통하여 저희와 이 가정에 복을 내리시어, 모든 것이 저희에게 도움이 되게 하소서.
◎ 아멘.

마침 성가　　19 주를 따르리

145. 의사

시작 성가　　절기에 맞는 성가나 알맞은 성가

시작 기도
✠ 모든 사람을 축복하시고 치유의 은혜를 베푸시는 예수님을 찬미합시다.
◎ 하느님, 길이 찬미받으소서.

방문 기도
✠ 기도합시다. (잠깐 묵상)
◎ 하늘에 계신 아버지, 아버지께서는 저희가 미리 이 세상에서

주님의 자비를 체험하고 주님의 위대하심을 찬미하게 하셨습니다.

주님께서 저희에게 행하신 모든 것에 대하여 감사드리게 하시고 주님께 희망을 두는 모든 이들을 사랑으로 바라보소서.

주님, 이 집에 복을 내려 주시고 이 집에 사는 가족들을 지켜 주소서.

그들에게 주님의 평화를 주시며 그들을 죄에서 지켜 주시고 악에서 구하소서.

그들이 생명의 음식에 한몫을 차지하게 하시고 이웃의 어려움을 보고 기꺼이 도와주게 하소서.

저희가 언젠가는 이 지상의 집을 떠나 주님과 함께 영원한 생명을 누리게 되리라는 것을 잊지 않게 하소서.

우리 주 그리스도를 통하여 비나이다.

아멘.

성가　　　61 주 예수와 바꿀 수는 없네

축복 기도

✠ 생명의 샘이시며 저희의 건강을 다스리시는 하느님 아버지, 영원히 영광과 찬미를 드립니다. 이 가정의 (아무)가 의학 공부를 하게 하여 아픈 사람들의 병을 고칠 수 있는 기회를 주심에 대하여 감사를 드립니다.

(아무)가 그를 믿고 찾아오는 여러 환자들을 돌볼 때 예수님의 마음을 갖게 하시며 늘 기도하는 마음으로 대할 수 있게

하소서. 그리하여 저희 형제(자매)가 치료하는 모든 환자가 하느님의 은총을 받아 하루빨리 건강을 되찾게 해 주소서.

저희의 창조주이신 하느님 아버지, (아무)는 사람들의 몸과 구조 그리고 생리 현상들을 보며, 하느님의 깊으신 슬기와 창조의 오묘하신 솜씨를 신비하게 생각할 것입니다. 저희 형제(자매)는 사람들의 건강과 질병의 치유를 위하여 현대 의학의 여러 가지 방법을 다 쓰면서 사랑도 베풉니다.

그러나 어떤 때는 사람의 힘과 과학의 힘의 한계를 느낍니다. 이럴 때 (아무)가 모든 것을 하느님께 맡기고 무릎 꿇고 기도할 수 있게 하소서. 생명을 존중하는 겸손한 마음과 간절한 믿음으로 하느님께 기도드리게 하소서.

전능하신 하느님, 저희 형제(자매)가 보살피는 환자들에게 자비를 베푸소서. 하느님께서 저희 형제(자매)의 손에 함께하여 주소서. 주님께서 돌보아 주시지 않고서 어찌 환자를 치료하고 생명을 지킬 수 있겠습니까?

(아무)가 일생 동안 하느님의 모상대로 창조된 사람들을 잘 돌볼 수 있도록 은총을 내려 주소서. 이를 위해서 먼저 뜨거운 믿음과 건강한 몸을 (아무)에게 허락하소서. 또한 형제(자매)가 신앙생활과 교회 생활에서 남들의 모범이 되게 해 주소서. 바쁘다고 신앙생활이나 교회를 소홀히 하는 일이 결코 없게 해 주소서.

영원한 생명의 주인이신 우리 주 그리스도를 통하여 비나이다.
◎ 아멘.

마침 기도

✚ 사람들을 축복해 주시고 모든 병자를 낫게 하시며 두루 다니시던 예수님께서는 저희의 건강을 지켜 주시며, 이 가정과 저희에게 주님의 복을 내려 주소서.
◎ 아멘.

마침 성가   210 나의 생명 드리니

146. 정치인

시작 성가   절기에 맞는 성가나 알맞은 성가

시작 기도

✚ 사랑을 베푸시는 성부와 은총을 내리시는 우리 주 예수 그리스도와 친교를 이루시는 성령께서 우리 모두와 함께.
◎ 아멘.

방문 기도

✚ 기도합시다. (잠깐 묵상)
◎ 아버지, 찬미받으소서.
성자 예수 그리스도께서는 저희를 구원하시려고 사람이 되셨고 아버지의 뜻대로 하시려고 말씀과 모범으로 저희를 가르치셨나이다.

이 가정을 자비로이 굽어보시고 강복해 주소서.

이 집에 사는 (모든) 이들과 한마음으로 바치는 저희의 바람을 들어주시고 성령 안에서 그들에게 평화와 기쁨을 주시고 그들이 하는 모든 일이 성공하도록 도와주시며, 그들을 모든 위험에서 지켜 주소서.

그들이 덧없는 현세 재물에 그릇된 희망을 두지 않게 하시고, 주님께서 바로 저희 생명의 목적임을 깨닫게 하소서.

우리 주 그리스도를 통하여 비나이다.

아멘

성가　　　27 이 세상 덧없이

축복 기도

✠ 나라의 흥망성쇠를 다스리시는 하느님, 세계의 운명을 결정하시는 능력의 하느님, 옛날 솔로몬에게 주셨던 슬기를 (아무)에게 주소서. 성조 요셉처럼 나라의 앞날을 내다볼 수 있는 눈을 주소서.

옛날 예언자 다니엘처럼 정의에 바탕을 둔 정치를 할 수 있는 의지를 주소서. 에스테르처럼 하느님의 뜻을 위하여 생명을 걸고 일할 수 있게 하소서. 하느님을 중심으로 국민을 위하며 나라와 겨레의 권위를 높이는 정치가가 되게 하소서.

우리나라의 정계가 그리 안정되지 못하고 있음을 안타깝게 생각하면서, 정치인으로서 책임을 느껴 저희 형제(자매)가 기도할 수 있게 하소서.

하느님, 이제 멀지 않은 앞날에 우리나라가 안정된 사회와 안정된 정국이 될 수 있기를 바랍니다. 세계에서 가장 좋은 정치가 우리나라에 실현되게 하소서. 국회 의사당이나 정가나 각 정당들이 모두 하느님을 두려워하는 곳이 되게 해 주시고, (아무)만이라도 사사로운 욕망을 떠나 나라와 국민을 위하는 정치인이 되게 해 주소서. 자기를 버림으로써 헛된 야망을 꿈꾸지 않게 하소서.

이 가정의 (아무)가 바른 생각과 말을 하여 국민에게 칭찬과 존경을 받을 수 있도록 하느님께서 이끌어 주소서. 권력을 위한 정치, 돈이나 명예를 위한 정치는 영원히 없어지고 사랑의 정치, 예수님의 이상을 이 땅에 실현시킬 수 있는 정치가 구현되는 데 한몫을 하게 하소서. 하느님, (아무)가 이 나라에서 정치가에 대한 인식을 새롭게 하는 데 최선을 다하도록 슬기와 굳셈을 주소서.

◎ 아멘.

마침 기도

✚ 전능하신 하느님, 성부와 성자와 성령께서는 이 가정과 저희에게 강복하소서.

◎ 아멘.

마침 성가 68 기쁨과 평화 넘치는 곳

147. 체육인

시작 성가   절기에 맞는 성가나 알맞은 성가

시작 기도

✢ 만물의 근원이 되시고 온갖 좋은 것을 저희에게 주시는 하느님께서 우리와 함께.
◎ 아멘.

방문 기도

✢ 기도합시다. (잠깐 묵상)
◎ 자녀들에게 은총을 즐겨 베푸시는 하느님 아버지, 오늘 이 시간, 주님의 부족한 종(들)이 이 가정에 와서 주님의 평화와 복을 빌게 하심에 진심으로 감사드립니다.

주님께서 사랑하시는 이 가정에서 마귀를 쫓아내시고, 평화의 천사를 머물게 하시고, 온갖 불목과 악을 없애 주소서.

영혼이 거룩해지는 복을 주시고, 일마다 잘되는 물질의 복도 주시며, 질병 없이 지내는 건강의 복도 주소서.

그리하여 이 가정은 (어버이부터 아들딸까지 모두) 주님 안에서 행복을 누리게 하시고, 땅에 사는 동안 주님의 영광을 크게 드러내도록 하소서.

모든 복의 샘이신 우리 주 그리스도를 통하여 비나이다.
아멘.

성가 　　　402 세상은 아름다워라

축복 기도

✚ 저희에게 경주자와 같은 마음을 갖게 하시는 주 하느님, 저희에게 선의의 싸움을 힘써 하라고 말씀하신 주님, 믿음의 주님이시요 온전하게 하는 분이신 예수 그리스도를 바라보라고 하신 주님, 그 말씀을 따라서 힘써 노력하기를 바라는 (아무)가 경기장에 나갈 때나 교회에 있을 때나 가정에 있을 때, 언제나 하느님께서 함께하심을 굳게 믿습니다.

믿음에 믿음을 더해 주시어 이 형제(자매)의 체육인 생활이 오로지 하느님의 영광을 위한 것이 되게 하소서. 굳은 믿음과 건강하고 씩씩한 몸을 계속 지닐 수 있게 해 주시며 어렵고 위험한 때에 하느님께서 몸소 붙잡아 주소서. 경기에 나갈 때에는 솟아오르는 용기와 의지와 슬기를 주소서.

예수님께서 말씀하시기를 경기장에서 달리는 이마다 면류관을 얻고자 한다고 하셨는데, (아무)가 영적인 경기도 잘하여 생명의 면류관을 얻게 하소서. '달음질하는 이마다 방향이 뚜렷해야 한다.'고 말씀하셨듯이 그의 삶의 방향과 믿음의 목표가 오로지 '하느님께 영광'을 돌리는 것이 되게 하소서.

하느님, (아무)의 체육인 생활은 젊었을 때뿐이며, 나이가 들거나 건강에 조금이라도 이상이 생기거나 약해지면 곧 그 생활을 그만두어야 합니다. 그러므로 저희 형제(자매)에게 건강과 의지 그리고 영원히 약해지지 않고 변하지 않는 뜨겁고 굳은 믿음을 주소서. (아무)가 마음속에서 우러나와 주님을 증언하는 사람이 되게 해 주소서. '하느님께서 도와주시어'라는 이 말을 언제나 입에 올릴 수 있게 하소서. 그래서 그리스도의 복음을 전하게 하소서.

참으로 체육인 생활에 하느님께서 함께하시어 신기록을 세우게도 하소서. 저희 형제(자매)의 생활이 단순하면서도 고된 삶이기 때문에 하느님의 격려와 힘이 필요하오니 복을 내려 주소서.

우리 주 그리스도를 통하여 비나이다.

◎ 아멘.

마침 기도

✢ 전능하시고 자비하신 하느님, 성부와 성자와 성령께서는 이 가정과 저희에게 복을 내리시어 주님의 평화가 늘 머무르게 하소서.

◎ 아멘.

마침 성가   61 주 예수와 바꿀 수는 없네

148. 출판인

시작 성가   절기에 맞는 성가나 알맞은 성가

시작 기도

✚ 길이요 진리요 생명이신 주 예수님께서 우리와 함께.
◎ 아멘.

방문 기도

✚ 기도합시다. (잠깐 묵상)
◎ 전능하시고 자비하신 아버지 하느님, 저희의 간절한 기도를 들으시어 이 집안에 아버지의 은총과 평화와 복이 가득하게 하시고, 이 가정의 가족들이 서로 아끼고 희생하며 서로 믿고 이해하여 주님의 뜻대로 사는 복된 가정이 되게 하소서. 그리하여 건강한 몸과 마음으로 주님을 알아 모시며, 가정과 교회와 사회에 봉사하게 하소서.
이 집을 방문하는 모든 이에게도 주님의 평화를 주소서.
우리 주 그리스도를 통하여 비나이다.
아멘.

성가   154 주여 어서 오소서

축복 기도

✚ 사랑의 하느님, 좋은 재능을 주심에 찬미와 감사를 드립니다. (아무)가 하는 일이 많은 사람들에게 큰 도움을 줄 수 있기를 바라며, 될 수 있으면 복음과 관계있는 귀한 일을 할 수 있게 해 주소서. 한 번 나온 출판물은 오래도록 남아 있을 수 있으므로 정성과 조심성 있게 책임감과 역사의식을 가

지고 일할 수 있게 하소서. 그리고 (아무)의 일도 하느님께서 복을 주셔서 나날이 번창하여 나아갈 수 있게 해 주소서.

참 좋으신 하느님 아버지, 출판 사업은 평범한 성경의 진리를 드러내기도 합니다. 일을 할 때 정성을 기울인 만큼 결과가 온다는 사실입니다. 주님께서는 사도 바오로를 통하여 갈라티아서에서 말씀해 주셨습니다. "사람은 자기가 뿌린 것을 거두는 법입니다." (아무)가 이 진리를 깨닫는 은총을 지금 내려 주소서.

주님, 아무쪼록 (아무)가 하는 일이 물질적 유익이나 직업의식에서 종이 되지 않게 하시고, 하느님께서 주신 귀하고 중요한 직책임을 알고 일할 수 있게 하소서.

그리고 (아무)의 일터와 그 주위에 어려운 일들이 생기지 않도록 지켜 주소서. 사람들의 움직임과 인쇄소 기계의 돌아감이나 부속품들과 재료들, 이 모든 것 하나하나를 하느님께서 아시므로 그것들을 주님의 능력과 강복의 손에 온전히 맡기며, 주님의 심부름꾼으로서 제 구실만 하게 하소서.

사랑의 하느님, 저희 형제(자매)가 하는 일에 많고 좋은 기획과 일감들을 보내 주소서. 그래서 형제(자매)가 하는 이 사업에 불경기가 없도록 하여 주소서. (아무)가 이 일을 하는 동안 물질적인 면뿐만 아니라 영적인 면으로도 크게 풍성해져 하느님 나라 사업과 선교 사업을 많이 할 수 있도록 도와주소서. 특히 하느님의 은총에 감사드릴 줄 알게 하시어 주님께 더욱더 많은 물질을 바치게 해 주소서. (아무)의 사업에 하느님의 영광을 위하여 간절히 기도합니다.

우리 주 그리스도를 통하여 비나이다.
◎ 아멘.

마침 기도
✚ 전능하시고 자비하신 하느님, 성부와 성자와 성령께서는 이 가정과 저희에게 복을 내리시어 주님의 평화가 늘 머무르게 하소서.
◎ 아멘.

마침 성가　　403 가난한 자입니다

149. 회사원

시작 성가　　절기에 맞는 성가나 알맞은 성가

시작 기도
✚ 온갖 좋은 것을 저희에게 주시는 하느님을 마음껏 찬미합시다.
◎ 하느님, 길이 찬미받으소서.

방문 기도
✚ 기도합시다. (잠깐 묵상)
◎ 아들딸들에게 은총을 즐겨 베푸시는 하느님 아버지, 오늘 이 시간, 주님의 부족한 종(들)이 이 가정에 와서 주님의 평화와

복을 빌게 하심에 진심으로 감사드립니다.

주님께서 사랑하시는 이 가정에서 마귀를 쫓아내시고, 평화의 천사를 머물게 하시고, 온갖 불목과 악을 없애 주소서.

영혼이 거룩해지는 복을 주시고, 일마다 잘되는 물질의 복도 주시며, 질병 없이 지내는 건강의 복도 주소서.

그리하여 이 가정이 (어버이부터 아들딸까지 모두) 주님 안에서 행복을 누리게 하시고, 땅에 사는 동안 주님의 영광을 크게 드러내도록 하소서.

모든 복의 샘이신 우리 주 그리스도를 통하여 비나이다.

아멘.

성가   249 지극히 거룩한 동정녀

축복 기도

✚ 생명의 창조주이며 영원하신 하느님 아버지, 오늘도 저희에게 주님의 사랑과 능력에 의지하게 하시니 감사합니다.

저희 형제(자매) (아무)가 주님께서 맡겨 주신 일을 하는 동안 영광을 받으소서. 성조 요셉이 포티파르의 집에 있을 때처럼 저희 형제(자매)도 성실과 정성을 다하게 하소서. (아무)가 땀 흘려 일하여 회사에서도 도움이 되게 하시고, 직원들과 잘 화합하여 그리스도의 빛을 드러낼 수 있게 하시어 모든 직원이 이 빛을 보고 그리스도를 믿어 구원을 받게 하소서.

저희 형제(자매)가 직장에서 맡은 일을 성실히 잘하여 모범 사원이 되게 하소서. 회사 일이 아무리 복잡하고 바쁘더라도,

경제적으로나 그 밖의 대우가 만족스럽지 않더라도 일마다 감사하며, 책임을 다할 수 있도록 주님께서 돌보아 주소서.
참 좋으신 하느님, 저희 형제(자매)가 윗사람을 잘 받들고 공경하게 하소서. 동료들과는 다정하게 지내며 협력할 수 있게 하소서. 후배(또는 아랫사람들)를 친절하게 대하고 사랑으로 돌볼 수 있게 하소서. 그래서 회사 사람들과 정말 좋은 관계를 맺어 가게 하소서. 싫어하는 사람, 멀리하거나 피하는 사람, 아주 미워하거나 적대시하는 사람이 하나도 없게 해 주시고, 오히려 (아무)를 보고 만나면 반가워하고 기뻐하는 사람들이 점점 많아지게 하소서.
우리 주 그리스도를 통하여 비나이다.
◎ 아멘.

마침 기도

✚ 전능하시고 자비하신 하느님, 성부와 성자와 성령께서는 이 가정과 모두에게 복을 내리시어 주님의 평화가 늘 머무르게 하소서.
◎ 아멘.

마침 성가   445 예수님 따르기로

비신자를 위한 기도

인생에는 두 갈래의 길이 있다. "멸망으로 이끄는 문은 넓고 길도 널찍하여 그리로 들어가는 자들이 많다. 생명으로 이끄는 문은 얼마나 좁고 또 그 길은 얼마나 비좁은지, 그리로 찾아드는 이들이 적다."(마태 7,13-14) 좁은 문으로 들어가려고 노력하는 사람은 슬기로운 사람이다. 첫 번째 길은 사상, 윤리, 예배를 제멋대로 사는 사람의 길이요, 두 번째 길은 믿음, 계명, 기도에 정진하는 사람의 길이다. 어떤 길을 선택하는가는 각자에게 달려 있다.

150. 가족이 믿으니 나는 괜찮다고 하는 이

✚ 주님께 희망을 두는 사람들을 구원하시는 하느님 아버지, 예수님을 찾아와 질문을 하던 니코데모의 어리석은 물음처럼 사람이 어머니 배 속에 들어갔다 다시 나와야 구원을 받는 것으로 생각하여 구원은 불가능한 일이라고 생각하지 않게 하소서.
물과 성령으로 거듭나는 진리를 알도록 하시고, 이 진리를 터득하게 하시어 새롭게 지음받도록 도와주소서.
육신의 눈으로 바람의 모양을 알 수 없음과 같이 사람은 하느님의 일을 알 수 없으니, 저희를 다시 태어나게 하시어 빛의 세계로 이끌어 주소서.
니코데모의 어리석은 생각은 육신의 세계만 알고 하늘나라의 일을 알지 못하는 저희의 어리석음이오니, 니코데모를 물과 성령으로 새로 나게 하신 구원의 능력이 이 가정의 (아무)에게도 내리시어 구원의 기쁨을 맛보게 하소서.
저희의 생명이신 하느님, 영원한 생명이 주님께 있으니 이 가정의 (아무)에게도 영원한 생명을 주소서.
코르넬리우스는 백부장이면서 온 집안이 하느님을 믿고 섬기게 되었으니 이 가정의 (아무)와 가족들이 다 함께 하느님을 믿어 구원의 자리에 함께하게 하소서.
하느님을 섬기며 예수 그리스도를 믿는 것은 가족 가운데 어느 한 사람만이 할 일이 아니며, 이 귀한 구원은 하느님과 맺는 개인적인 관계이므로 온 가족이 다 함께 누려야 할 복된 일인 줄 깨달아 함께 구원의 은총을 누리도록 하시고 강복해 주소서.

성 바오로 사도가 간수에게 전한 구원의 소식인 "주 예수님을 믿으시오. 그러면 그대와 그대의 집안이 구원을 받을 것이오."(사도 16,31)라는 말씀처럼 온 가족이 믿어 구원의 자리에 함께 들게 하소서.

이 사랑하는 가족들이 사도 바오로가 전한 복음으로 구원받은 간수의 가정처럼 구원의 복된 자리에 다 함께 서게 하소서. 이 가정의 (아무)도 주님을 믿고 구원받게 해 주실 것을 믿으며, 우리 주 그리스도를 통하여 비나이다.

◎ 아멘.

151. 내세나 사후 심판을 부인하는 이

✢ 하느님께서는 모든 사람의 샘이시오 저희 인류의 창조주이십니다. 저희에게 생명을 주시며, 죽고 사는 모든 것을 마음대로 다스리는 분이십니다. 주님께서는 옹기장이시며 저희는 그 진흙으로 만들어진 질그릇입니다.

생명의 샘이신 주님, 사람이 한 번 죽는 것은 정해진 것이요, 그 뒤에는 심판이 있을 것이라고 말씀하셨는데도 이 엄연한 내세와 심판을 부인하며 거부하는 (아무)의 영혼에게 자비를 베푸소서.

심판주로 오시는 주님, 하느님께서는 모든 것을 다 아시며 영원한 심판의 주님이시니, 산 이와 죽은 이의 주님이 되십니다.

이 가정의 (아무)가 땅에서 영원히 살 사람처럼 육신의 눈만 갖고 땅의 것만 내려다보며 살지 않게 하소서. 무덤 저편에서 다가오는 하느님의 사랑을 바라보게 하소서. 죽음은 영원한 끝이 아니며, 영원한 시작임을 깨달아 알게 하소서. (아무)의 몸과 마음에 주님의 은총을 베푸시어 맛보게 해 주소서.

주님, 이 가정의 (아무)가 그리스도의 성혈을 믿는 의인들은 영원한 생명을 얻게 된다는 하느님 나라의 오묘한 진리와 심판의 섭리를 깨닫게 하소서. 그리하여 회개하고 주님의 백성, 주님의 자녀, 주님의 제자가 되어 구원의 대열에서 주님 영광을 위하여 많은 일을 하도록 해 주시기를 우리 주 그리스도를 통하여 비나이다.

◎ 아멘.

152. 믿기가 이미 늦었다고 하는 이

✚ 지금도 일꾼을 부르고 계시는 하느님 아버지, 하느님께서는 영원하시고 저희 인생은 끝이 있습니다. 영원 속에서 삶은 짧습니다. 그러나 주님의 날은 언제나 새로운 날이며, 주님 앞에서는 높고 낮음이 없고 이름과 늦음이 없음을 이 가정의 (아무)가 알게 하소서.

육신을 위해 살아간 날이 아무리 길다 해도 주님을 위한 하루가 더 귀중하오니, (아무)가 이 귀중한 날을 소중히 여기게 하소서.

주님께서는 죄인 하나가 회개하고 돌아오기를 하루가 천년같이 그리고 천년을 하루같이 기다리시니, (아무)가 주님 앞에 나서기를 지체하지 않게 하소서. 주님께서는 이미 (아무)를 부르셨으니 빨리 주님의 부르심에 응답하게 하소서. 주님 앞에 나아가기가 이미 늦었다고 생각함은 다 사탄의 방해이오니, 사탄의 올가미에서 벗어나게 해 주소서.

저희가 주님을 위하여 얼마나 몸 바칠 수 있겠습니까? 주님께서 저희에게 베푸신 은총에 천만분의 일도 갚지 못하는 것이 저희의 수고이니 주님 앞에 무엇을 드렸다고 할 수 있겠습니까? 주님께서는 처음 일꾼과 그다음 일꾼을 부르시고, 또 나중에 남아서 주님의 부르심을 기다리는 사람도 포도밭에 들여보내셨듯이 (아무)도 불러서 포도밭의 일꾼으로 삼으소서.

저희와 능력으로 함께하시는 주님, (아무)가 주님께서는 첫째를 꼴찌가 되게 하시고, 꼴찌를 첫째가 되게 하시는 분이심을 알게 하소서. 이미 늦었다고 생각하지 않게 하시고, 언제든지 늦지 않았음을 깨닫게 하소서.

오로지 주님만이 저희의 주인이시며, 저희는 주님의 종들이니 저희를 너그러이 용서하시고 이제라도 불러 주님의 귀하신 일에 함께하게 하소서. 주님께서 빨리 오시리라고 약속하셨으니, (아무)가 주님께서 오시는 날이 있음을 기억하여 준비하는 대열에 참여하도록 이끌어 주소서. 세월을 덧없이 보낸 저희가 주님을 위하여 세월을 아끼게 하소서.

영원하신 우리 주 그리스도를 통하여 비나이다.

◎ 아멘.

153. 박해가 두려워 믿기를 주저하는 이

✠ 용기를 주시는 하느님 아버지, 저희는 강한 사람 앞에서는 기가 꺾이고 마는 나약성을 지니고 있습니다. 그래서 가정에서의 처지나 직장에서의 생업으로 말미암아 교회에 나오기를 두려워하는 일이 가끔 있습니다.

이 시간, (아무)를 위해 기도하오니 그에게 굳센 용기를 주시어 어려운 처지를 내세워 주님을 맞이하지 않는 일이 없도록 하소서.

저희의 삶과 죽음, 행복과 불행을 다스리시는 주 하느님 아버지, 저희의 참삶은 하느님 안에 있는 줄 압니다. 세 끼 밥 때문에 영원한 하늘나라를 바라보지 못하는 일이 없게 하시고, 또한 용기를 낼 때 더 좋은 길과 환경으로 뒤바뀌는 역사가 있음을 믿게 하소서. (아무)에게 믿음과 확신을 주소서.

초대 교회의 순교 정신을 알게 하소서. 그리스도교의 정신은 박해받으면서 더욱 굳세게 자라왔음을 깨우쳐 주소서. 그리하여 (아무)가 어려움을 이기고 일어나 승리의 면류관을 받아 쓰게 해 주소서. 주님을 위해 생명을 바쳐 봉사하는 일꾼이 되게 하소서.

능력의 팔로 붙들어 주신다고 약속하신 하느님 아버지, 엄청난 폭풍이 몰려오더라도 주님을 부르게 하시고, 세상의 어떤 힘보다도 하느님의 능력 있는 팔을 붙들게 하소서. 그리고 기도할 수 있는 힘을 (아무)에게 부어 주시며, 두려워하는 마음을 물리쳐 주소서.

그리고 방해하려는 사람들이나 박해하려는 사람들에게도 주님께서 자비의 은총을 베풀어 주소서. 그들이 타종교인이기 때문에, 우상 숭배 때문에, 또는 자기 신념이나 생업 때문에 (아무)를 곤경에 빠뜨리지 않도록 성령께서 부드러운 마음을 갖도록 이끌어 주소서. 예수 그리스도를 믿는 사람들을 박해하던 사울이 하느님의 빛으로 바뀌어 사도 바오로가 된 것처럼 (아무)에게도 변화의 능력이 나타나게 하소서.

폭풍을 잔잔하게 하시는 우리 주 그리스도를 통하여 비나이다.
◎ 아멘.

154. 성경을 부인하는 이

✚ 거룩하시고 사랑이 많으신 하느님의 은총에 끝없이 감사드립니다.

저희에게 책 중의 책인 성경을 주셔서 하느님을 알게 하시고 구원의 진리를 깨닫게 하시어 하느님 자녀의 생활 규범을 알게 하시니 감사합니다. 인생의 모든 문제를 풀어 주는 성경을 벗 삼고 늘 가까이하게 하소서.

이 말씀을 읽는 이와 듣는 이 그리고 기록한 것들을 지키는 이가 행복한 이라고 하셨으니, 이 말씀을 읽고 듣고 지키기에 모자람이 없게 해 주시어, 성경에 약속된 복을 받게 해 주소서.

말씀으로 다가오시는 주님, 양 같은 저희가 잘못된 길에 들 때 말씀으로 갈 길을 바로잡아 주소서. 모든 성경은 성령의 감도로 기록된 하느님의 말씀인데도 이 사실을 믿지 않는 (아무)에게 자비를 베푸소서.

하느님의 말씀만이 교훈과 꾸짖음과 바르게 함과 정의로 가르치기에 유익한 말씀으로써, 사람을 바르게 하며 온전하게 하고 모든 착한 일을 하기에 넉넉하오니, (아무)가 하느님의 말씀을 깨닫고 믿게 하소서.

시편 기자의 고백처럼 주님의 말씀이 입에 꿀보다 더 달게 하소서. 주님의 법도로 (아무)를 지혜롭게 하소서. 주님의 말씀만이 인생의 발길을 이끄는 등불이며 저희 인생길을 비추는 빛이십니다.

말씀으로 세상을 창조하신 주 하느님, 주님의 능력과 생명의 말씀으로 (아무)를 새로 나게 하소서. 주님의 법이 주님의 말씀 가운데 있으며, 저희 생명과 길과 진리가 주님의 말씀 가운데 있으니, (아무)가 주님의 말씀을 깨닫고 믿게 하소서.

말씀이신 우리 주 그리스도를 통하여 비나이다.

◎ 아멘.

155. 성당에는 나가지 않지만 하느님을 믿는다고 하는 이

✚ 사랑의 주 하느님, 크고 놀라우신 은총에 감사드립니다.
믿는 이들이 빛과 소금으로서의 삶을 살지 못하였기에 성당에 나오는 것을 꺼리는 사람조차 있습니다.

주님, 초대 교회에 넘쳤던 그 사랑의 사귐과 기쁨이 교회 안에 다시 가득 차게 하소서. 주님의 놀라운 축복과 사랑이 넘치어 주님의 성당이 늘 그리운 곳이 되게 하소서.

사랑의 하느님 아버지, 주님의 몸이며 은총의 중개인 교회를 저희에게 주셨음에 감사드립니다. (아무)가 주님의 몸이며 은총의 중개인 교회를 부정하지 않도록 자비를 베푸소서. 이제 교회 안에서 형제들과 바르게 사귀며 그리스도의 지체로서 주어진 은총을 활용하여 하느님께 영광을 돌리는 (아무)가 되게 하소서.

(아무)가 교회는 이 땅에 있는 유일한 주님의 몸임을 깨달아 알게 하소서. 그리스도는 교회의 머리이시며, 교회는 하느님을 만날 수 있는 유일한 성전이오니, 모든 사람이 성당에 와서 주님을 체험하게 하소서.

하느님의 뜻이 하늘에서 이루어진 것같이 그리스도의 몸인 교회를 통하여 이 땅에서도 주님의 뜻을 이루소서.

하느님께서는 모든 곳에 계심을 믿으며, 하느님께서는 언제나 주님의 거룩한 처소인 성당에 계심을 믿습니다.

지상의 신자들이 그리스도의 빛을 가리고 하늘나라의 문을 가로막는 일이 없게 하소서. 그리고 계속되는 용서와 그리스도의 자비를 알게 하소서. 지상의 교회가 사랑의 교회가 되게 하시고 주님의 향기를 널리 퍼뜨리는 그리스도의 몸이 되게 하소서.

그리스도인이라고 하지만 나쁜 행동을 하는 사람도 있습니다. 이 가정의 (아무)가 그러한 나쁜 행동에 눈을 돌리지 않게 하시고 그리스도인만이 할 수 있는 착하고 거룩한 일에 눈을 뜨게 하소서.

교회의 머리이신 우리 주 그리스도를 통하여 비나이다.

◎ 아멘.

156. 믿는 이도 별수 없더라고 하는 이

✚ 자비로우신 하느님 아버지, 주님의 자비로우심에 감사합니다. 주님을 믿는다고 하면서도 일상생활의 모든 일로 말미암아 수없이 넘어지고, 수없이 주님을 배반하는 저희를 용서하소서.

세상에 살고 있는 저희는 주위 사람들에게 방해나 유혹을 받기도 하고, 시험에 들기도 합니다. 그러나 주님, 이제 다른 이의 모습보다는 저희 자신을 먼저 살필 수 있는 눈을 주소서. (아무)를 사랑하시어 십자가의 고통을 이겨 내신 주님의 모습을 바라보며 어떠한 방해나 유혹과 시험도 이기게 하소서. (아무)의 눈이 오직 주님만 바라보게 하소서.

다른 이를 보기에 앞서 나 자신을 먼저 바라보면서 남의 허물과 잘못보다 자신의 실수와 죄가 더 많고 큼을 깨닫게 하소서. 저희는 불완전하기 때문에 다른 이에게 피해를 주고 아픔을 주며 살 때가 많습니다. 거꾸로 다른 이로 말미암아 피해를 입는 때도 많아 고통을 겪으면서 다른 이를 원망하며 실망하기도 합니다.

그러나 주님, 이 시간, 예수 그리스도를 통하여 변화되어 새

사람이 되기를 바랍니다. (아무)가 사람만 바라보지 말고 예수 그리스도를 바라보며 살게 하소서. (아무)가 향할 목표는 오직 주님과 주님의 십자가뿐임을 기억하게 하소서.

용서의 은총을 베푸시는 하느님, 다른 이의 귀를 기쁘게 하려 들거나 많은 사람들의 박수갈채에 묻혀 살기를 바라는 어리석은 생각에서 저희가 벗어나게 해 주소서. 사람보다 하느님의 말씀을 찾는 것이 올바른 믿음의 길입니다. 주님, (아무)가 참인도자요 스승이신 예수님만을 모범으로 삼게 하소서. 모든 이의 모범이신 우리 주 그리스도를 통하여 비나이다.

◎ 아멘.

157. 나쁜 습관에 젖어 믿기가 어렵다고 하는 이

✚ 자비가 그지없으신 하느님 아버지, 은총과 사랑에 감사드립니다.

사람의 좁은 생각으로 하느님 아버지의 넓으신 사랑과 오래 참으심을 함부로 판단했던 어리석은 죄를 용서해 주시고 오래 참으시고 언제라도 돌아오기를 기다리시는 하느님 아버지의 사랑에 늘 감격하는 삶을 살게 하소서.

세례자 요한이 광야에서 "회개하여라." 하고 외친 소리에 저희가 귀를 기울이게 하소서. 그리고 공생활을 시작하시며 "하느님의 나라가 가까이 왔다. 회개하고 복음을 믿어라."(마르 1,15) 하신 예수님의 말씀에 저희가 귀를 기울이며 마음을 고치게 하소서.

"도끼가 이미 나무뿌리에 닿아 있다. 좋은 열매를 맺지 않는 나무는 모두 찍혀서 불 속에 던져진다."(루카 3,9)고 하신 경고가, 굳어진 저희 마음에 와 닿도록 성령의 감화를 주소서. 키를 들고 주님의 타작마당을 깨끗하게 하시는 심판의 주님, 알곡은 모아 창고에 들이고 쭉정이는 꺼지지 않는 불에 태우실 것이니 (아무)의 영혼이 불속에 버림받지 않게 하소서. 사탄의 유혹과 악마의 쇠사슬에서 벗어나게 이끌어 주소서.

심판의 불을 댕기실 하느님, 악령의 권세가 꽉 찬 땅 위에서 성령의 이끄심을 받도록 (아무) 영혼을 깨우쳐 주소서. 그 옛날 홍수 이전에 노아가 방주에 늘어가는 날까지 사람들은 먹고 마시고 장가들고 시집가면서 홍수가 나서 다 멸망하기까지 깨닫지 못했습니다만 (아무)의 영혼은 그때 멸망된 영혼들 같지 않게 하소서.

사랑이 그지없으신 하느님 아버지, (아무)가 오늘 회개하게 하시고 내일을 바라보는 밝은 눈을 주소서. 깨달음이 없는 사람이 되지 않게 하시고 하느님의 부름에 응답하여 구원의 자리에 들어가게 하소서. 끝없이 자비로우신 하느님의 말씀을 듣게 하시고 (아무)의 마음이 열려 깨닫게 하시는 성령의 감화를 입게 해 주소서.

죄인의 피난처이신 어머니 마리아와 함께 우리 주 그리스도를 통하여 비나이다.

◎ 아멘.

158. 예수님의 천주성을 부인하는 이

✚ 하느님 아버지, 영원히 죽을 수밖에 없는 저희를 불쌍히 여기시어 외아들 예수 그리스도를 이 땅에 보내 주셔서 죄인들의 죄를 갚아 주시고 구원의 은총을 베푸셨으니 찬미와 영광과 감사를 드립니다.

영화로우신 하느님 아버지! (하느님을 안다고 하면서도) 이 시간, 예수님께서 바로 구원의 능력을 가진 하느님이시라는 사실을 부인하는 (아무)를 위해 기도합니다.

예수님께서 하느님이시라는 것은 이 땅에서의 신비이며 또한 실제임을 저희가 고백합니다. 그러나 믿지 못하는 이들은 성령의 감동과 감화가 없이는 예수님을 하느님의 아들이라 고백할 수도 없으니 지금 성령께서 역사하시어 (아무)의 마음에 오소서.

사랑하는 하느님 아버지, 하느님의 관심 안에 있었던 (아무)인 줄 믿으니, (아무)를 더욱 사랑하시고 예수 그리스도를 만날 수 있게 해 주소서. 그리하여 저희의 모든 것을 지켜 주시고 보살펴 주시며, 저희의 나약함을 위해 중개자로 계시는 하느님의 성자이심을 믿게 하소서.

사람의 지식과 슬기는 아무리 높아도 하느님 나라의 초보자만도 못함을 저희가 압니다. 이제 더 이상 사람의 생각에 의지하는 어리석은 사람이 되지 않게 하시고 겸손하게 자기를 되돌아보게 하소서. 살아 계셔서 지금도 저희와 함께 계시는 예수님께서 (아무)의 영혼을 밝은 빛 가운데로 이끌어 주실 것을 믿나이다.

사랑의 원천이신 하느님 아버지, 성경이 예수 그리스도를 증언하고, 성령께서 말할 수 없는 탄식으로 빌어 주시고 진리의 영으로 이끌어 주시며, 수많은 순교자들이 피를 흘리며 목숨 바쳐 증언한 예수님을 하느님으로 알아 고백하는 시간이 머지않아 있을 줄 압니다.

믿고 또 믿으면서 우리 주 그리스도를 통하여 비나이다.

◎ 아멘.

159. 우상을 받드는 이

✚ 모든 사람의 참주님이신 하느님 아버지, 창조의 능력과 전지전능하신 능력을 찬미하나이다. 그리고 십자가의 능력도 찬미하며 사랑하나이다.

권능의 하느님 아버지, 하느님 한 분밖에는 다른 신을 섬기지 말라고 하신 계명을 기억합니다. 또한 우상을 섬기다가 멸망한 인물들도 기억하고 있습니다. 하느님보다 더 귀하게 여긴 가증스러운 물건들로 말미암아 자자손손 멸망의 땅에 파묻힌 역사의 사실들도 기억합니다.

이제 이러한 범죄를 저희가 더 이상 되풀이하지 않기를 바랍니다. 이 세대에 저희의 우상은 무엇인지를 생각해 봅니다. 어떤 사람은 나무나 돌에 또는 형상을 만들어 놓고 절을 합니다. 그러나 아버지께서는 참으로 저희의 우상이 무엇인지 알고 계시오니, 저희가 그것을 깨닫게 해 주소서.

하느님만 바라보라고 말씀하시는 아버지, 저희가 이 땅에 살면서 하느님보다 더 사랑하는 모든 것이 우상인 줄 다시 한 번 깨우쳐 주소서. 정치하는 사람에게는 권력이, 학자에게는 지식이, 경제인에게는 돈이, 또는 사랑하는 남편이나 아내가, 자식이 우상일 수 있습니다.

하느님께서 사랑하시는 (아무)의 마음에 있는 우상이 어떤 것인지 본인도 알고 하느님께서도 아십니다. 모두 한낱 먼지같이 여기고 버리게 하시며, 롯의 아내와 같이 뒤엣것을 바라보다 소금 기둥이 되지 않게 해 주소서.

의로우신 하느님 아버지, 의로우신 판단력으로 생명의 길과 죽음의 길로 갈라놓으실 심판의 날에 우상 숭배의 죄에 해당되지 않도록 (아무)와 함께 기도하는 저희의 마음을 깨끗하게 하소서. 악한 사탄의 책략을 성령의 불방망이로 쳐서 이기는 (아무)와 그 가족이 되게 하시기를 간절히 바라나이다. 악을 물리쳐 이기신 우리 주 그리스도를 통하여 비나이다.

◎ 아멘.

160. 앞으로 믿겠다고 하는 이

✢ 사랑이신 하느님 아버지, 내일을 모르는 채 오늘만을 위하여 살고자 뛰어다니는 어리석은 저희를 불쌍히 여기시고 자비를 베푸시어 슬기를 주셔서 내일을 준비하게 하시되 저희의

생명이 풀잎 끝의 이슬과 같으니 어리석음을 깨닫게 하소서. 그날그날의 생활이 즐거워도 또는 괴로워도 언제 종말이 올지 모르는 저희에게 죽음과, 좀 더 중요한 내세를 준비하도록 몸과 마음에 감화를 주소서.

내일 일을 알 수 없는 인생을 귀하게 여기시는 하느님, 하룻밤을 지낼 때 무슨 일을 겪을지 알 수 없는 저희들에게 오늘을 보람 있게 살면서 슬기롭게 내일을 준비하게 하소서.

저희는 나그네요 행인이오니 정욕을 위하여 육신의 일을 꾀하지 않게 하소서. 저희의 생명은 풀과 같아서, 마르고 시드는 인생의 종말을 눈앞에 두고 있으니 믿기를 뒷날로 미루지 않게 하소서. 하느님께서는 영원하시지만 저희 인생의 살 길은 끝이 있으니 영원하신 주님 앞에 겸허한 자세로 오늘을 예비하는 (아무)가 되게 하소서.

구원을 이루시는 하느님 아버지, 사람에게는 지금 행함이 마땅한 것인 줄 알면서도 다음으로, 내일로 미루는 나쁜 버릇이 있어서 어리석게도 자신의 영혼을 구원하는 일도 다음으로, 내일로 미루고 있습니다. 주님께서 (아무)의 마음속에 있는 미루는 나쁜 버릇을 고쳐 주소서.

생각하지 않은 때 도둑같이 오시리라 약속하신 주님, 예비하는 종이 되어 등불을 들고 주님을 맞이하게 하소서. 오시기로 하신 재림의 시간이 많이 남았다고 생각했다가, 이미 닫힌 하늘나라의 문을 두드리는 어리석은 낙오자가 되지 않게 (아무)를 잠에서 깨어나게 하시어 어서 빨리 주님을 맞이하는 주님의 백성, 주님의 자녀가 되게 해 주소서.

우리 주 그리스도를 통하여 비나이다.
◎ 아멘.

161. 종교는 다 같다고 생각하는 이

✝ 사랑의 주 하느님, 하느님의 사랑과 구원의 손길에 감사드립니다.

가야 할 길을 알지 못해 헤매거나 나름대로 길을 찾아 헤매는 사람들에게 주님께서 몸소 참길을 가르쳐 주시고 걷게 하시니 감사합니다. 그러나 아직까지 어둠 속을 헤매는 사람이 많으니, 불쌍히 여기시고 그들이 오직 주님만이 참길임을, 당신만이 저희 죄를 위해 돌아가셨음을 깨달아 알게 하소서.

저희가 주님께 이르는 길은 수난을 통한 험한 길입니다. 그러나 어떤 사람들은 다른 위인을 주님으로 잘못 생각하고 있는가 하면, 사람의 손으로 만든 종교를, 하느님께서 십자가로 이루셨고 성령의 보살핌 속에 있는 천주교와 같은 것으로 착각하고 있습니다.

하느님이신 주님께서는 몸소 하늘나라를 버리고 낮고 천한 저희의 인생길에 오르셨습니다. 예수 그리스도께서는 하느님의 아들이시요 구세주로서, 그분을 기쁘게 맞이하는 이는 성부의 자녀로 삼으셨습니다.

구원의 하느님이신 예수 그리스도님, 주님께서는 핏줄로나 육정으로나 사람의 뜻으로 나지 않으시고 오직 성부에게서 오신 하느님이십니다.

천하에 다른 이름으로 구원받을 이름을 저희에게 주신 적이 없으시니, 주님께서는 (아무)에게 구원의 주님이 되어 주시며, 그가 이 진리를 깊이 깨닫게 하시어 주님만을 믿고 바라고 사랑하게 하소서. 주님의 길만이 빛의 길이요, 구원의 길이며, 생명의 길임을 깨달아 알게 하소서.

길이요 진리요 생명이신 주님께서는 영원히 살아 계시며 다스리시나이다.

◎ 아멘.

162. 죄가 너무 많아서 믿지 못하겠다고 하는 이

✤ 사랑이 그지없으신 하느님의 은총에 끝없이 감사드립니다.

주님께서는 지금도 죄의 멍에를 메고 허덕이는 사람들에게 "고생하며 무거운 짐을 진 너희는 모두 나에게 오너라. 내가 너희에게 안식을 주겠다."(마태 11,28)고 말씀하시며, "오너라, 우리 시비를 가려보자. 너희의 죄가 진홍빛 같아도 눈같이 희어지고 다홍같이 붉어도 양털같이 되리라."(이사 1,18)고 사랑의 목소리로 부르시는 줄을 알고 있습니다.

저희의 의로는 주님께 나올 수 없어, 주님의 의의 공로로 나왔으니 눈같이 희게 하고 양털같이 깨끗하게 하소서. 아무리 많은 죄라 할지라도 주님께 나오기만 하면 용서해 주신다고 하셨습니다.

415

하느님께서 저희에게 죗값을 물으신다면 누가 감히 주님 앞에 설 수 있겠습니까? 그러나 하느님께서는 저희의 죗값을 외아들 예수님께 물으시고 믿는 사람마다 용서해 주시겠다고 약속하셨습니다. 이 엄청난 하느님의 은총을 의심하면서 아직도 자신의 죄만을 바라보면서 주님께 나아가지 못하는 (아무)의 어리석음을 용서하시고, 십자가를 보며 그리스도의 고통과 사랑을 기억하게 하소서. 돌이 크거나 작거나 바다에 던져지면 가라앉듯이, 저희의 죄가 크든 작든 하느님 앞에 설 수 없습니다.

외아드님께서 골고타 언덕의 십자가 위에서 흘리신 성혈은 인류의 죄를 용서하고도 남습니다. (아무)가 어떠한 사람이든 죄가 크거나 많아서 구원받을 수 없는 것이 아니라, 하느님 앞에 회개하지 않아서 구원받지 못한다는 사실을 깨닫게 하소서. 귀한 자녀를 회개하게 하시는 성령의 감화가 사라지지 않도록 해 주소서. 자신의 많은 죄를 보기보다 십자가의 피 흘림을 보게 하시며 여기에서 하느님의 사랑을 깨닫게 하소서. 저희 죄로 말미암아 부서지신 우리 주 그리스도를 통하여 비나이다.

◎ 아멘.

163. 죄가 없어서 믿지 않는다고 하는 이

✠ 거룩함과 생명의 샘이신 하느님, 하느님 앞에서 감히 누가 의

롭다고 하겠습니까? 소도 그 임자를 알고 나귀도 주인의 소유를 알건마는 이스라엘은 알지 못하고, 나의 백성을 깨닫지 못한다고 탄식한 예언자 이사야의 탄식이 들리는 듯합니다. 주 하느님, 가장 어리석은 이가 그 마음에 하느님이 계시지 않는다고 하는 것같이, 미련한 사람이 자신의 의로움을 내세웁니다. 주님의 성령께서 저희 형제(자매) (아무)에게 오시어 그 어리석음을 깨닫게 하시고 주님을 기억하게 하소서.

죄인을 사랑하시는 하느님, 하느님의 은총과 예수 그리스도의 의로움이 아니면 구원받을 사람이 없음을 압니다. (아무)가 이 신비를 알게 하시어 하느님 앞에 스스로 죄인임을 깨달아 알게 하소서.

사랑의 주님, 하느님의 사랑과 용서가 아니면 단 한 가지의 죄도 용서받을 수 없어 멸망할 수밖에 없는 것이 저희의 운명입니다. 피 흘림이 없었다면 죄를 용서받을 길이 없었을 것입니다.

주님께서는 빛이시니 그 생명의 빛으로 저희의 영혼을 밝게 비추어 주소서. 그리하여 인생의 의로움을 자랑하지 않게 하시고 그리스도의 십자가 용서에 의지하는 믿음을 (아무)에게 주소서. '의인은 믿음으로 살리라.' 하신 주님의 말씀을 따라서 믿음으로 의인이 되어 구원의 영광을 맛보게 하소서.

죄인들의 제물이 되신 우리 주 그리스도를 통하여 비나이다.

◎ 아멘.

164. 죽을 때나 가서 믿겠다고 하는 이

✚ 사람의 삶과 죽음과 행복과 불행을 다스리시는 하느님 아버지, 세상의 모든 이치에는 때가 있다고 코헬렛 기자는 말했습니다. 그러므로 저희가 모든 것에 주어진 때를 잘 알아차려 사람의 어리석고 얄팍한 셈으로 구원의 때를 잃지 않게 하소서.

심판의 그날에 믿는 이와 믿지 않은 사람을, 하늘나라와 지옥으로 완전히 갈라놓으실 하느님 아버지, (아무)가 믿는 이들의 대열에 들기를 바라시어 이 시간 저희에게 (아무)를 위하여 기도하게 하신 줄 믿습니다. 이렇게 만날 수 있을 때, 복음의 소식을 전해 들을 수 있을 때에 주님을 맞이할 수 있도록 성령께서 감동과 감화를 주소서.

예수님의 말씀 가운데 부자와 라자로의 이야기를 저희가 잘 알고 있습니다. 살아서 하느님을 믿은 거지 라자로는 아브라함의 품에 안겨 만족한 모습을 하고 있지만, 살아서 재물과 향락만을 찾던 부자는 지옥의 고통과 괴로움 속에서, 살아 있는 가족들에게 전도할 수 있는 기회를 달라고 간청합니다. 그의 절규를 (아무)도 듣게 하소서. 건강할 때 건강한 정신으로 예수 그리스도를 맞이하여 하늘나라로 가는 길을 닦게 하시고, 주님의 아름다운 백성과 자녀가 되게 해 주소서.

생명의 끝을 잡고 계시는 하느님 아버지, 내일 일을 알지 못하는 인생들, 값없는 인생들을 살려 주셨건만, 제 목숨이 제 것인 양 교만하고, 죽을 때를 아는 양 착각에 빠져 있는 저희

들입니다. 하느님께서 부르시면 비명 한마디도 못 지르고 갈 인생임을 깨닫고 겸손한 삶을 살게 하소서.

구원의 손길을 베푸시는 하느님 아버지, (아무)(와 그의 가족들)의 마음을 열어 주소서. 우유부단한 심성으로 결단력이 흐려지지 않게 하시고 지금 주님을 맞이하게 하소서. 지금 곧 구원의 역사가 시작됨을 깨닫게 하소서.

부활의 능력으로 죄인들을 되살리신 우리 주 그리스도를 통하여 비나이다.

◎ 아멘.

165. 하느님께서 계심을 부인하는 이

✚ 만물을 창조하신 하느님 아버지, 이 아름다운 자연의 오묘함과 화려함도 하느님의 솜씨가 아니면 있을 수 없음을 저희가 압니다.

하늘의 눈부신 해와 밤하늘의 달과 별 그리고 한 포기 잔디부터 더욱 아름다운 꽃에 이르기까지 하느님의 솜씨가 아니면 있을 수 없음을 저희는 압니다.

저희를 그지없이 사랑하시는 주님, 하느님께서는 저희에게 심은 대로 거둔다는 진리를 알려 주시려고 역사의 흐름과 함께 대자연의 심고 거둠을 보게 하셨습니다.

저희의 양심에 주님께서 착한 빛을 비추어 주실 때 저희는 죄를 깨닫게 되며 주님을 바로 보게 됩니다. 어둡고 어리석고 미련한 저희가 주님을 알고 깨닫게 하소서.

참 좋으신 하느님 아버지, 하느님께서 계시지 않는다고 부정하는 (아무)를 용서하시고 불러 주시어 (아무)가 주님만이 영원한 하느님이심을 믿고, 오직 하느님만 섬기면서 저희와 같이 살게 하소서.

구원의 능력이 되시는 우리 주 그리스도를 통하여 비나이다.
◎ 아멘.

166. 하느님을 믿지 않는 가정(비신자)

✛ 죄를 지어 죽을 수밖에 없는 저희에게 구원의 은총을 내려 주신 창조주 하느님 아버지께 감사를 드립니다.

주 하느님, 아직 하느님을 맞이하지 않은 (아무)에게 저희를 보내시어 (아무)와 이 가정을 위하여 기도하게 하신 은총과 사랑을 생각할 때 다시 한번 감사를 드리지 않을 수 없습니다.

이제 (아무)를 위하여 기도하오니, (아무)가 사람의 창조주이신 하느님을 깨달아 알게 하시고, 예수 그리스도의 십자가를 알게 하시며, 성령께서 역사하심을 믿게 하소서.

한 번 가면 다시 오지 않을 이 세상의 생활에서 미루며 시간을 헛되이 쓰지 않게 하시고, 모든 의심과 근심 걱정은 오직 주님께 맡기고 두 손 들고 주님 앞에 엎드리는 주님의 자녀가 되게 하소서.

굳게 닫힌 마음이 열리게 하시고 자신의 슬기나 부귀와 명예로 자만하지 않게 하시어 하느님을 기쁜 마음으로 맞이하도록 이끌어 주소서.

그리하여 넘치는 복을 받으며 영원한 생명의 기쁨을 맛보게 하시고 참진리의 길을 걷게 하소서.

이 가정을 지켜 주시고 온 가족에게 사랑과 평화를 주소서. 우리 주 그리스도를 통하여 비나이다.

◎ 아멘.

167. 선조를 기억하는 차례 예식

준비

① 집 안팎을 깨끗이 청소하고 차례 지내는 방을 잘 정돈한다.
② 목욕재계하고 단정한 옷차림을 한다.
③ 고해성사로 마음을 깨끗이 한다.
④ 정성껏 차례상을 차리되 형식을 갖추려 하지 말고 평소에 가족이 좋아하는 음식을 차린다.
⑤ 차례상에는 촛불(2개)과 꽃을 꽂아 놓고 향을 피워도 좋다.
⑥ 벽에는 십자고상을 걸고 그 밑에는 선조의 사진을 모신다. 사진이 없으면 이름을 정성스럽게 써 붙인다.
⑦ 차례상 앞에는 깨끗한 돗자리 또는 다른 깔개를 편다.

미사

될 수 있는 대로 가족이 모두 함께 아침 미사에 참여하여 본당 공동체와 함께 선조와 후손을 위해 기도하며 하느님께 감사와 찬미를 드린다.

차례 예식

① 십자 성호를 긋는다.
② 성가 : 가톨릭 성가집에서 하나를 골라 부른다.
    예를 들어 28장, 50장, 59장, 423장, 480장 등.
③ 독서 : 다음 성경 구절 가운데 하나를 골라 읽는다.
    요한 14,1-14 / 요한 15,1-12 / 요한 17,1-26
    루카 2,41-52 / 마태 5,1-12 / 로마 9,1-18
    로마 12,1-21 / 1코린 13,1-13 / 에페 5,6-20
④ 가장의 말씀
  - 선조들을 소개하고 가훈, 가풍, 선조의 말씀을 전해 준다.
  - 오늘의 집안 현실 전망에 대하여 이야기한다.
  - 하느님의 말씀과 선조께서 남기신 말씀에 따라 성실하게 사는 삶에 대해 이야기하고 대화를 나누면서 사랑과 일치를 다진다.
⑤ 큰절 : 남녀 가리지 않고 나이순으로 영전에 큰절을 드린다.
⑥ 사도신경, 부모를 위한 기도, 자녀를 위한 기도, 부부의 기도, 가정을 위한 기도를 바친다(가톨릭 기도서 참조).
⑦ 참석자는 모두 보편 지향 기도를 바친다.
⑧ 성가 : 가톨릭 성가 가운데서 하나를 고른다.

⑨ 주님의 기도 : 다 함께 바친다.
⑩ 식사 : 차례 음식을 나눈다(음복). 사랑과 일치의 식사.
⑪ 성호경 : 십자 성호를 긋는 것으로 예식을 모두 마친다.